中国語
結果構文の研究
── 動詞連続構造の観点から ──

石村 広［著］

白帝社

はしがき

屈折語であるインド＝ヨーロッパ語において構成された文法をモデルにするかぎり、中国語の構文の規則は大雑把すぎるか、例外が多すぎるか、のどちらかになるほかはないであろう。孤立語はまことに特異な言語なのである。

——山田慶児『混沌の海へ——中国的思考の構造』

　本研究は、孤立語（isolating language）に顕著な言語的特徴の1つである動詞連続構造の観点から、現代中国語（北京官話）に典型的な原因と結果の組み合わせからなる「動詞＋結果補語」構造（以下、VR構造）に対して記述的分析を試みたものである。中でも、伝統文法における「補語（complement）」の体系と一般文法理論を用いた結果構文（resultative construction）の分析に再検討を促すことを目的としている。
　中国語が形態変化に乏しいのは自明のことであるが、その分析で最も肝心なのは、「語の羅列」という簡便な仕組みの背後にある奥深い重要な意味を見極めることであろう。本研究の関心は、まさにそこにある。
　確かに「孤立語」、「膠着語」、「屈折語」といった類型は、言語学の分野では古典的で、既に使い古された感が否めない。1つの言語を境界の明瞭な形態的類型に截然と分けることはできない。中国語を孤立型言語と見なすのは、Sapir の言語類型が示すように、複数形態素からなる語を許容する度合いが他の言語に比べて低いからである。それでも、語（word）のかたちに着目した分類法は、当該言語の本質的特徴をうまく捉えている。言語の記述的・実証的な研究には今でも重宝するし、有効であると思う。三省堂刊『言語学大辞典』は、刊行の辞で「言語学の本当の対象は語である」と明記しているし、形態法と統語法との相関性についても、近年有益な指摘がなされつつある（たとえば、町田健「文の中

での動詞の役割」、『月刊 言語』2002年11月号、大修館書店など)。そもそも「孤立語」という呼称自体、文の中で無構造(amorphous)な語どうしが互いに孤立(isolate)して存在していることを言っているのであるから、統語論的な考え方の上に成り立っているではないか。その意味するところは、極めて深長であると言わなければならない。

　VR構造における使役義の在りかについて、これまでさまざまな提案がなされてきた。けれども、先行研究の分析は、今もって西洋文法の直輸入から脱却できていない。この問題が解明できなかった主要な原因は、伝統的な中国語文法における「補語」の枠組みにあると考える。理論言語学が提唱する素性分解を駆使すればなおのこと、語彙的意味だけでなく文法的意味の出どころも、語や接辞といった特定の文法要素に求めざるを得なくなる。事実、従来の理論的分析では、中国語結果構文にも「使役化」を想定してきた。このような還元論的アプローチは、自然言語の持つ「階層性」を過度に一般化したために、かえってパラダイム依存性という方法論上の問題を抱えているように思える。無論、説明できないデータが存在することは、必ずしもその仮説を否定することにはならない。第1章で概観する生成文法理論によるアプローチにしても、その真の到達目標は人類共通の言語能力(普遍文法)の解明であって、個別文法そのものは副次的な意味しか持たない。本研究で示したいのは、理論言語学が対象を言語に特定した科学(science)であり、西洋文法の枠を超えた、普遍的と呼ぶに値する理論的枠組みを構築しようとするならば、異質な言語の観察を通じてそのモデルにさらに改良を加えることにより、より基本的なモデルが提供されるようになる必要がある、ということである。

　本研究では、VR構造を用いた中国語結果構文に対して「語順を利用した使役義」という新たな見方を提案し、複合述語(形式)と状態変化使役(意味)の相関について検討する。そして、当該構文の結果述語が「補語」ではなく、実辞的かつ中心的な統語成分であることを広義のヴォイス(態)体系の角度から論証していく。

同時に本研究は、一般文法理論に基づく結果構文の分析にも、新たな証拠を提示している。

　日・英両語の結果構文を分析した代表的な研究に、影山（1996）とWashio（1997）がある。これらの研究成果によると、世界諸言語の結果構文は２つのタイプ、すなわち、①状態変化動詞の内在的意味に刻み込まれている「変化した状態」を結果述語によって特定化するタイプ（本来的結果構文）と②働きかけのみを表す行為動詞に結果述語が加わることによって限界的事態を表すタイプ（派生的結果構文）に分けることができる。日本語は①のみ可能な言語であり、英語は①だけでなく、②も許容する言語である。そして、結果構文を有する言語は〈日本語型〉、〈英語型〉のいずれかに振り分けることが可能であると考えられている。ドイツ語、オランダ語、イタリア語、スペイン語、ロシア語などは〈英語型〉、朝鮮語、インドネシア語、モンゴル語などは〈日本語型〉である。『結果構文研究の新視点』（ひつじ書房、2007年）では、この類型をさらに発展、精緻化させている。

　しかし、彼らが提唱する結果構文の類型は、１つの主要動詞からなる文に対しては有効であっても、２つの節（動詞連続）からなる文にはうまく適合しない。詳細な検討は第６章で行うが、中国語結果構文には、文頭の主語名詞句が述語動詞の項構造と一致しないタイプが存在する。西洋文法の枠組みを用いたこれまでの分析手法では、このタイプの派生動機を解明することは困難である。行為者主体の文法観で中国語を眺めると、まさに例外ばかりが目立つようになる。中国語結果構文に関する類型論的研究の成果が俟たれる所以である。

　中国語の文法的振る舞いは一見、複雑で捉えどころがなさそうに見える。だが、中国語も人間が操ることばである以上、その深いレベルには整然とした体系や規則性があるに違いない。そのように観察して得られた結論は、従来の分析とは対極的と言えるほど異なる中国語の姿であった。「語順を用いたゼロ形式の使役義」や「結果に原因を継ぎ足す構文形成パタン」など多くの経験的な裏付けに基づく本研究の創見は、中国

語学の領域にとどまらず、他言語との比較・対照にも十分耐え得るものであると信ずる。「ゼロ形式」は、使役のみならず受動を含めた中国語ヴォイスに通底する特質である。本研究の分析を通じて、語順の利用こそ中国語の文法的手段の根本であることを明らかにしていきたいと考えている。

　読者の皆様には、忌憚のないご意見やご感想をお聞かせいただければ幸甚である。

〈凡例〉

中国語の用例に付したグロスに、下記の略号を使用する。

CL	classifier	類別詞、助数詞、量詞
ASP	aspect	アスペクト助詞
PAR	particle	構造助詞、文末助詞
PAS	passive	受動標識
PRE	preposition	前置詞
NEG	negative	否定詞

　中国語の品詞区分や文法カテゴリーは、研究者の間で意見が完全に一致しているわけではない。たとえば、前置詞を副動詞（coverb）、構造助詞を接尾辞（suffix）または接語（clitic）と見なす立場もある。本研究で使用するグロスは、一般的な呼称に従っている。

　なお、本研究の用例は、作例、引用例を問わず、全て複数のインフォーマントのチェックを受けている[1]。各用例における文頭の*印（アステリスク・マーク）は、インフォーマントによる適格性の診断において、その文が非文法的（ungrammatical）な文であると判断されたことを示す。また、?印と??印は、容認度が低いと判断された文であることを示す。??印は?印よりも容認度が低い文であるとする。引用例の原文がローマ字（ピンイン）表記の場合は、適宜、中国簡体字に改めてある。

---

[1] インフォーマントの中でも、黒龍江省出身の中国語講師、于篠敏さんには、多くの貴重な時間を割いていただいた。ここに記してお礼申し上げる。

目　次

はしがき …………………………………………………………… i
序　章 ……………………………………………………………… 1
　0.1 本研究の目的 ………………………………………………… 1
　0.2 中国語結果構文を研究する意義 …………………………… 6
　　0.2.1 結果構文の類型——影山（1996），Washio（1997）… 6
　　0.2.2 問題提起 ………………………………………………… 13
　0.3 分析の前提 …………………………………………………… 16
　0.4 本書の構成 …………………………………………………… 20

第1章　先行研究について …………………………………… 25
　1.1 はじめに ……………………………………………………… 25
　1.2 語彙レベルにおける形成 …………………………………… 27
　　1.2.1 Li（1990, 1993, 1995）………………………………… 27
　　1.2.2 沈力（1993）……………………………………………… 33
　　1.2.3 Cheng and Huang（1994）……………………………… 38
　1.3 統語レベルにおける形成 …………………………………… 45
　　1.3.1 初期の研究例——Hashimoto（1964, 1971），Baron（1971），Lu（1977）
　　　　　………………………………………………………… 45
　　1.3.2 湯廷池（1992a, b）……………………………………… 50
　　1.3.3 Sybesma（1999）………………………………………… 55
　　1.3.4 王玲玲（2001）…………………………………………… 62
　1.4 本章のまとめ ………………………………………………… 68

第2章　〈他動型〉結果構文の形成について ……………… 71
　2.1 はじめに ……………………………………………………… 71
　2.2 VR構造の使役性 ……………………………………………… 71
　2.3 Vが2項述語の場合 …………………………………………… 73

2.3.1　複合化と使役義の獲得について ………………………… 73
　　2.3.2　構文文法との相違点 ………………………………………… 82
　2.4　Vが1項述語の場合 ……………………………………………… 84
　2.5　類像性とVR全体の自他 ………………………………………… 90
　2.6　本章のまとめ ……………………………………………………… 95

第3章　中国語結果構文のアスペクト特性 ……………………… 97
　3.1　はじめに …………………………………………………………… 97
　3.2　中国語動詞の語彙的アスペクト特性 ………………………… 98
　3.3　目的語名詞句の意味役割 …………………………………… 106
　　3.3.1　先行研究の記述 ……………………………………………… 106
　　3.3.2　被動者（Patient）と対象（Theme） ……………………… 110
　3.4　結果から原因を眺める視点 …………………………………… 115
　3.5　本章のまとめ …………………………………………………… 119

第4章　中国語使役構文の形式と意味 ………………………… 121
　4.1　はじめに ………………………………………………………… 121
　4.2　中国語の分析的使役 …………………………………………… 121
　　4.2.1　指示使役 ……………………………………………………… 123
　　4.2.2　許容使役 ……………………………………………………… 127
　　4.2.3　誘発使役 ……………………………………………………… 129
　4.3　中国語分析的使役文の特質 …………………………………… 131
　4.4　分析的使役文と結果構文の関係 ……………………………… 139
　4.5　本章のまとめ …………………………………………………… 142

第5章　2種類の自動的結果構文 ………………………………… 145
　5.1　はじめに ………………………………………………………… 145
　5.2　自然被動文：〈受動型〉 ………………………………………… 146
　　5.2.1　「脱使役化」と中国語の受動化 …………………………… 146

5.2.2　中国語とタイ語の受動化の違い ……………………… 153
　　5.2.3　中国語受動文の類型論的「逸脱」 …………………… 158
　5.3　再帰構造を持つ文：〈自動型〉 ……………………………… 166
　5.4　「虚目的語」を取る特殊な結果構文 ………………………… 171
　5.5　本章のまとめ ………………………………………………… 180

第6章　〈原因型〉
　　　　――周辺的な結果構文とその拡張パタン ……………… 183
　6.1　はじめに ……………………………………………………… 183
　6.2　Ｖが2項述語の場合 ………………………………………… 183
　6.3　Ｖが1項述語の場合 ………………………………………… 192
　6.4　本章のまとめ ………………………………………………… 199

第7章　古代使動用法と使成式の継承関係について ………… 201
　7.1　はじめに ……………………………………………………… 201
　7.2　使成式の使役義について …………………………………… 202
　　7.2.1　古代使動用法と使成式の接点 ………………………… 202
　　7.2.2　「文法化」説の問題点 …………………………………… 208
　7.3　使成式の形成過程 …………………………………………… 210
　　7.3.1　並列式から使成式へ …………………………………… 211
　　7.3.2　分離型から使成式へ …………………………………… 216
　7.4　使成式の形成動因――使動用法の継承 …………………… 221
　7.5　本章のまとめ ………………………………………………… 227

結　論 ……………………………………………………………… 229

参考文献 …………………………………………………………… 223
あとがき …………………………………………………………… 245
事項索引 …………………………………………………………… 249

中国語結果構文の研究
――動詞連続構造の観点から――

石村　広

序　章

0.1 本研究の目的

　本研究は、孤立語（isolating language）に顕著な言語的特徴の1つである「動詞連続構造」の観点から、現代中国語（北京官話）の結果構文（resultative construction）に対する記述的分析を通じて、伝統的な中国語文法の枠組みに再検討を行うと同時に、一般言語学の領域に新たな知見を提示することを目的とする[1]。

　結果構文とは、2つの出来事の因果関係によって状態変化使役を表す文、すなわち行為と結果からなる文を指す。中国語の結果構文として、「動詞＋結果補語」構造（verb-resultative complement compound、以下、VR構造と略記する）からなる文を挙げることができる。典型的なVR構造は「他動詞＋自動詞（または形容詞）」の組み合わせからなり、何らかの働きかけが受け手の状態変化を引き起こすことを表す。中国語の結果構文には、他にも"把"構文、動詞コピー構文、"V得"構文などいくつかの異なる文法形式があるが、ここで考察対象とするのはVR構造を用いた文である。

---

[1] Whaley（1997：130, 131）は、孤立語に顕著な特徴として、①複雑な声調体系を持つ、②連続動詞が用いられる、③文法関係を表すための語順が厳密に決まっている、の3点を挙げている。また、「伝統的な中国語文法」とは、ラテン文法を模倣した馬建忠の《馬氏文通》（1898年）に始まり、英文法に依拠した黎錦熙の《新著国語文法》（1924年）へと受け継がれてゆく、西洋文法に依存することの極めて強かった伝統的な一連の文法論の流れを指す。王力は、中国語の結果述語を「末品補語」と称し、主動詞の表す動作を補足・説明する要素であると説明している。これは、述語性後置成分に対する伝統文法の一貫した見方である。

言語学は、ことばの仕組みを通して人間を理解しようとする科学の一分野である。これが人間言語の普遍性と多様性を探求する学問である以上、理論と実際の両面から研究されるべきであることは言を俟たない。とりわけ結果構文は、意味論と統語論の接点にある問題として、この30年あまりの間、多くの研究者の注目を集め、活発な研究が行われてきた。「非対格性の仮説（unaccusative hypothesis）」をめぐる議論では、この構文が極めて重要な役割を果たしたことは周知のところである。VR構文に関しても、既に夥しい数の先行研究の蓄積がある。これまでに議論されてきた重要な研究課題を整理すると、大略、次の3つにまとめることができる。

　1つ目は、形成レベルの問題である。これは、語彙レベルの形成を主張する立場（Thompson1973；Li1990, 1993, 1995；Cheng and Huang1994；沈力1993他）と統語レベルの形成を主張する立場（Hashimoto1964, 1971；望月1990a, b；山口1991；Sybesma1999；王玲玲2001他）との間で意見が分かれている。

　2つ目は、「主要部（head）」の位置をめぐる問題である。これは、Vを主要部とする立場（Li1990, 1993, 1995；Cheng and Huang1994；Sybesma1999；袁毓林2000；王玲玲2001；沈家煊2003他）とRを主要部とする立場（李临定1984；马希文1987；沈力1993；Tai2003他）との間で意見が分かれている[2]。

　3つ目は、使役義に関する問題である。VとRは、それぞれ単一の述語としては、使役の意味を持っていない。それにもかかわらず、VR構造全体は使役他動詞（状態変化動詞）と同等の文法機能を具えている。このVR構造の使役義は、一体どこから生じるのか。

　言語の科学的な分析では、人間言語は主要部と非主要部に分割可能な句（phrase）が上位の句と組み合わさって階層的な構造をなすという前

---

[2]「主要部」に対する定義は、研究者によって若干の相違がある。意味上の中心を主要部とする先行研究もあるが、本研究ではこれを構造上の中心、すなわち「句全体の統語特性を決定する文法要素」と規定しておく。

提の下、高度に抽象化された議論が展開されてきた。しかし、この普遍仮説は印欧語、とりわけ英語を基にして開発されたものである。そこで提案された理論的枠組みが、類型特徴が異なる中国語にもすぐさま適用できるとは考えにくい。「主要部の位置」といった最も基本的な問題をめぐり未だに意見の一致を見ないのは、分析の前提そのものに原因があるように思えるのである（峰岸 2006 参照）。

本研究は、中国語結果構文を2つの独立動詞が羅列した形式からなる文、すなわち「動詞連続構文（serial verb construction）」であると仮定し、次の2点を主張する。

 ①中国語結果構文は、「語順[3]」を利用して使役義を表す。
 ②中国語結果構文は、「結果（R）に原因（V）を継ぎ足す」形成パタンを持つ。

①は、意味と統語形式の相関に関する主張である。中国語結果構文の使役義は、語順を利用した「統語的な型の力」がもたらすものである。2つの述語が複合化することによって、目的語に対する使役力を強化する意味合いを持つのである。この構文の文法的意味は、「ゼロ形式」で実現している。したがって、それを語や接辞といった特定の文法要素に求めることはできない。従来の分析では、この点が見過ごされてきた。非階層的な VR 構造に、統語特性を決定するという純粋に統語論的な意味での「主要部」を想定することはできない。

②は、VR 構造の形成パタンに関する主張である。結果述語は、非意

---

[3] 本研究で言う「語順」とは、文法的語順のことである。中国語は、文全体が厳格な語順によって規定されているわけではない。文法的な語順を除けば、語は実際の発話場面において、"晚饭吃了吗？"（夕飯は食べたか？）のような自然な流れで配列されるのが普通である。なお、統語的側面から見た語順は、より正確に言えば、節（clause）の構成要素（constituent）の順序のことであるが、本研究では慣例に従って、この用語を用いることにする。

志性を意味特徴とする自動詞および形容詞であり、他動詞機能を欠く述語類である。したがって、これらはVと結合して複合述語を形成しなければ、後ろに目的語を取ることができない。つまり、上の①に示した使役義獲得の方略は、「自動と他動（R／VR）の対立」という語彙的なヴォイス転換（自他交替）と連動している[4]。英語結果構文とは対照的に、中国語結果構文は、これまで「補語（complement）」とされてきた述語の方を中心にして形成されるのである。管見の限り、このような形成パタンを中心に持つ結果構文は他に見当たらない。

さらに本研究は、上記2点の主張に基づきながら、内部の意味構造が異なる中国語結果構文の用例を考察し、典型的な〈他動型〉に加え、〈受動型〉、〈自動型〉、〈原因型〉の4つのタイプがあると主張する。

Ⅰ．〈他動型／受動型〉の自他交替パタン
(1) 孩子　撕　　破　　了　书皮儿。　　〈他動型（transitive）〉
　　子供　引き裂く-破れる　ASP　本の表紙
　　（子供が本の表紙を引き裂いて破った。）
(2) 书皮儿　撕　　破　　了。　　〈受動型（passive）〉
　　本の表紙　引き裂く-破れる　ASP
　　（本の表紙が引き裂いて破れた。）

---

[4] 本研究では、「ヴォイス（態）」という用語を広義に用いる。国語学におけるヴォイスの適用範囲は、自動・他動・受身・可能・尊敬・使役などを指し、英語学におけるそれとは比較にならないほど広い。柴谷（1982）は、英語以外の言語の実状を踏まえて、「ヴォイスとは、同内容のことを違った声（形）で表わすことである、という原義的かつ狭義の解釈に従えば、他動詞の能動形と受動形の対応が考察対象となるが、実際には、自他の対応、使役形、及び可能形などが考察範囲に含まれるのが普通である」（p. 256）と述べている。

Ⅱ. 〈自動型／原因型〉の自他交替パタン
(3) 张三 喝 醉 了。　　　　　　〈自動型（intransitive）〉
　　 張三　飲む‐酔う ASP

　　（張三は飲んで酔っ払った。）

(4) 那 瓶 酒 喝 醉 了 张三。　　〈原因型（causative）〉
　　 その CL 酒 飲む‐酔う ASP 張三

　　（意訳：張三はその酒を飲んで酔っ払った。）

　(1) の〈他動型〉と (2) の〈受動型〉、そして (3) の〈自動型〉と (4) の〈原因型〉はそれぞれ、語彙的ヴォイスを媒介とした派生関係を構築している。すなわち、Ⅰの派生関係が示すのは、〈他動型〉が「動作主項の降格」（脱使役化）によって〈受動型〉を派生する「他動→自動」の交替パタンである。そして、Ⅱの派生関係が示すのは、再帰的意味構造を具える〈自動型〉が「原因主語の導入」によって〈原因型〉を派生する「自動→他動」の交替パタンである。

　特筆すべきなのは、VR構造は統語的に形成されるが、その文法機能は一語の動詞と同等である、ということである。当該構造が関与する文法問題は、形態論と統語論（または連語論）との係わり合いをも含めた広い視野から検討する必要がある。その具体的事例として、本研究では、上のⅠのパタンが示す自他交替現象が、受動文のような文法的ヴォイスの成立と重なるとの主張を併せて行う。

　一般言語学の領域のみならず、中国語研究の世界でも西洋語の論理が今もなお支配的である。だが、中国語の構文形成のメカニズムは、他言語のそれとは質的に大きく異なる。本論で詳述するが、既存の文法理論は単一節構造（mono-clausal structure）からなる結果構文に対しては有効だが、中国語のように２つの節を使って原因と結果を表す文にはそぐわない。主要動詞への「埋め込み」や下位事象の上位事象への「合成」といった文法操作を持ち込むと、例外ばかりが目立つようになる。

　以上のように、本研究では、語が本来持っている中核的意味（概念的

意味)に基づく実質的な分析を通じて、中国語結果構文の形式と意味の相関に関する規則性をヴォイス(態)体系の角度から明らかにしていく。

0.2 中国語結果構文を研究する意義

0.2.1 結果構文の類型——影山(1996),Washio(1997)

中国語は、これまで提案されてきた世界諸言語の結果構文の類型にはうまく当てはまらない。本論で具体的検討に入る前に、ここで結果構文の類型に関する先行研究の内容を概観しておきたい。

結果構文と呼びうる表現類はおそらくどのような言語にも存在し、その形式は言語によってかなり異なることが予想される。その分析は当初、英語のみを研究対象としてきたが[5]、その後70年代に入ると徐々に理論面での研究が進み、90年代後半から他言語に見られる原因と結果の合成パタンの違いにも着目して、多角的に議論されるようになった。原因と結果の組み合わせは決してアト・ランダムに起こるのではなく、言語間で体系的な差異を見せるという興味深い事実が次第に明らかになってきたのである。

結果構文の問題は多岐にわたるが、日・英両語の結果構文の違いを扱った代表的な研究に、影山(1996)、Washio(1997)、影山(編)(2001)がある。これらの研究成果によると、結果構文には、主に次の2つのタイプが認められる。

①「本来的な結果構文」または「弱い結果構文(Weak Resultatives)」
　=状態変化動詞(Vendler1967とDowty1979の達成動詞類(accomplishment

---

[5] イェスペルセン(O. Jespersen)の著書"The Philosophy of Grammar"(1924年)の邦訳『文法の原理(上)』(安藤貞雄訳,岩波書店,2006年)訳註373頁には、彼が結果構文を「ネクサス目的語」として分析した最初の学者であることが明記されている。

verbs))の内在的意味に刻み込まれている「変化した状態」を結果述語によって特定化するタイプ。

②「派生的な結果構文」または「強い結果構文（Strong Resultatives）」＝行為動詞（Vendler1967とDowty1979の活動動詞類（active verbs））に結果述語が加わることによって限界的事態を表すタイプ。

以下、各タイプについて具体例を示しながら説明を加えていくことにする。

人間の日常の営みは、基本的に「行為→変化→結果」という連鎖で記述できるが、結果構文とはまさにそのような連鎖を表現したものであると言える。

(5) a. The boy broke the vase to pieces.
    b. She tinted her hair red.

(5a)の文は、少年が花瓶を割るという動作・行為を遂行することによって、その花瓶に砕けるという変化が生じて、こなごなの状態になる、という連鎖を述べている。同様に、(5b)の文も、彼女が髪を染めることによって、髪が染まり、赤色の状態になる、という事態の連鎖によって捉えることができる。上の用例に用いられているto piecesやredは、動作・行為の遂行によって動作対象に生じた結果状態を表すので、「結果述語（resultative predicate）」と呼ばれる。英語の結果述語には、形容詞や前置詞句が使われる。結果構文は英語だけでなく、日本語にも存在する。

(6) a. 少年は花瓶をこなごなに砕いた。
    b. 彼女は髪の毛を赤く染めた。

(6)の日本語結果構文は、(5)の英語結果構文と意味的な対応を示し

ており、修飾成分の「こなごなに」と「赤く」が動作対象の結果状態を表している。しかし、さらに詳しく観察していくと、日本語が英語に対応しないケースがあることに気付く。

(7) a. The hunter shot the tiger dead.
　　b. The gardener watered the tulips flat.
(8) a. *ハンターは、虎を死に撃った。
　　b. *庭師は、チューリップにぺちゃんこに水をかけた。

(7)の英語文は成立するが、これと意味的対応を示す(8)の日本語文は不適格となる。(7)を日本語で表現しようとすれば、次の(9a)のように複合動詞を用いるか、あるいは(9b)のように2つの節に分けて表現しなければならない。

(9) a. ハンターは、虎を撃ち殺した。
　　b. 庭師は、チューリップに水をかけて、ぺちゃんこにした。

日・英語の間にこうした違いが生じるのはなぜであろうか。その理由は、こう説明されている。意味の上で対応関係が成り立つ(5)の英語文と(6)の日本語文の主要動詞には、いずれも状態変化動詞（change-of-state verb）が使われている。状態変化動詞とは、文字通り、動作対象の状態変化を表す動詞類のことである。このタイプの動詞には、他にも次のようなものがある。

(10) 英　語：cut, bend, fold, dye, paint, bake, burn, divide, melt, freeze
　　 日本語：壊す、割る、焼く、折る、乾く、固める、つぶす、ゆでる、磨く

最も結果構文を構成しやすいのは、使役の概念を含み目的語が何らか

の状態に変化することを意味する(10)の動詞類である。なぜなら、状態変化動詞の語彙的意味には、行為から変化、結果につながる一連の連鎖が全て含まれているからである。たとえば、(6)に出てきた「砕く」と「染める」は、影山(1996)の語彙概念構造を使うと、次のように表示することができる。

(11) a. 砕く ：[ ] x CONTROL [[ ] y BECOME [[ ] y BE AT- [**SMALL PIECES**]]]
 b. 染める：[ ] x CONTROL [[ ] y BECOME [[ ] y BE AT- [**COLORED**]]]

(影山1996：216)

　言語の違いを問わず、状態変化動詞を用いる場合は、変化結果の有様を叙述する部分——上の(11)で言えば、太字になっているSMALL PIECES(小さな粒)とCOLORED(色がついている)——に適当な語句を当てはめて変化結果を指定することにより、容易に結果構文が成立する。(5)の英語結果構文に用いられているto piecesとred、(6)の日本語結果構文に用いられている「こなごなに」と「赤く」は、このように結果状態を特定する役割を担っているわけである[6]。

　一方、(7)の英語結果構文には、他動詞のshoot(撃つ)とwater(水をかける)が使われている。見かけは同じ他動詞であるが、意味の領域に踏み込むと、これらの動詞と状態変化動詞との間には明らかな違いが存在する。(7)の文で使われている動詞は、使役や変化の概念をその語彙的意味に含まず、専ら働きかけのみを表している。影山(1996)は、こ

---

[6] 結果構文の成立に関しては、次のようなことも指摘されている。"*The boy broke the vase worthless." では状態変化動詞のbreak(割る)が使われているが、この動詞はworthless(価値のない)の意味を内在的に持たない。花瓶が割れることと、それが価値のないものになるかどうかということとの間に論理的必然性はないので、結果を表現することができず、この文は非文となる。

の種の行為動詞を「接触・打撃動詞」と呼んでいる。「叩く」、「蹴る」、「押す」、「なぐる」などの他動詞も、このタイプに属する。日本語の場合、状態変化動詞を用いた文に結果を表す副詞句を付け足すことは可能であっても、もともと変化結果の意味を含まない接触・打撃動詞に対してはそれが許されない。結果句を取るのは状態変化動詞に限られるという強い文法的制約が課せられているのである（菊地 1991；Koizumi1994 他）。(8) の日本語文が不適格となるのは、このような理由による。

　すると、(7) の英語結果構文における結果述語 dead（死んだ）と flat（平らな）は、動詞語彙に内在する概念的意味を特定化するのとは別の理由で統語上に存在していることになる。この問題に対して、影山（1996）は、語彙概念構造の上位事象に下位事象を連結する「合成（conflation）」という操作を仮定している。英語はこのような「意味合成」（Talmy 1985）を行うことが可能な言語であるが、日本語はそれが許されない言語である。

　動詞の内在的意味に使役 CAUSE や変化 BECOME を含まないという点では、自動詞（非能格動詞）も接触・打撃動詞と同じ意味的特徴を共有している。

(12) a.　They ran their shoes threadbare.
　　 b.　He shouted himself hoarse.
(13) a.＊彼らは靴をボロボロに走った。
　　 b.＊彼はガラガラに叫んだ。

　(12) の各文には、それぞれ自動詞 run（走る）と shout（叫ぶ）が用いられている。これらの文では、動詞によって厳密下位範疇化（strict subcategorization）されない名詞句が目的語として具現している。英語ではこのように、自動詞を用いても結果構文を形成することができる。なぜなら、上述のごとく、英語は概念構造における意味的な合成によって上位事象に下位事象を継ぎ足すことが可能な言語だからである[7]。その

一方で、これを直訳した (13) の日本語文は非文となる。この不適格性は、「合成」を行うことができずに不適格と判断された接触・打撃動詞を含む用例 (8) のケースから、理論的に予測することができる。

なお、英語結果構文に対応する日本語表現には、他にも「押し開ける」のような複合動詞を用いたものがある。この点について影山（1996：283）は、日本語複合動詞は「他動性調和の原則」に従って形態的に産出されると主張する。つまり、日本語は意味構造での合成よりも複合語のような形態的な合成を発達させている言語であり、同じ合成操作であっても適用できる文法レベルの違いによってパラメータも異なると分析している。

このように、動詞の持つ語彙的意味概念の領域に踏み込むことによって、伝統的な自動詞と他動詞の区別では捉えることができなかった境界線を新たに設けることができるようになる。鷲尾（1997）の表現を借りれば、自動詞を使った英語結果構文は「強い」結果構文の特殊なケースに過ぎない。しかし、話はこれで終わらない。類型論的に見て重要なのは、「派生的（強い）結果構文」の成立は「本来的（弱い）結果構文」の成立を含意するが、その逆は成り立たないという包摂関係の指摘にある。

(14)

		English	Japanese	French
Transitive Resultatives	(a) (Spurious)	✓	✓	✓
	(b) Weak	✓	✓	?
	(c) Strong	✓	*	*
Intransitive Resultatives	(d) Strong	✓	*	*

(Washio1997：30)

---

7) 非能格動詞結果構文に生じる結果句の認可に関しては、小節（small clause）分析を採用する立場（Hoekstra1988）や他動詞結果構文と同じ統語構造を持つとする立場（Carrier and Randall1992）など意見が分かれる。Jackendoff（1990）は、結果構文を一種のイディオムとみなし、「結果付加詞規則（Resultative Adjunct Rule）」によって扱っている。

日本語は「本来的（弱い）結果構文」のみ可能な言語であり、英語は「派生的（強い）結果構文」までも許容する言語である。そして、結果構文を有する言語は、〈日本語型〉か〈英語型〉かどちらかのタイプに振り分けることができると考えられている。ドイツ語、オランダ語、イタリア語、スペイン語、ロシア語などは〈英語型〉であり、朝鮮語、インドネシア語、モンゴル語などは〈日本語型〉であるとされている[8]。また、「本来的（弱い）結果構文」が成立しない言語は「派生的（強い）結果構文」も成立しないことが、理論的に予測可能となる。フランス語は、そのようなケースに該当する言語であるとされている。なお、表(14)における(a)の"Spurious"とは、Washio論文が提唱する3つ目の類型で、「見せかけの結果構文」のことである。これは、"He tied his shoelaces {tight/tightly}."（彼は靴の紐を固く結んだ）のように、一見すると結果構文のようだが、実際は結果述語に当たるものが副詞に相当する文を指す（ただし、このタイプの設定の有効性については反論もある。三原2000、中村2003参照）。

　要するに、従来の分析では、主要動詞（matrix verb）によって語彙的に含意される結果部分がより詳しい指定を受ける、状態変化動詞を使った「本来的（弱い）結果構文」を典型と見なし、世界諸言語の結果構文の類型化を行っているのである。

　結果構文研究は近年、急速な広がりと深化を見せており、この類型をさらに精緻化する試みもなされている。たとえば、影山（2007）は、動詞の語彙概念構造に辞書情報（クオリア情報）を加えた語彙意味論のアプローチから結果述語に7つの下位類があることを指摘し、諸言語における結果構文の分布を類型化する基準を改めて提示している。そこでも、結果構文の適格性は、特質構造を含んだ主要動詞の語彙情報によって決まることが繰り返し強調されている。

---

[8] これらの言語の結果構文に関する参考文献は、Washio（1997）と三原（2000）を参照されたい。

0.2.2 問題提起

上で見た世界諸言語の結果構文の類型は、1つの主要動詞からなる文に対しては有効であっても、2つの節（動詞連続）からなる文にはうまく適合しない。そのように考えられる理由として、ここでは次の3点を指摘しておく。

第1に、中国語のVR構造の場合、Vの意味特徴の違いから結果構文の形成問題を論じようとすると、例外ばかりが目立つようになる。Dowty（1979）やJackendoff（1990）は、結果述語が活動動詞または境界のない（unbounded）動詞とのみ共起できると述べている。少なくとも、結果述語が状態動詞と共起できないことに関しては、広く意見が一致している（Hoekstra1988）。影山（1996）も、「概念構造の合成という考え方の最大の利点は、結果構文の主動詞を活動動詞すなわちACT ONないしACTを意味する動詞に限定できるという点である。この限定は、英語の言語事実に合っている」(p.257)と述べている[9]。

しかし、中国語は、ACTやDOといった概念的意味を持たない非意志性を意味特徴とする述語であっても、結果述語と共起して結果構文を形成することができる。

(15) a. 我 唱　哑　了 嗓子。
　　　　私 歌う−かれる ASP 喉
　　　（私は歌って喉をからした。）

　　 b. 那 个人　　羞　　 红 了 脸。
　　　　その CL 人 恥ずかしがる−赤い ASP 顔
　　　（その人は恥ずかしくて顔が赤くなった。）

---

9) Levin and Rappaport Hovav（1995：94）が提案する語彙概念構造の基本モデルも、上位事象にDOを用いた次のようなものである：
　　[[x DO-SOMETHING] CAUSE [y BECOME *STATE*]]

  c. 他 饿 花 了 眼睛。
    彼 空腹だ-かすむ ASP 目
  （彼は空腹で目がかすんだ。）

 従来の結果構文分析では、Vの位置に意図的動詞の"唱"（歌う）が現れる（15a）のような文が成立するところまでは予測可能だが、（15b, c）のように、非意図的動詞の"羞"（恥ずかしがる）や形容詞（状態動詞）の"饿"（空腹だ）が現れる文の成立を予測することは難しい（詳しくは、第2章で論述する）。
 第2に、生産性の面においても、中国語は「派生的（強い）結果構文」が可能な英語よりも自由度が高くて、柔軟性がある。Goldberg（1995）は、結果述語として用いることができる形容詞のタイプには強い制約があることを指摘している。

 （16）a. He ate himself sick.
    （彼は吐き気がするほど食べた。）
   b. ?He ate himself ill / nauseous / full.
    （彼は病気になるまで／吐き気を催すまで／満腹になるまで食べた）
              （Goldberg1995：192）

 動詞 eat（食べる）を用いた「派生的（強い）結果構文」は、結果述語に sick（むかむかする）を用いると（16a）の文のように成立するけれども、この結果部分に付け替えを施した（16b）の文では容認度が下がる。この点に関して Goldberg は、結果述語を特定の動詞が持つコロケーションの一部と見なしたり、「尺度上の終点（end of scale）の制約」という提案を行ったりしている（pp.195-197）。このように結果構文研究では、一体どのような意味要因がシンタクスのように高度に制限された領域に関連するかがたびたび問題にされてきた（小野（編）2007参照）。これに対し、中国語の結果述語は、英語の結果述語よりもはるかに付け替えが

自由である。

(17) 吃飽（食べて腹一杯になる），吃膩（食べ飽きる），吃病（食べて病気になる），吃胖（食べて太る），吃窮（食べて貧乏になる），吃暈（食べて目眩がする），吃累（食べ疲れる），吃痩（食べたけど痩せる），吃吐（食べてもどす），吃煩（食べ飽きる）

(石毓智 2000：64)

　上の用例は、中国語結果構文における原因と結果の組み合わせに英語や日本語とは異質の文法メカニズムが作用していることを強く示唆している（詳しくは、第3章で論述する）。
　第3に、従来の理論的分析に対する反例として、文頭の主語名詞句が第一動詞の外項（動作主）と一致しない結果構文の存在を指摘することができる。たとえば、先に例示した次のような文である。

(18) 那　瓶酒　喝　醉　了張三。　　　　　　（王玲玲 2001：138）
　　 その CL 酒 飲む-酔う ASP 張三
　　（意訳：張三はその酒を飲んで酔っ払った。）

　上の文は、主語が原因（Cause）の意味役割を担っており、日本語に直訳すると「その1本の酒が張三を（飲むことで）酔わせた」といった意味になる。この文で注目すべきなのは、主語の"那瓶酒"（その酒）が第一動詞"喝"（飲む）の外項（動作主）ではなく、内項（被動者）と一致している点である。肝心の第一動詞の動作主は、文末の目的語位置に置かれている。この種の文も、影山（1996）や Washio（1997）が提唱する結果構文の類型には当てはまらない（原因主語を取る結果構文の形成問題は、第6章で検討する）。こうした言い回しを見ると、中国語結果構文には、第一動詞の意味タイプの違いとは全く別の文法原理が働いていると考えざるを得ない。

ことばの研究に携わる者は、意識している、していないにかかわらず、理論言語学の研究成果がもたらした多大な恩恵を受けている。反面、個別語研究の本来的な意義が一般文法理論に新たな証拠を提示することにあるとすれば、中国語は人間言語の多様性を示す上で格好の材料となるはずである。異質な言語の研究が啓発的であることは、既に日・英両語の対照研究の成果によっても明らかである。類型特徴の異なる中国語の結果構文に関する研究成果が、現在、強く求められている。

0.3 分析の前提

本論に先立ち、先行研究において指摘されている基本的な事柄について、2点確認しておきたい。いわば分析の前提である。

まず、VR構造の文法カテゴリーについてである。当該構造は可能・不可能を表す"得"と"不"の挿入による分離をもって連語(フレーズ)と見る意見(王力1943, 1944；朱徳熙1982：13)もあるが、「結果複合動詞(resultative verb compound)」とも称されるように、多くの場合、複合語と見なされている(Chao1968：136, 194, 366；Li and Thompson1981：54-57；Sun2006他)。呂叔湘(1976 [1999])は、「このような動詞句は実質的には一種の複合動詞であり、構成要素として1つの文しか作ることができないから、これを2つの成分に分けるべきではない(这样的动词短语实质上是一种复合动词,只能作为一个造句单位,构成一个句子成分,不该分成两个成分)」(p.540)と述べている。

VR構造は比較的自由で多様な組み合わせを許すが、この呂叔湘の記述にもあるように、2つの要素の結び付きは緊密であり、文中では一語の動詞と同じように機能する。中国語に限らず、結果構文が語彙的な性質を持っていることは、既に影山(1996：256, 257)も指摘している。とは言え、この2つの要素の間に"得"と"不"の挿入が可能である以上、これを勝義の複合動詞と見なすことはできない(服部1950参照)。中国語動詞の中には、"扩大"(拡大する)、"革新"(革新する)、"改良"(改

良する）のように一定の凝固を果たしたために、中間に"得"と"不"を挿入できないものも存在する。純粋に複合動詞と呼ぶことができるのは、これらのように既に語彙化（lexicalization）を遂げたものである。要するに、本研究が考察の対象とするVR構造は、「各要素の独立性が強く、単語としての結束力は弱いが、フレーズよりは緊密な複合体」ということになる。

次に、VとRそれぞれの文法特徴について確認しておく。原因を表す第一動詞は自他の区別を問わないが、結果を表す第二動詞に用いられるのは、通例、非意志性を意味特徴とする自動詞および形容詞、つまり1項述語である（木村1981；朱德熙1982；望月1990a, b；Cheng and Huang1994；沈力1993；马真・陆俭明1997他）。「他動詞＋他動詞」という組み合わせは、原則的に認められない。次の2つの文を比べられたい。

(19) a. 武松 打 死 了 老虎。
　　　　武松　殴る－死ぬ ASP 虎
　　　　（武松が虎を殴り殺した。）
　　 b. *武松 打 杀 了 老虎。
　　　　武松　殴る－殺す ASP 虎
　　　　（武松が虎を殴り殺した。）

適格性を示す（19a）の文では、結果述語に自動詞"死"（死ぬ）が用いられている。一方、（19b）の文では、同じ箇所に他動詞"杀"（殺す）が用いられているため、不適格と判定される。

この第二動詞の位置を占める述語は、大半が単音節形容詞である（朱德熙1982；马真・陆俭明1997他）。複音節語も用いられるが、それは"干净"（きれいだ）、"清楚"（はっきりしている）、"明白"（はっきり分かる）など極少数のものに限られる。これら以外の複音節語が用いられると、不適格な文になることが多い。次の（20）と（21）の文を比べられたい。

(20) a. *他 打磨　　光滑　　了 桌面。
　　　　彼　磨く−ぴかぴかだ ASP テーブル
　　　　（彼はテーブルを磨いてぴかぴかにした。）
　　b. *王師傅 一天　就　铲　平整　了 草地。
　　　　王さん　一日で すぐに 掘る−平らだ ASP　草地
　　　　（王さんは一日で草地をスコップで平らにならした。）
(21) a. 他 磨　　光　　了 桌面。
　　　　彼　磨く−ぴかぴかだ ASP テーブル
　　　　（彼はテーブルを磨いてぴかぴかにした。）
　　b. 王師傅 一天　就　铲　平　了 草地。
　　　　王さん　一日 すぐに 掘る−平らだ ASP　草地
　　　　（王さんは一日で草地をスコップで平らにならした。）

(施春宏 2005：18)

　(20) の文は、結果述語に複音節語の"光滑"（ぴかぴかだ）と"平整"（平らだ）が用いられているために、容認されない文となっている。このことは、この部分を単音節語の"光"（ぴかぴかだ）と"平"（平らである）に置き換えた (21) の文が容認可能となることから確かめることができる。董秀芳 (1998) は、この現象を韻律上の問題と見なしている。
　動詞はあまり多くない。結果述語に使用される動詞の中で比較的使用頻度の高いものを挙げると、"走"（去る、なくなる）、"跑"（逃げる）、"动"（動く）、"倒"（倒れる）、"翻"（ひっくり返る）、"病"（病む）、"疯"（気がおかしくなる）、"死"（死ぬ）、"懂"（分かる）、"成"（成る）、"穿"（通り抜ける）、"见"（知覚する）、"完"（終わる）、"通"（通る）、"透"（通る）"などがある。他動詞となると極めて少数である。王玲玲 (2001：82, 83) の調査によると、使用頻度の高い199個の結果補語のうち、他動詞（多項動詞）は"成"（なる）、"丢"（なくす）、"懂"（分かる）、"会"（できる）、"怕"（恐れる）、"赔"（損する）、"输"（負ける）、"习惯"（慣れる）、"赢"（勝つ）の9個のみである[10]。袁毓林 (2000) は、次のように述べている（下

線筆者。重複する補語の用例は省略した)。

　　上面第一点说的是补语动词的不及物化，这种演变趋势在现代汉语中还未彻底完成。比如，"听懂，学会，听明白，听清楚，打赢，打输，吃剩，玩忘，卖赔，倒赚，说漏"等，其中的补语动词是及物的；像"听烦，吃怕，吃腻，玩熟，干腻味"等述结式中的补语，到底是及物的还是不及物的就比较模糊了。不过，话说回来，这种及物动词作补语的述结式为数有限，并且不是现代汉语中一种能产的类型。
（上の一点目で述べたのは、補語動詞の自動詞化である。この歴史的変化は現代漢語において完全に終わったわけではない。たとえば、"听懂"（聞いて分かる）、"学会"（学んで身につける）、"听明白"（聞いて分かる）、"听清楚"（聞いてはっきりする）、"打赢"（球技をして勝つ）、"打输"（球技をして負ける）、"吃剩"（食べ残す）、"玩忘"（遊んで忘れる）、"卖赔"（売って損をする）、"倒赚"（転売して儲ける）、"说漏"（しゃべって漏らす）などにおける補語は他動詞である。また、"听烦"（聞き飽きる）、"吃怕"（食べてこりごりする）、"吃腻"（食べ飽きる）、"玩熟"（遊び慣れる）、"干腻味"（働いてうんざりする）などの補語は他動詞なのか自動詞なのか曖昧である。だが、話を戻せば、この種の他動詞を補語とする動補構造は数の上で限りがあるだけでなく、現代漢語において生産的なタイプではない。）(p.54)

　VR 構造の結果成分は歴史的に見ると「自動詞化」して自動詞・形容

---

10) 他に、"给"（与える）、"满"（一杯になる）、"成"（～になる）も第二動詞として用いられることがある。結果補語に関する調査報告は、Chao（1968：444-446）や施春宏（2005：10）にもある。なお、伝統文法でいう「結果補語」は実辞から虚辞までさまざまだが、本研究で扱う実義を有するタイプは、動詞に接合しても軽声では読まれない（林涛 1990：14-18 参照）。

詞となったが、今もなお他動詞が一部残存していると言うのである。この種の他動詞には、心理活動を表すものが多い。動作・行為を表す意図的動詞は、ほとんど無いに等しい。

他動詞の補語は、意味や数の点から例外として処理できるばかりではない。構造的側面から見ても、ことさら取り上げるには及ばない。「他動詞＋他動詞」の組み合わせが目的語を取ることができるのは、当然のことだからである。述語部分がこのような等位的構造である場合、結果構文の特徴の1つである状態変化使役の意味が認められないばかりでなく、2つの動詞が接合する理由や項整合の条件といった種々の問題も生じない。以上の理由により、本研究では結果部分に他動詞を取る用例を考察の対象から除く。

0.4 本書の構成

本書を構成している各章の内容は、相互に密接な連絡のもとに、それぞれの課題の展開がなされている。各章の概要は、以下の通りである。

第1章では、先行研究について概観する。従来の分析アプローチを使っても、先に述べた3つの基本問題を解明することができない。ここでは主として、語彙レベルの形成を主張する立場（Thompson1973；Li1990, 1993, 1995；沈力1993；Cheng and Huang1994）と統語レベルの形成を主張する立場（Hashimoto1964, 1971；Lu1977；湯廷池1992a, b；Sybesma1999；王玲玲2001 他）に立つ代表的な分析法を取り上げ、その問題点を指摘する。

第2章は、本研究の中核的な内容となる。先行研究に対する代案として、本研究はVRを「動詞連続構造」であると仮定し、次の2点を主張する。1点目は、典型的な他動的結果構文（このタイプを〈他動型〉と呼ぶ）の使役義は語順がもたらす、という主張である。複合述語を一語動詞に見立てた「動詞＋目的語」構造、すなわちVRO語順は、目的語に対する使役力の強化を意味する。中国語結果構文は語や接辞といった文中の構成要素に依らなくても、統語的な型の力を利用することによって使役

義を表すことができる。2点目は、VR構造の形成パタンはRにVを継ぎ足す、という主張である。Rは自動詞・形容詞であり、Vと結合したVRが他動的意味を担い表す。そこには「R（自動）→ VR（他動）」という一種の語彙的なヴォイス交替現象が観察される。この「結果に原因を継ぎ足す」形成パタンは、これまでの結果構文研究において、ほとんど記述されてこなかったタイプのものである。

　続く第3章と第4章では、第2章で提出した2つの主張内容の妥当性を体系的観点から検証する。中国語の一般動詞はおしなべて非完結的（atelic）であり、その意味範囲は動作対象の変化結果までは含んでおらず、専ら動作・行為のみに重点がある。第3章では、この語彙的アスペクト特性に関する指摘を踏まえ、中国語の原因と結果の組み合わせが英語よりも広い範囲で許容されるのは、2つの述語の間に明瞭な「役割分担」が存在するからだと説明する。VとRの結合の成否は、第一動詞の意味タイプの違いによって決まるのではなく、私たちの日常生活における一般常識に基づいた慣用化の度合いに依存している。そして、状態変化動詞ないし達成動詞（accomplishment verb）に相当するVR構造は継続相を持たず、完了相のみを持つという事実に照らして、中国語は結果重視の言語であり、VR構文の形成パタンに関する本研究の主張が妥当であることを述べる。

　第4章では、兼語式を用いた分析的使役との比較を通じて、語彙的使役に相当するVR構造の体系的位置づけを行う。伝統文法では、兼語式の第一動詞を「使役動詞」と見なしてきた。しかし、既にいくつかの先行研究の記述にもある通り、書面語的な"使"類を除くと、そこに用いられる「使役動詞」は、結果出来事の実現には関与していない。VR構文と同様に、文中に使役の意味を表す要素は含まれていないということである。これを使役に解することができるのは、因果関係を表す語彙配列からの類推による。他動性（transitivity）やアスペクト性の違いが、分離型／複合型という2つの統語形式の違いとなって現れるのである。現代語の構文体系から見ても、状態変化使役を表すVR構造は使役力を

強化した文法形式であり、これを動詞連続構造と見なすのが妥当である。

　無論、結果構文は他動的変化を表すものだけではない。第5章では、自動的結果構文の意味構造について考察する。そして、これには、大別して2つのタイプがあると主張する。1つは、〈他動型〉から「動作主項の降格」によって派生する〈受動型〉である。"杯子洗干浄了"（コップが洗ってきれいになった）のような文がそれである。そこでは、この語彙的な派生関係が文法的なヴォイスと一致することを併せて指摘し、「自然被動文」こそ中国語の原型的な受動文であるとの見解を提出する。本研究の角度から見ると、有標識の"被"構文は、「述語の複雑化」と「機能語の発達」という2つの膠着語的性格の産物である可能性が高い。

　もう1つのタイプは、文頭の主語名詞句がVとRの意味上の主語と一致する〈自動型〉である。"他走累了"（彼は歩き疲れた）のような文がそれである。このタイプは、従来考えられてきた等位的な結合ではなく、「自分で自分をある結果状態にする」という再帰的な意味構造を持っている。ゆえに、これは「直接目的語制約」の例外には当たらない。こうした分析から、2種類の自動的結果構文における主語名詞句の意味役割は動作主（Agent）ではなく、いずれも対象（Theme）または経験者（Experiencer）となることを述べる。

　さらに第6章では、文頭の主語名詞句が第一動詞の意味上の主語（つまり、動作主）と一致しない結果構文の形成問題を取り上げる。この種の周辺的なタイプは、主語が原因（Cause）となる点に最大の特徴がある。本研究では、この〈原因型〉の結果構文に対して二重使役の意味構造を想定し、再帰構造を持つ〈自動型〉に原因項が導入されて派生すると主張する。この考え方を用いれば、Vが非能格動詞（行為動詞）であっても〈自動型〉の主語名詞句の意味役割は対象（Theme）であることを示すことができるので、原因主語の導入による使役交替現象を合理的かつ体系的に説明することができる。

　最終となる第7章では、VR構造の使役義に関する本研究の主張が、

歴史文法の観点からも有効であることを論述する。古代語でも動目構造の持つ「型の力」を利用して使役義を表すことができた。これを「使動用法」と称する。使動用法は統語的範疇に属するものであるから、これを「使動詞」と呼んだり、他動詞と同等視したりするのは不適切である。述語の形こそ単音節から複音節構造へと変化したが、古今を通じ、使動用法は状態変化使役の主たる源泉であった。これまで使動用法は衰退・消失したとされてきたがそうではない。複音節化したのである。厳密に言えば、消失したのは単音節の使動用法である。動目構造の有する型の力は、併存関係にあった分離式の語順に複合化を引き起こすほど根源的で、芯の強いものであった。本研究の角度から言えば、中古期に発達した"隔開式"と称される分離型は、古代使動用法の衰退が始まってから使成式が体系的に確立するまでの移行期に現れた、過渡的な文法現象として捉えることができる。

　最後に、本論のまとめとして、中国語の結果構文には、〈他動型〉から〈受動型〉が派生する「他動→自動」の交替パタンと〈自動型〉から〈原因型〉が派生する「自動→他動」の交替パタンが認められると結論する。とりわけ、項整合の条件を満たしていない〈原因型〉の派生動機は、行為者中心の発想法に立つ西洋文法の観点から十分納得のいく説明を与えることができない。〈原因型〉は、「結果に原因を継ぎ足す」VR構造の拡張形式である。中国語の因果関係を捉える視点は、一貫して結果から原因へと向けられている。世界諸言語の結果構文について議論する際は、構文形成のメカニズムの質的違いにも十分留意する必要がある。

第1章　先行研究について

1.1 はじめに

　言語の違いを問わず、複合動詞がどの文法レベルで形成されるかは大変興味深い問題である[1]。VR構造についても、語彙レベルでの形成を主張する立場と統語レベルでの形成を主張する立場との間で、これまで活発な議論が行われてきた。理論的分析が行われるようになった初期の頃には、変形文法 (transformational grammar) を用いた Hashimoto (1964, 1971) や Baron (1971) などが統語部門での形成を主張した。これに対して、Thompson (1973) は、可能・不可能を表す接中辞"得"と"不"の挿入に関する説明はそれまでの文構造分析では十分な動機づけが得られないとし、語彙レベルによる形成を主張した[2]。それ以降、Li (1990, 1993, 1995)、Gu (1992)、沈 力 (1993)、Cheng and Huang (1994)、Chang (1998) などによって、形態論的観点からさまざまな意見が提出

---

1) 複合動詞の形成レベルの問題は、研究者によって意見が異なる。影山 (1993) は、日本語複合動詞が2種類に分かれることを指摘し、語彙部門と統語部門の両方において複合動詞の派生を認める必要があると主張している。他にも Li (1993)、松本 (1998)、Nishiyama (1998) がそれぞれ異なる立場から複合動詞の形成問題について議論している。
2) Thompson (1973) は、結果複合動詞に次の語彙結合規則 (lexical combining rule) を提案する。
　　　　　V　＋　V　　　　→ [V - V] RV
　　　action intransitive　action　　　　　　　　　(Thompson1973：369)
そして、この規則の適用を受ける2つの形態素の間の最も自然な関係は使役 (causation)、すなわちある行為が別のある状況を引き起こす場合であると述べている。

されるようになった。

しかし近年、事象構造に基づく分析法が再び注目されるようになってきた。その学問的背景には、語彙概念構造のような抽象的構造を仮定する理論分析が1990年代以降発展し、大きな成果を挙げてきたという経緯がある（Jackendoff1990；Levin and Rappaport Hovav1995；影山1996 他）。この理論的枠組みにおいて、VR構造は原因を表す上位事象と結果を表す下位事象の合成によって形成されると見なされることが多い（湯廷池2002；Lin2004 他）。

こうした海外の研究動向を受けて、中国国内でもVR構造の項整合の条件や使役性の問題が活発に議論されるようになってきている。これは、80年代に登場した「語義指向分析」（呂叔湘1986；馬希文1987；王红旗1993 他）に代わるアプローチとして注目される。語義指向分析ではVRとそれに結び付く名詞句の間の意味関係の類型を試みたが、この分析アプローチでは「VとRには複数の項と多様な意味役割が認められるが、VR構造は限られた数と特定の意味役割を持つ項しか許容しない」（袁毓林2001：408）との考え方に基づいて、基底にある意味関係とVRの取る表層の名詞句との間に「承認規則（准入規則）」（袁毓林2001）や「項昇格規則（论元提升規則）」（施春宏2005）といった法則を見い出そうとする。

さらに、VR構造の分析では、「主要部（head）」の位置も重要な問題となる。日本語複合動詞の分析では「他動性調和」（影山1993）や「主語一致」（松本1998）と呼ばれる原則が提案されているが、中国語に関しては主要部をVと見るか（Li1990, 1993, 1995；Cheng and Huang1994；沈家煊2002；袁毓林2005 他）それともRと見るか（李临定1984；馬希文1997；Gu1992；沈力1993；Tai2003 他）によって未だに意見が分かれている。

本章では、中国語結果構文の形成に関する2つの理論的アプローチ、すなわち語彙部門での形成を主張する立場と統語部門での形成を主張する立場に立つ代表的な先行研究を概観し、従来の分析の問題点を指摘したい。

1.2 語彙レベルにおける形成

1.2.1 Li（1990, 1993, 1995）

　Li（1990, 1993, 1995）の一連の論考は、項構造（argument structure）[3]の観点から結果複合動詞を分析した先駆的研究として重要な意義を持つ。これら一連の論考では、結果複合動詞に生じる問題を、①項の同定（theta-identification）、②主題階層（thematic hierarchy）、③主要部特性の滲透（head-feature percolation）という3つの手法を使って分析する。たとえば、次の（1）の文における複合動詞（V1V2）は、（2）に示すように、外項と内項を取る"追"（追う）と内項のみを取る"累"（疲れている）の2つの項構造からなる。

(1)　滔滔追累了友友了。
(2)　　追　　累
　　　<1<2>>　<a>

　（1）の文は、構造的多義性（structural ambiguity）を示す。Liは、こ

---

[3] 項構造とは、統語構造と意味構造の間をとりもつものである。これは述語が必須要素として要求する項（argument）を指定したもので、いわば「論理的意味関係」を規定するものである。項構造は一般に、次のように表示される。

	例	外項	内項
他動詞	：吃, 找	(x	< y >)
非能格自動詞	：说, 跳	(x	< >)
非対格自動詞	：死, 丢	(	< y >)　x = Agent　y = Theme

項構造では「主語」、「目的語」という用語を避けて、代わりに統語的位置に左右されない「外項」、「内項」という術語を用いる。項構造で内側と外側を区別するのは、内側は動詞に近く関係が緊密であり、外側は動詞との結び付きが弱いことを表現するためである。一般に、Agentは「動作主」、Themeは「対象」または「主題」などと訳されている。以下本研究では、中国語の事情に鑑み、他動詞の内項を「被動者（Patient）」、非対格自動詞および形容詞の内項を「対象（Theme）」と呼んで両者を区別する。詳しくは、本論第3章3節の議論を参照されたい。

の現象を上記の3つの道具立てを用いて解明しようと試みる。"追"（追う）は2つの項を取り、"累"（疲れている）は1つの項を取るから、"追累"には全部で3つの項が存在することになる。だが、実際にこの複合動詞の取ることができる項は2つまでである。そこで、格フィルター違反を回避するために「項の同定」が必要になる。具体的に見てみよう。(2)に示したように、2項述語"追"の項構造は<1<2>>、1項述語"累"の項構造は<a>と表示されている。この2つの述語の項構造の可能な組み合わせを複合動詞"追累"の項構造を使って表示すると、(3)のようになる（2つの項を結ぶ線は、それらが同定されることを示す）。

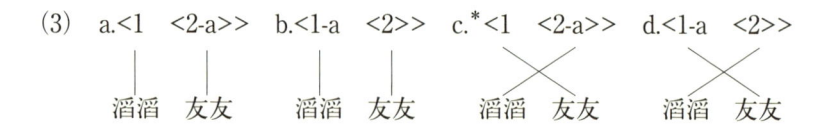

(3) a.<1 <2-a>> b.<1-a <2>> c.*<1 <2-a>> d.<1-a <2>>
       | | | | ✕   ✕
      滔滔 友友   滔滔 友友   滔滔 友友   滔滔 友友

2つの項構造の可能な組み合わせパタンは、このように4通り存在する。それぞれの意味解釈は、次の通りである。

(4) a. タオタオがヨウヨウを追いかけた結果、ヨウヨウが疲れた。
　　　　　　　　　　　　　　　　　　　　　　　　　　　　(=(3a))
　　b. タオタオがヨウヨウを追いかけた結果、タオタオが疲れた。
　　　　　　　　　　　　　　　　　　　　　　　　　　　　(=(3b))
　　c.*ヨウヨウがタオタオを追いかけた結果、タオタオが疲れた。
　　　　　　　　　　　　　　　　　　　　　　　　　　　　(=(3c))
　　d. ヨウヨウがタオタオを追いかけた結果、ヨウヨウが疲れた。
　　　　　　　　　　　　　　　　　　　　　　　　　　　　(=(3d))

(3a)の項構造では、V1の内項<2>とV2の内項<a>が同定され、それが文末の目的語"友友"（ヨウヨウ）に割り当てられており、(4a)の解釈を受ける。同様に、(3b)の項構造では、V1の外項<1>とV2

の内項＜a＞が同定され、それが文頭の主語"滔滔"（タオタオ）に割り当てられており、(4b) の解釈を受ける。なお、(3c) の項構造理解は得られない（非文法的となる）が、(3d) の組み合わせは容認される。両者の間に適格性の判断の違いが生じる理由については後述する。

　複合動詞の項が具現する位置は、Jackendoff (1972) と Grimshaw (1990) が提案する「主題階層」に従う。主題階層とは、項の生起位置が意味役割の階層によって規制されるという原則で、際立ち (prominence) の高い意味役割ほど構造的に高い位置に生成される、というものである。構造的に最上位とされるのは主語である。

(5)　Agent > Goal > Theme

　主題階層において、Goal は Theme よりも上位に、Agent は Goal や Theme よりもさらに上位に現れる[4]。主語は文の中で際立ち度の高い (prominent) 項であるから、Agent は最上位の主語位置を優先的に占めることになる。Li 論文はこの理論的前提に基づき、形態的主要部である V1 の外項（つまり、Agent）特性が複合動詞全体に滲透 (percolate) することが適格な文を産出する条件であると主張する。

　この主要部特性 (head-feature) は、複合動詞全体に滲透してその語彙特性を決定する。先ほどの (3a) と (3b) の項構造では、どちらも V1 の外項＜1＞が複合動詞の主語に選ばれており、主題階層を遵守しているので、適格な文となる。これに対して、(3c) では V1 の内項＜2＞が主語に選ばれており、主題階層に違反している。したがって、この文は非文となる[5]。

　さて、Li の項構造分析に残された重要な課題は、主題階層に違反する (3d) の項構造が成立する理由を説明することである。この問題は、

---

[4] 主題階層の序列に関する規定は研究者によって若干異なる。たとえば、Larson (1988：382) は、Agent>Theme>Goal>Obliques の順番となり、Theme（対象）が Goal（着点）よりも高い位置に生成されると記述している。

Li（1995）で集中的に議論されている。(3d) の項構造とこれに基づく (4d) の意味解釈を再度掲げる。

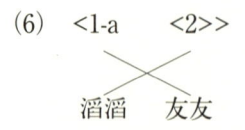

(6)　　<1-a　　<2>>
　　　　　＼／
　　　　　／＼
　　　　滔滔　　友友

(7)　ヨウヨウがタオタオを追いかけた結果、ヨウヨウが疲れた。

複合動詞の項構造 (6) は、表層の主語「タオタオ」が"追"の内項と一致し、目的語の「ヨウヨウ」が"追"の外項と"累"の内項と一致していることを表す。このように、V1 の外項 <1> は目的語として統語上に具現しているから、主題階層に照らせば、こちらも非文になるはずである。ところがこの予測に反し、(6) の項構造は適格な文を産出する。なぜであろうか。Li（1995）はこの特殊な項構造の仕組み（Li はこれを "inverse theta role assignment" と呼ぶ）を説明するために、主題階層に加えて「使役役割（causative-roles）」と呼ばれる新たな意味役割を導入する。これは Grimshaw（1990）の英語動詞 frighten（怖がらせる）の分析からヒントを得たもので、「使役者（Cause）」と「被使役者（Affectee）」の2つからなり、各形態素の項構造に関係なく複合動詞全体によって付与されるマクロ的な意味役割である。Li（1995：267）は、使役役割が付与される条件として、次の2つの規定を設けている。

(8)　a. The argument in the subject position receives the c-role

---

5) Li（1993）の説明によると、中国語複合動詞の主要部は V1 となるが、日本語複合動詞の主要部は形態論的には V2、事象構造的には V1 なので、2つの主要部を持つ（double-headed）可能性があると言う。これに対し、複合動詞も動詞連続構文と同じく統語的に形成されると主張する Nishiyama（1998：202）は、この説明の反例として、〈他動詞＋非対格動詞〉の組み合わせを持つ日本語複合動詞「コートが着崩れた」を挙げている。

Cause from a resultative compound if it receives a theta role only from Vcaus.
(主語位置にある項は、第一動詞から意味役割を受けさえすれば、結果複合動詞全体から「使役者」の意味役割を受ける。)

b. The argument in the object position receives the c-role Affectee from a resultative compound if it receives a theta role at least from Vres.
(目的語位置にある項は、第二動詞から意味役割を受けてさえいれば、結果複合動詞全体から「被使役者」の意味役割を受ける。)

　表層に現れる主語には第一動詞の項構造の関与が必要であり、目的語には第二動詞の項構造の関与が必要である、と言うのである。さらに、この2つのマクロ的な意味役割も、動作主や被動者の場合と同じく、階層性に従って項に割り当てられなければならない。Li はこれを「使役階層 (causative hierarchy)」と呼ぶ。主題階層と使役階層の関係を、Li (1995：269) は次のように規定している。

(9) Theta roles can be assigned contrary to the thematic hierarchy if the arguments receiving them are assigned c-roles in ways compatible with the causative hierarchy.
(項が使役階層に合致する形で使役役割を割り当てられる場合、主題階層に反していても意味役割を割り当てることができる。)

　平たく言えば、これは主題階層に対する使役階層の優位性を述べたものである。適格性を示す (6) の項構造 (つまり、(3d)) は、主題階層には反するが、(8) に示した2つの条件を満たしている。したがって、この項構造は、(9) の規定によって意味役割の付与を受けることが可能となる。こうして、表層文における2つの名詞句はそれぞれ「使役者」と「被使役者」になる資格を有し、適格な文が産出される。ちなみに、不

適格な文を産出する先ほどの項構造 (3c) は、(8a) の条件は満たしているが、目的語の「ヨウヨウ」が V2 の項と文法的関係を結んでいないので、(8b) の規定に違反することになる。使役役割の付与が妨げられると、当然のことながら、(9) の規定は適用されない。

　以上が概要である。Cheng and Huang (1994：193) や王玲玲 (2001：15) も指摘するように、Li の項構造分析にとって大きな障害となるのは、次のような文である。

(10) 那　场　饥荒　饿　　死了　很　多人。　　(Li1995：262)
　　　あの　CL　飢饉　飢える-死ぬ　ASP　とても　多い　人
　　　（あの飢饉が多くの人を飢え死にさせた。）

　上の文における "饿"（飢える）と "死"（死ぬ）は1項述語であり、いずれも文末の目的語 "很多人"（多くの人）を指し示している。言い換えると、文頭の主語 "那场饥荒"（あの飢饉）は、2つの述語のいずれの項構造にも関与していない。これは、(8a) の条件に抵触することになる。この主語名詞句が第一動詞の項構造と無関係であることは、下の用例が非文となることからも分かる。

(11) *那场饥荒　饿　了　很多人。
　　　（その飢饉が多くの人を飢えさせた。）

　したがって、(10) の文の形成要因については、別の説明が要求されることになる。この用例の存在を受けて、Li (1995：267) では、(8a) の規定を次のように修正している。

(12) The argument in the subject position receives the c-role Cause from a resultative compound only if it does not receive a theta role from Vres.

（主語位置にある項は、第二動詞から意味役割を受けない場合に限り、結果複合動詞から「使役者」の意味役割を受ける。）

しかし、この修正案はもはや自説を否定しているに等しいのではないであろうか。使役事象構造を有する文の成否を決定しているのは V2 項の振る舞いであり、その文の成立に主要部 V1 のいかなる項も関与しないことを自ら認めたことになるからである。それに、マクロ的な「使役役割」は、V2 の内項が複合動詞の取る目的語名詞句と一致する規範的 (canonical) な用例にも適用可能であるから (Li1995：270)、主題階層において特別な地位を与えらえた Agent（つまり、外項）以外にも、V2 の指し示す名詞句の違いから分析できる可能性が同時に示されたことになる。(10) のような項整合の条件に反する用例の存在は、Li の分析に再検討を迫ることになるのである。

1.2.2 沈力（1993）

沈力の主張は、端的に言えば、「V2 の項のみが複合動詞全体に継承される。したがって、複合動詞の主要部は V2 である」というものである。沈は、上述の Li 論文の主張を次の用例を挙げて批判している。

(13) a. 张三　哭　　湿　　了　手绢。
　　　　張三　泣く-ぬれている ASP ハンカチ
　　　（張三は泣いてハンカチをぬらした。）
　　b. 手绢　　哭　　湿　　了。
　　　　ハンカチ 泣く-ぬれている ASP
　　　（ハンカチが泣いてぬれた。）
　　c.*张三　哭　　湿　　了。
　　　　張三　泣く-ぬれている ASP
　　　（張三が泣いてぬれた。）

Liの分析の前提に立つと、(13a) の文において、V1の外項特性は複合動詞全体に継承されるはずである。だが、V1の外項が削除された (13b) は成立するのに対して、V2の項が削除された (13c) は非文法的な文となる。V2項の優位性をLiの観点から説明することは困難である。このことから沈論文は、複合動詞の項構造において要求されるのは常にV2の項であり、V1の取る項は全て「非固有項」であるとする「V2主要部」説を展開する。

沈は、複合動詞が取ることのできる項の数の制約に対して「編入」と「削除」という2つの規則を設けている。

(14) a. 复合的A要素和B要素具有指同一指示物的参项时，其中的1个参项编入另1个参项中。
　　　　（複合動詞の各要素の項の指示対象物が同じ場合、1つがもう1つの項に編入される。）
　　 b. 复合的A要素和B要素具有指不同指示物的参项时，其两个参项中有1个参项消失。
　　　　（複合動詞の各要素の項の指示対象物が異なる場合、2つのうち1つが削除される。）

（沈 1993：17）

上の規則の適用を受けても、意味特性が保持されるのは常にV2項である。ここでは、「1項動詞＋1項動詞」と「2項動詞＋1項動詞」の組み合わせを持つ用例を取り上げて、沈の主張を具体的に見ていきたい。
　まず、「1項動詞＋1項動詞」の組み合わせを持つタイプである。「削除」によってa文からb文が派生される点に注意されたい。

(15) a. 张三　唱　　哑　　了　嗓子。
　　　　張三　歌う−かれる　ASP　喉
　　　（張三は歌って喉をからした。）

b. 嗓子 唱 哑 了。
　　喉　歌う−かれる ASP

（喉が歌ってかれた。）

(16) a. 这 顿 饭 吃 坏 了 我 的 肚子。
　　　　この CL ご飯 食べる−壊れる ASP 私 〜の 腹

（このご飯が（食べて）私のお腹を壊した。）

b. 我 的 肚子 吃 坏 了。
　　私 〜の 腹 食べる−壊れる ASP

（私のお腹は（食べて）壊れた。）

　上の"唱哑"（歌ってかれる）と"吃饱"（食べて腹一杯になる）のV1には他動詞が使われているが、これらの動詞が実際に指し示している名詞句は文中に1つしかないので、ここでは1項述語扱いである。(15a)の文における主語の"张三"（張三）は"唱"（歌う）の外項であるが、(16a)の文における主語の"这顿饭"（このご飯）は"吃"（食べる）の内項となっている。こうした違いはあるものの、(15b) と (16b) が派生するプロセスにおいて「削除」されるのはいずれもV1の項であり、V2項は保持されている。したがって、V1の取る項は「非固有項」である。沈は、このことを次の項構造を使って示している。

(17) 哑（(x´ 嗓子)）　→　唱哑（(x´ 嗓子)）
(18) 坏（(x´ 肚子)）　→　吃坏（(x´ 肚子)）

　次に、「2項動詞＋1項動詞」の組み合わせを持つタイプについて見てみる。ここでは、"拉断"（引っ張って切る）と"听烦"（聞き飽きる）を使った用例を取り上げてみよう。ここでも「削除」によってa文からb文が派生すると説明されている。

(19) a. 张三 拉 断 了 绳子。
   張三 引く‐切れる ASP 縄
   (張三は縄を引っ張って切った。)
   b. 绳子 拉 断 了。
   縄 引く‐切れる ASP
   (縄は引っ張って切れた。)
(20) a. 这 个 故事 听 烦 了 张三。
   この CL 物語 聞く‐飽きる ASP 張三
   (この物語が（聞いて）張三を飽きさせた。)
   b. 张三 听 烦 了。
   張三 聞く‐飽きる ASP
   (張三は聞き飽きた。)

　(19a)の文では、V1の内項とV2の内項が「編入」し、目的語位置に具現している。そこから派生する(19b)の文も、やはりV1の外項"张三"(張三)が「削除」されている。また、(20a)の文では、V1の外項とV2の内項が「編入」し、それから派生する(20b)の文では、V1の内項"这个故事"(この物語)が「削除」されている。外項、内項という違いは認められるものの、a文からb文が派生するプロセスにおいて「削除」が適用されるのはV1の項であり、V2項は表層文において保持される。したがって、V1項は「非固有項」である。このことを項構造を使って表すと、次のようになる。

　(21) 断((x´绳子)) → 拉断((y = x´绳子))
　(22) 烦((x´张三)) → 听烦((x = x´张三))

　以上である。V2項のみが複合動詞に継承されることを言語事実に基づいて説明する沈力の主張は、大変説得的である。しかし、V1の取る項を全て「非固有項」として処理する方法は、一般化が強すぎるように

思われる。一例を挙げると、当該論文では、V1 の動作主を主語とする (19a) の文"张三拉断了绳子"と V1 の被動者を主語とする (20a) の文"这个故事听烦了张三"を同じタイプ、すなわち「2 項動詞＋1 項動詞」に分類している。下に示すような V1 の項構造の違いを捨象しているからである。

(23) a. 张三 拉 绳子。
　　　　 張三　引く　縄
　　　　 (張三は縄を引っ張る。)
　　 b.*这　个　故事　听　张三。
　　　　 この　CL　物語　聞く　張三
　　　　 (張三はこの物語を聞く。)

しかし、Cheng and Huang (1994)、王玲玲 (2001)、Huang (2006) も指摘する通り、文頭の主語名詞句が V1 の外項と一致しない (20a) の文は、原因使役によって特徴づけられる文である。この種の文は、直感的にも下の「1 項動詞＋1 項動詞」タイプの用例と相似している。

(24) 这　顿　饭　吃　坏　了　我　的　肚子。　　(＝ (16a))
　　　 この　CL　ご飯　食べる－壊れる　ASP　私　〜の　腹
　　　 (このご飯が（食べて）私のお腹を壊した。)

上の文の主語"这顿饭"（このご飯）も、(20a) の文と同じく V1 の内項（つまり、被動者）である。だが、沈論文では、上の文は V1 の取る項が 1 つであるとの理由から、別のタイプに分類されている。使役事象分析を採用していないので、(16a) と (20a) が共有する原因主語というマクロ的な文法特徴を捉えることができないのである。

1.2.3 Cheng and Huang (1994)

　次に、「V2主要部」説に異議を唱えるCheng and Huang (1994)（以下、C&H1994）の主張を見てみることにする。語彙部門での形成を主張するC&Hは、従来の項構造分析を批判し、V1のアスペクト特性（イベント・タイプ）の違いに基づく次の4分類を提案している。

(25) a. 张三 骑　　 累　 了。　　　　　〈非能格型（unergative）〉
　　　　張三 乗る–疲れている ASP
　　　（張三は乗って疲れた。）

　　b. 张三 骑　　 累　 了两匹马。　〈他動型（transitive）〉
　　　　張三 乗る–疲れている ASP 2 CL 馬
　　　（張三は2頭の馬を（乗って）疲れさせた。）

　　c. 张三 气　 死 了。　　　　　　〈能格型（ergative）〉
　　　　張三 怒る–死ぬ ASP
　　　（張三は死ぬほど腹が立った。）

　　d. 这 件 事 气　 死 了张三。　〈原因型（causative）〉
　　　　この CL 事 怒る–死ぬ ASP 張三
　　　（この事は張三を死ぬほど怒らせた。）

　状態（state）ないし変化（change-of-state）を叙述するV2は、どのタイプにおいても非動作主性（non-agentive）を意味特徴とする点において変わりはない。したがって、結果複合動詞全体のイベント・タイプの違いを決定しているV1こそ主要部であると言う。複合動詞の項構造と意味役割の角度から整理すると、次のようになる。

(26) V1が「活動 (active)」のタイプ
　　　[RV V1 Active [V2 state/change-of-state]]
　　a. <Agent>　　　　　　　　　　　　　　〈非能格型〉
　　b. <Agent, Theme>　　　　　　　　　　　〈他動型〉
(27) V1が「非活動 (non-active)」のタイプ
　　　[RV V1 Non-active [V2 state/change-of-state]]
　　a. <Theme/Experiencer/Causee>　　　　　〈能格型〉
　　b. <Causer, Theme/Experiencer/Causee>　〈原因型〉

　C&Hは、まずV1のアスペクト特性の違いから、結果複合動詞を「活動」タイプと「非活動」タイプとに分類する。そこからさらに、「活動」タイプをAgentを主語に取る〈非能格型〉（例 (25a)）とこれにThemeが付加されることによって派生する〈他動型〉（例 (25b)）に下位分類する。また、「非活動」タイプの方も、さらにTheme（またはExperiencer、Causee）を主語に取る〈能格型〉（例 (25c)）とこれに原因 (Causer) が付加されて派生する〈原因型〉（例 (25d)）に下位分類する。このようにして、結果複合動詞には、〈非能格型／他動型〉の交替 (unergative/transitive alternation) と〈能格型／原因型〉の交替 (ergative/causative alternation) という2つの自他交替 (transitivity alternation) が認められると主張する[6]。

　C&Hは従来の項構造分析と異なり、複合事象構造 (composite event structure) を導入している。この論文における重要な指摘は、次の3点である。

　1点目は、Li (1995) においてうまく処理できなかった〈原因型〉に体系的な位置づけを与えている点である。

---

[6] C&H (1994) は「活動」タイプにおける3つ目の下位類として、〈Agent, (Theme)〉の項構造を持つ〈混合型 (mixed)〉を挙げているが、本研究の論旨に直接影響しないので省略した。

(28) 张三　累　　死　了李四。
　　　張三　疲れている－死ぬ ASP 李四
　　（張三が李四をくたくたに疲れさせた。）
(29) 报纸　看　　花　了　他的　眼睛。
　　　新聞　読む－かすむ ASP 彼 ～の 目
　　（新聞が読んで彼の目をかすませた。）

(C&H1994：203)

　上例は、通常の文と異なり、文頭の主語名詞句がV1の意味上の主語と一致していない。(28)の文では、主語の"张三"(張三)は、VとRどちらの項構造とも文法関係を持たずに統語上に具現している。また、(29)の文では、主語の"报纸"(新聞)はV1の外項ではなく内項と一致している。C&Hは、これらの主語名詞句の意味役割を原因(Causer)としている(p.204)。
　2点目は、多義文に関する説明である。他動的結果構文は、通例、V2の内項が目的語名詞句と一致する。だが、目的語が非指示的(non-referential)な名詞句のとき、V2が文頭の主語名詞句を指し示すことがある。

(30) 他　骑　　累　　了马了。
　　　彼 乗る－疲れている ASP 馬 PAR
　　（a. 彼は馬に乗って疲れた。）　　　　※目的語名詞句＝非指示的
　　（b. 彼は馬に乗って、その馬を疲れさせた。）※目的語名詞句＝指示的

　目的語名詞句が指示的(referential)か非指示的(non-referential)かという意味特徴の違いは、(30)の文のa訳とb訳の違いが示すように、文全体の解釈に影響を与えている。この問題は、Huang(1992)が"V得"構文の分析で用いた「最小距離原則(Minimal Distance Principle、略してMDP)」によって解決することができると言う。この原則は、概略、

結果述語の項 Pro はこれと最も近い距離にある主要動詞の目的語 NP（目的語がないときは主語）によってコントロールされなければならない、というものである。目的語が非指示的な場合に限って V2 が主語名詞句の方を指し示す現象は、この原則に従わない場合に起こる。Huang（1992：114）は類似の例として、"他骑马骑得［Pro 很累］"（彼は馬に乗ってとても疲れた）を挙げている。この V1-NP 部分の目的語名詞句 "马"（馬）も非指示的である。(30a) の解釈は、これと同じ状況のときに生じる[7]。

3点目として、C&H は、〈能格型〉とは内部構造が異なる自動詞用法の存在を指摘している。次のような文がそれである。

(31) 手帕　　哭　　湿　　了。
　　 ハンカチ 泣く-ぬれている ASP
　　（ハンカチが泣いてぬれた。）

上の文の主語名詞句は、対象／被動者（Theme/ Patient）の意味役割を担っている。C&H はこの文について、〈他動型〉の V1 の「項の抑制（argument-suppression）」によって派生したものであると説明し、これを「中間構文（middle construction）」または「表層能格（surface ergative）」と呼んでいる。常に動作主の存在が含意される中間構文は、先ほど見た〈能格型〉（C&H はこれを「深層能格（deep ergative）」とも呼んでいる）と

---

[7] Huang（1992）の MDP を用いた説明を補うとこうなる。V2 が V1 に「編入」される規範的（canonical）な結果構文では、目的語の方が構造的に主語よりも近い距離にある名詞句であるからこれが Pro のコントローラーとなり、使役の解釈が得られる。しかし、V2 が主語の変化結果について叙述する (30a) の文構造理解では、V1 は V2 を編入せずに V2 の付加詞（Adjunct）となる (p.115)。つまり、V1 の「目的語の共有（object sharing）」が認められない主語指向の結果述語を含む文は、深層構造において一種の等位構造（coordinate structure）として捉えられるため、この原則は適用されない (p.127)。同じ説明は、Huang（2006）にも見られる。

明確に区別されなければならない[8]。つまり、動作主性（agentivity）が認められる中間構文は、実際には受動態と同じように扱うことができる。したがって、先ほどの沈力（1993）の見解とは異なり、動作主が文中に存在していなくても、V1 を「主要部」と見ることの反例にはならない。

以上が C&H（1994）の概要である。彼らは、〈原因型〉を自他交替現象から体系的に記述することに成功している。とりわけ、〈能格型／原因型〉の交替（ergative/causative alternation）に関する指摘は、未解決であった研究課題に1つの解答を与えるものとして評価される。しかしそれでもなお、彼らの主張には次の3つの点において疑問が残る。

第1は、〈非能格型〉から〈原因型〉が派生するパタン（unergative/causative alternation）に関してである。意志性を意味特徴とする非能格動詞が原因主語を取る現象に対して、C&H は十分納得のいく説明を与えてくれない。たとえば、次の用例である。

(32) a. 他　写　　累　　了。
　　　　彼　書く‐疲れている　ASP
　　　　（彼は書き疲れた。）
　　b. 那　本　书　写　　累　　了李四。
　　　　その　CL　本　書く‐疲れている　ASP　李四
　　　　（その本は李四を書いて疲れさせた。）

(C&H1994：190)

C&H は、この交替現象を次のように説明する。(32a) の〈非能格型〉の動作主は、(32b) のような〈原因型〉に転ずると、目的語位置にある"李四"のように「被使役者（Causee）」となって現れる。つまり、〈原

---

[8] C&H（1994：219）は、中間構文（表層能格）の「項の抑制」は統語的操作ではなく、語彙的操作によって生じると仮定することで、2つの能格型の内部構造と派生関係の違いを正しく捉えることができると述べている。

因型〉との関係が含意される状況の下では、〈非能格型〉の主語名詞句は「被使役者」となるから、(32a) は外項を持たない〈能格型〉(非対格用法) と見なすことができる。「被使役者」も出来事をコントロールする主体ではないという点において、〈能格型〉の主語に現れる「経験者 (Experiencer)」と同様に内項になる資格を具えている。そこで、〈非能格型〉の場合も〈能格型／原因型〉の交替と同様に処理することができる (p.190, 201, 202)。

しかし、この見解は首肯しかねる。C&Hが自ら繰り返し強調しているように、〈非能格型〉と〈能格型〉は異なるタイプのものである。だとすれば、〈非能格型〉だけがこのように曖昧性を持つ (ambiguous) のは体系的に見て不自然である。最終的なイベント・タイプの決定を文の内部構造以外に求めるというやり方は、論理の整合性に欠けると言わざるを得ない。

この派生関係の問題は、後の Huang (2006) でも取り上げられている。こちらの論考では、非能格動詞が軽動詞 BECOME と「併合 (merge)」ないし「合成 (conflate)」することで非対格化する。したがって、〈非能格型〉も〈原因型〉への転換が可能になると説明されている。しかし、これは、少なくとも英語の非能格動詞には確認することができない文法現象である[9]。

> While an unergative may be merged (or conflated) as a manner adjunct with an inchoative or causative light predicate BECOME or CAUSE in Chinese, such a merger is generally possible only with CAUSE in English.
> (中国語において、非能格動詞は様態を表す付加詞として起動ないし使役

---

[9] 一部の非能格動詞が非対格化する例が、オランダ語やドイツ語、古代日本語には見られる。したがって、(32a) のような非能格型結果構文は "The river froze dry" のような非対格型結果構文と同じように捉えることができると言う (Huang 2006 : 21-23)。

の軽動詞 BECOME や CAUSE と併合（または合成）することができるが、そのような併合は英語では一般に CAUSE とのみ可能である。）(p.27)

　中・英両言語の間に見られるこの違いを、Huang は「語彙化パラメータ（Lexicalization Parameter）」の観点から説明しようと試みる。中国語の非能格動詞に生じる非対格化は、言語類型の１つである分析的言語（analytic language）と総合的言語（synthetic language）の違いに起因すると言うのである。つまり、分析的言語に属する中国語の動詞語彙は、総合的言語に属する英語と異なり、項構造に関する詳しい文法情報の指定を受けない。「合成」操作も、英語では語彙レベルで行われるが、中国語では統語レベルで行われると言う。しかし、中国語において、活動動詞や非能格動詞が非対格化するという経験的証拠を見つけることはできない。"他写（了）"（彼は書く（書いた））からは意図的動作の読みしか得ることができないであろう。Huang（2006）の分析も、やはり理論上の仮説の域を出ていないのである。

　第２に、仮に上の Huang（2006）の仮説を認めて〈非能格型〉が〈能格型〉に転化しているとしても、なぜ等位構造を持つ（つまり、使役と無関係な）VR 構造が原因主語を取ることができるのかが不明である。〈能格型／原因型〉の交替に関する説明も、決して十全とは言えない。なぜなら、原因項（external Causer argument）の導入には、通例、述語部分に使役の関与が必要だからである（Grimshaw 1990；王玲玲 2001 参照）。当該論文は、いずれもこの点には論及していない。ここで指摘した２つの問題点は閑却できない重要な内容を含んでいるので、第６章で再び取り上げて詳しく検討することにしたい。

　第３に、C&H が提案する〈非能格型／他動型〉の交替は、〈能格型／原因型〉の交替に比べると、さほど有益な指摘とは思えない。

(33) a. 張三騎累了。　　　　　（= (25a)）
　　　（張三は乗って疲れた。）

b. 张三骑累了两匹马。　　(=（25b））
　　　（張三は2頭の馬を（乗って）疲れさせた。）

　C&Hの説明によると、(33b) の〈他動型〉は、(33a) の〈非能格型〉に内項（internal argument）が付加されて産出される。だが、〈非能格型〉は実際には継続相を持たず、もともと限界的（delimited）な事態を叙述している。内項の付加は、イベント・タイプの変更に関与しているわけではないのである[10]。さらに、このa文とb文では表す出来事が異なるという点も問題である。(33a) の"累"（疲れている）は主語"张三"（張三）の結果状態を述べているが、(33b) の"累"が叙述しているのは目的語"两匹马"（2頭の馬）の結果状態である。C&Hも述べているように、〈他動型〉の大半はこうした意味解釈のシフトを伴うものである（p.189, 198）。内項を付加しても同一の事態を表現し得るのは、"吃饱"（食べて腹一杯になる）や"喝醉"（飲んで酔っ払う）など極少数の例に過ぎない。要するに、〈非能格型／他動型〉の「交替」は形式的な操作の言い換えに過ぎず、ヴォイス転換に関係する実質的な指摘とは認め難い。

1.3　統語レベルにおける形成

1.3.1　初期の研究例——Hashimoto（1964, 1971）, Baron（1971）, Lu（1977）

　統語分析における先駆的業績には、Hashimoto（1964, 1971）、Baron（1971）、Lu（1977）などがある。

---

10) 有名なVendler（1967）の動詞分類が示すように、英語動詞は目的語を伴うことで〈活動〉から〈達成〉へとイベント・タイプが変わる。たとえば、writeは〈活動〉だが、write a letterは〈達成〉となる。目的語がアスペクトを限定するのである。しかし、C&Hの〈非能格型〉と〈他動型〉の交替に、そのような説明は当てはまらない。

生成文法理論に基づく Hashimoto（1964, 1971）は、結果複合動詞が「埋め込み文（embedded clause）」から派生すると主張する。そして、同一指示的（coreferential）か否かの違いによって他動詞用法に2つの異なる文構造が存在することを指摘し、非同一指示のタイプとして"张三吃完饭了"（張三はご飯を食べ終えた）を、同一指示のタイプとして"张三吃饱饭了"（張三はご飯を腹一杯食べた）を例として挙げている。このように分析するのは、表層的には同じ構造を持つかに見える2つの文が、受動構文に転換すると異なる文法的振る舞いを見せるからである。

(34) a. 饭　给　张三　吃　完　了。
　　　ご飯 PAS 张三 食べる‐終わる PAR
　　　（ご飯は張三に全部食べられた。）
　　b. *饭　给　张三　吃　饱　了。
　　　ご飯 PAS 张三 食べる‐満腹だ PAR
　　　（ご飯は張三に腹一杯食べられた。）

(Hashimoto1971：38)

(34a) の文は適格だが、(34b) の文は不適格と判断される。Hashimoto によれば、このような文法現象を形態論のレベルで説明するのは難しいが、深層構造を導入してそこに補文構造を仮定すると、こうした適格性の違いを無理なく説明することができる。

また、Baron（1971）は、Fillmore の格文法の観点から英語と中国語を比較している。その中で興味深いのは、"毛打破了窗户"（毛が窓を叩き割った）という文に対して、使役動詞"使"を用いた次のような深層構造を仮定していることである。

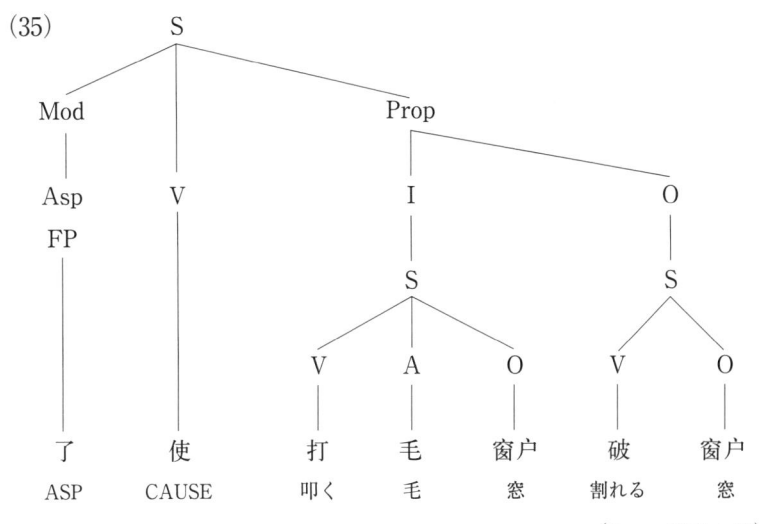

(35)
```
                    S
            ┌───────┴───────┐
           Mod             Prop
          ┌─┴─┐         ┌───┴───┐
         Asp  V         I       O
          │   │         │       │
         FP   │         S       S
          │   │      ┌──┼──┐  ┌─┴─┐
          │   │      V  A  O  V   O
          │   │      │  │  │  │   │
          了  使     打 毛 窗户 破  窗户
         ASP CAUSE  叩く 毛  窓  割れる 窓
```
(Baron1971：43)

　この深層構造において、"毛打破了窗户"は、概念述語"使"の取る２つの格（InstrumentとObject）に"毛打窗户"（毛が窓をたたく）と"窗户破"（窓が割れる）という２つの成分が埋め込まれた文構造として捉えられている。この２つの成分の中で同定された要素（identical elements）は１つに結び付けられ、一致しない要素は"打破"（叩き割る）の取る名詞句として統語上に具現する。そして、この抽象的な述語"使"は、複合化の過程で削除されると言う。この理論分析は、使役の事象構造を中国語結果構文に応用した先駆的な業績の１つだと言えよう。

　中国語の「補語」は、実辞的要素（自由形態素）からアスペクト辞に近い働きを持つ非自立語的な要素（拘束形態素）まで、実にさまざまである。統語分析の有効性を主張するLu（1977）は、動補構造における第二動詞の意味機能の違いに基づき、〈結果（result）〉、〈方向（direction）〉、〈到達（achievement）〉、〈完成（completion）〉の４分類を提案している[11]。Luが掲げる〈結果〉タイプの用例は、次のようなものである。

(36) a. 他 拉 开 了 门。
   彼 引く－開く ASP ドア
   (彼はドアを引いて開けた。)
 b. 他 喝 醉 了 酒 了。
   彼 飲む－酔う ASP 酒 PAR
   (彼は酒を飲んで酔っ払った。)
 c. 他 饿 病 了。
   彼 飢える－病む ASP
   (彼は飢えて病気になった。)
 d. 妹妹 把 客人 哭 跑 了。
   妹 PRE 客 泣く－逃げ去る ASP
   (妹は泣いて客を立ち去らせた。)

(Lu1977：281)

　Lu は、上の各文は深層構造において2つの節（clause）からなると主張し、単一節構造を仮定する Thompson (1973) の語彙規則を批判している[12]。実際に、(36) の各文は2つの節に分けて表現することができる。

(37) a. 门 开 了 是 因为 他 拉 的 缘故。
   ドア 開く ASP ～だ ～だからだ 彼 引く PAR わけ
   (ドアが開いたのは彼が引いたからだ。)

---

11) 他にも Li and Thompson (1981：54-57) は、中国語複合動詞を「結果複合動詞 (resultative verb compound)」と「並列複合動詞 (parallel verb compound)」の2つに分け、第二成分の意味の違いに基づき、結果複合動詞を〈原因 (cause)〉、〈到達 (achievement)〉、〈方向 (direction)〉、〈相 (phase)〉の4つに分類している。
12) Lu は、Thompson (1973) の語彙規則を全面的に否定しているわけではない。この規則が適用できるのは、"V＋得／不＋起"（（金銭に余裕があって）～できる／できない）のように、虚辞化した補語（拘束形態素）を含む慣用表現に限られると考えている。

b. 他 醉 了 是　因为（他）喝 酒 的 缘故。
　　彼 酔う ASP 〜だ 〜だからだ（彼）飲む 酒 PAR わけ
　（彼が酔ったのは酒を飲んだからだ。）

c. 他 病 了 是　因为（他）饿　的 缘故。
　　彼 病む ASP 〜だ 〜だからだ（彼）飢える PAR わけ
　（彼が病気になったのは飢えたからだ。）

d. 客人 跑 了 是　因为 妹妹 哭 的 缘故。
　　客 逃げ去る ASP 〜だ 〜だからだ 妹 泣く PAR わけ
　（お客がいなくなったのは妹が泣いたからだ。）

(Lu1977：286)

　これらの用例が示すように、結果複合動詞を構成する2つの要素は、各々単独の述語として用いることができる。また、因果関係を表すVR構造の語順は類像性（iconicity）を反映しており、出来事の生起した順番と一致する。Luはこうした点に着目して、VR構造を次のように定義している（LuはVR構造をresultative verb compound、略してRVと呼んでいる）。

(38) An RV is a V-V construction in a sentence where the second verb indicates a result caused by the action or the process represented by the first verb.
　（結果複合動詞は、行為や過程を表す第一動詞とそれによって引き起こされる結果を表す第二動詞によって構成された文に用いられる動詞連続構造である。）

(Lu1977：282)

Luの提案する深層構造は、次のようなものである。

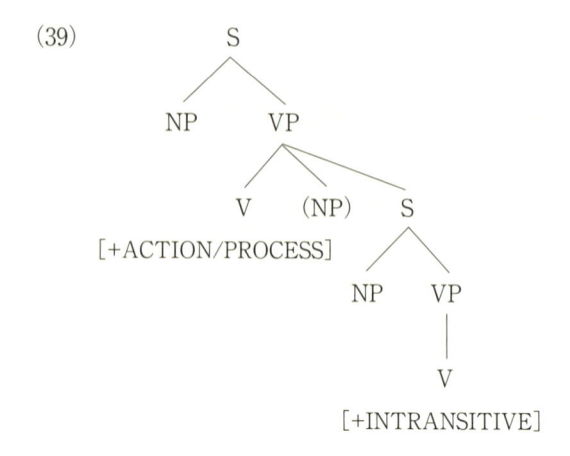

(39)
```
              S
            /   \
          NP    VP
                /  \
               V  (NP)  S
     [+ACTION/PROCESS]  / \
                      NP   VP
                           |
                           V
                   [+INTRANSITIVE]
```

(Lu1977：283)

　付け加えると、それまでの統語分析では、可能・不可能を表す"得"と"不"は深層構造において動詞句ないし命題構造の中に生じると記述されてきた（Baron1971：45）。しかし、Thompson（1973）も指摘するように、この説明はいかにもアド・ホックである。Lu は可能標識とアスペクト標識の"了"が相補分布の関係にあることから、これが語彙レベルではなく、AUX の範疇に生成されると述べ、統語分析の妥当性を強調している。

　以上のように、初期の統語論的アプローチでは、VR 構造が一語動詞ではなく2つの動詞述語からなると指摘する。また、Thompson（1973）の語彙規則を批判的に検討し、概念的な使役述語の導入や「埋め込み文」を仮定するなど、理論言語学の成果を援用した今日の中国語文法研究に通じる重要な考え方を提示している。

1.3.2 湯廷池（1992a, b）

　GB 理論を採用する湯廷池（1992a, b）は、VR 構造を2つの自由形態素（語）の結合体、すなわち複合述語（complex predicate）と見なし、「統

語レベルでの編入（syntactic incorporation）」を仮定している。

　湯の所論において注目されるのは、結果述語の「能格化（ergativization）」と「主要部特性の滲透（the head-feature percolation）」という２つの考え方である。能格化とは、簡単に言えば、結果述語に当たる自動詞や形容詞が使役他動詞に転換する現象を指す。古代語では、自動詞や形容詞が単体で目的語を取ることができた。これを「使動用法」と称する。下の(40)のａは自動詞、ｂは形容詞の「能格化」に関する記述である。

(40) a. 有些補語動詞語素（如醒、落、醉等）在現代漢語裏似乎以失去「使動用法」；但出現於述補式複合動詞的時候，仍然保持這種用法。
（補語となる動詞（たとえば"醒"（目覚める）、"落"（落ちる）、"醉"（酔う）等）の中には、現代語において「使動用法」を失ったかに見えるものがある。だが、述補式複合動詞に現れるときは、依然としてこの用法を留めている。）

(湯 1992a：160, 註 23)

b. 以形容詞為補語的述補式使動動詞乃是中古漢語以後的產物，其功能顯然是在於代替古漢語形容詞的使動用法。
（形容詞を補語とする述補式使動動詞は、中古漢語以降の産物であるが、その機能は明らかに古代漢語における形容詞の使動用法に替わるものである。）

(湯 1992b：111)

　湯は、古代語に使動用法が存在したことを根拠に、現代語では能格化した第二動詞の語彙特性が第一動詞に滲透するために VR 構造に使役義が生じる。したがって、当該構造の主要部は第二動詞であると主張する。湯論文の分析を具体的に見てみよう。

(41) a. 他哭　濕　　了　手帕　了。
　　　　彼 泣く－ぬれている ASP ハンカチ PAR
　　　　（彼は泣いてハンカチをぬらした。）
　　b. 他累　　　壞　　了身體了。
　　　　彼 疲れている－壊れる ASP 体 PAR
　　　　（彼は疲れて体を壊した。）
　　c. 他打　開　了　門　了。
　　　　彼 開ける－開く ASP ドア PAR
　　　　（彼はドアを開けた。）

(41)の各文における第一動詞には、それぞれ自動詞（Vi）・形容詞（A）・他動詞（Vt）が用いられている。これらを含む上の用例は、次の変形操作のプロセスを経て形成される。

(42) a. NPi {Vi/A/Vt NPj} [NPj {Vi/A}]
　　　　　　　　↓
　　b. NPi {Vi/A/Vt NPj} [({Vi/A}>)Ve NPj]
　　　　　　　　↓
　　c. NPi [ve {Vi/A/Vt} Ve] NPj

(湯1992b：118)

上の構造式において、派生前のaの段階では、結果述語に自動詞（Vi）または形容詞（A）が用いられている。この結果述語が能格動詞（Ve）に転ずると、その後ろに目的語（NPj）を取ることが可能となる。これが次のbの段階である。そして、能格動詞を含む小節の併合（merger）と動詞の再分析（reanalysis）を経て、最終的にcの内部構造を持つ複合述語が生成される。湯はこのタイプを「述補式使動動詞」と呼ぶ。この動詞編入のプロセスを樹形図を使って表示すると、次のようになる。ここでは、例（41b）の"累壞了身體了"（疲れて体を壊した）の場合を見てみる。

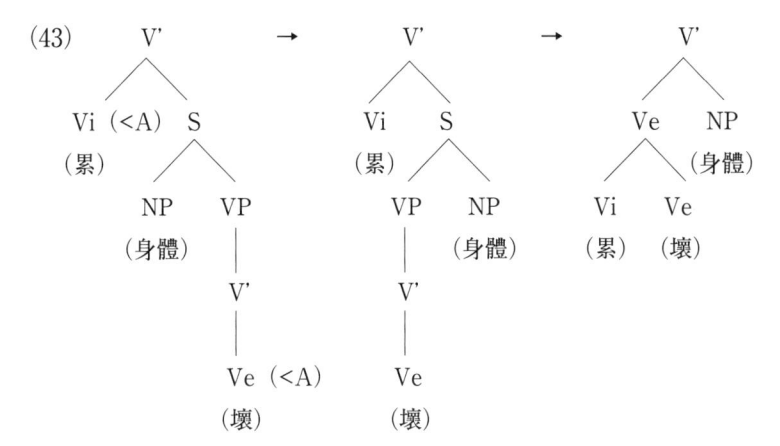

(43)
```
      V'              →          V'          →        V'
     /  \                       /  \                 /  \
  Vi(<A)  S                   Vi    S              Ve    NP
   (累)                       (累)                 /  \  (身體)
        NP    VP                  VP   NP       Vi   Ve
       (身體)  |                   |   (身體)    (累) (壞)
              V'                   V'
              |                    |
             Ve (<A)              Ve
             (壞)                 (壞)
```

(湯 1992a：191)

　肝心なのは、左側の樹形図における"身體―壞"（体―壊れる）という語順が、"壞"の能格化を経て、最終的に右側の樹形図が示すように"壞―身體"（壊す―体）という語順に入れ替わる、という点である。

　湯は、全てのVR構造が「主要部右端 (right-headed)」であると考えているわけではない。能格動詞に転換しないタイプについては「主要部左端 (left-headed)」と見ている。このタイプには、「述補式他動詞」と「述補式自動詞」がある。まず、「述補式他動詞」の例から見てみる。

(44) 他　吃　　飽　了 飯、喝　　醉　　了 酒，就　　回　去　了。
　　 彼 食べる-満腹だ ASP ご飯 飲む-酔う ASP 酒 すぐに 帰る 行く ASP
　　（彼はご飯を腹一杯食べ、酒を飲んで酔っ払うと、すぐに帰って行った。）

(湯 1992b：105)

　上例の"吃飽"と"喝醉"は目的語を従えているが、結果を表す第二動詞はいずれも主語名詞句の状態を叙述しているから、1項述語のままである。このタイプは、見かけは他動詞文だが、複合動詞全体に滲透している素性は第一動詞のものと考えられている。このタイプにおける主

要部特性の浸透は、次のように示される。

(45) a.
```
        Vt
       /  \
     'Vt   'Vi
      喝    醉
      飲む  酔う
```
b.
```
        Vt
       /  \
     'Vt   'A/'Vi
      吃    飽
     食べる 満腹だ
```

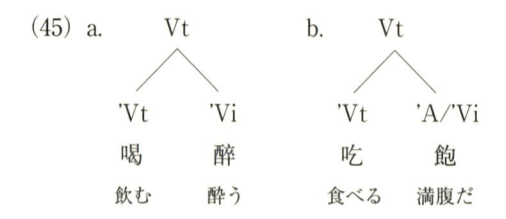

(湯 1992b：106)

もう1つの「述補式自動詞」の場合も、第二動詞が主語名詞句に生じた結果状態を述べているので、能格化とは無関係である。したがって、このタイプの主要部も第一動詞となる。このタイプの主要部特性の浸透は、次のように示される。

(46) a.
```
        Vi
       /  \
     'Vi   'Vi
      跑    動
     走る  動く
```
b.
```
        Vi
       /  \
     'Vi   'A
      站    穩
     立つ  安定している
```

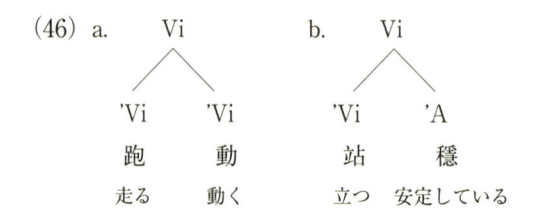

(湯 1992b：108)

このように、湯の分析では主要部の位置は一定していない。

以上が概要である。湯論文は、使役義獲得の問題と動詞の「繰り上げ (raising)」との関係をうまく説明している。しかし、次章で詳述するが、現代語において第二動詞は既に自動詞・形容詞として固定化しており、これが能格化する具体的証拠を示すことはできない。なお、湯はこの考えを Hsueh（薛鳳生）との私的な議論に帰している（1992a：164, note31）。確かに Hsueh（1989）も能格化説を明確に打ち出している。だが、彼らの提案がその嚆矢かどうかは定かではない。なぜなら、彼らと同じ説

明が、既に龔千炎（1984）にも見られるからである。

(47) 动结式是在使动用法的自动词或形容词前加上一个动词构成的。
（VR 構造は、使動用法の自動詞または形容詞の前に１つの動詞を加えて構成されたものである。）

(龔千炎 1984：95)

管見の限り、これが結果述語の「能格化」ないし「使役動詞化」に関する最も早い記述である。とは言え、湯がこの考え方を GB 理論の枠組みに本格的に採り入れたことにより、望月（1990a, b）や山口（1991）など同じ分析アプローチを採る日本の中国語研究者にもそれが支持され、今日に至っていることは注意されてよい。

1.3.3 Sybesma（1999）

Hoekstra（1988）の小節構造分析を採用する Sybesma（1999）は、従来の統語分析と異なり、結果構文の目的語 NP（内項）は結果を表わす XP の主語であると主張する。Sybesma が提示する基底構造は、次のようなものである。

(48) a. *Transitive result structure* 　　〈他動型〉
NP [$_{VP}$ V [$_{SC}$ NP XP]]
b. *Intransitive result structures* 　〈自動型〉
e [$_{VP}$ V [$_{SC}$ NP XP]]
c. *Causative resultatives* 　　　　〈原因型〉
NP CAUS [$_{VP}$ V [$_{SC}$ NP XP]]

以下、それぞれのタイプについて見ていく。まずは（48a）の内部構造を持つ〈他動型〉である。

(49) 张三 哭　　湿　　了 手绢。
　　 張三 泣く‐ぬれている ASP ハンカチ
　　（張三が泣いてハンカチをぬらした。）

　Hoekstra (1988) の分析では、主要動詞の目的語と小節は相補分布 (complementary distribution) の関係にあることから、主要動詞は小節全体と関係づけられると考えられている。つまり、主要動詞の目的語は小節内に取り込まれているから、Ｖから直接 θ 標示を受けない。Sybesma は、このことを次の文を使って説明する。

(50) a. I drank beer.
　　　（私はビールを飲んだ。）
　　 b. I drank him under the table.
　　　（私は飲みすぎて彼をテーブルの下へ追いやった。）
　　 c. *I drank beer him under the table/him under the table beer.
　　　（私はビールを飲みすぎて彼をテーブルの下へ追いやった。）

　(50b) の文における主要動詞と小節との関係は、意味役割のような語彙情報を伝達するものではなく、純粋にアスペクト的関係に基づく連結である。この考え方に従い、Sybesma は、英語と同じ現象が次例のように中国語結果構文にも観察されると述べて、VR 構文の主要動詞は補文 (an L-marked complement) を取ると主張するのである。

(51) a. 他们 吃　　了 牛肉。
　　　 彼ら 食べる ASP 牛肉
　　　（彼らは牛肉を食べた。）
　　 b. 他们 吃　　穷　　了 张三。
　　　 彼ら 食べる‐貧しい ASP 張三
　　　（彼らは食べて張三を貧乏にした。）

c. *他们 吃 牛肉 穷 了 张三。
   彼ら 食べる 牛肉 貧しい ASP 張三
   (彼らは牛肉を食べて張三を貧乏にした。)
d. *他们 吃 穷 了 张三 牛肉。
   彼ら 食べる－貧しい ASP 張三 牛肉
   (彼らは牛肉を食べて張三を貧乏にした。)

(Sybesma1999：34)

　Sybesmaは小節の機能として、①継続性動詞(活動動詞)に完結点(end point)を与える、②結果を特定化する、③小節主語が主要動詞の示す行為によって受けた影響を叙述する、などの働きを挙げている(p.15)。Hoekstra(1988)が分析した英語・オランダ語との唯一の違いは、中国語では小節の主要部Xに主要動詞(matrix head)への「編入」が義務的に生じる、という点である。

(52) While in Mandarin, incorporation into the matrix head of the small clause head X is obligatory, in English X always stay in situ.
(中国語では小節主要部Xの主要動詞への編入は義務的であるが、英語ではXは常に元の位置に留まる。)

(Sybesma1999：208, note 8)

　しかし、中国語において「編入」が生じる動機や理由については何も述べていない。
　次に、(48b)の内部構造を持つ〈自動型〉に関する記述を見てみよう。

(53) 手绢 哭 湿 了。
    ハンカチ 泣く－ぬれている ASP
    (ハンカチが泣いてぬれた。)

上の文において、文頭の主語名詞句"手绢"(ハンカチ)は、主要動詞"哭"(泣く)と文法関係を結んでいない。これと意味的関係を持つのは小節内部の述語である。Sybesmaはこのような自動的結果構文にもHoekstraの小節分析を適用し、次の基底構造を提案している。

(54) e 哭 [手绢 湿了]

Sybesmaは、主要動詞は自動的結果構文に用いられると外項を持たない非対格動詞（unaccusative matrix verb）に転化する。そして、補文の主語である"手绢"は、格（Case）の割り当てを受けるために表層文の主語位置に繰り上がり、最終的に"手绢哭湿了"という文が得られると説明する。

Sybesmaは、次のような自動的結果構文にも、上と同じ基底構造を仮定している。

(55) 张三　哭　　累　　了。
　　　張三　泣く－疲れている　ASP
　　（張三は泣き疲れた。）

先ほどの(53)の文と異なり、上例における主語の"张三"は主要動詞"哭"(泣く)の動作主であるから、この2つの統語成分の間には文法的意味関係が成立している。さらに、結果を表す"累"(疲れている)も、主語の"张三"を指し示している。したがって、この文は「シンプソンの法則[13]」に抵触することになる。Sybesmaはこの問題の解決策として、この文に対しても(54)に示した「主要動詞の非対格化」を仮定する。つまり、上の文も、(53)の文と同じ基底構造を持つと主張す

[13) この法則は、「結果述語は、表層目的語であれ深層目的語であれ、目的語を叙述する（Resultative attributes are predicated of OBJECTS, whether surface OBJECTS or underlying OBJECTS.)」というものである（Simpson1983：144）。

(56) e 哭［張三　累了］

"哭"が非対格動詞に転化している証拠として、Sybesmaは使役交替現象を挙げている。〈原因型〉への転換は、外項を持たない非対格動詞に類する述語にしか認められない現象である。イベント構造の観点から見ると、完結点を具える非対格動詞は、状態変化の起点（initiator/starting point）となるイベントの提供しか受けることができない。裏返して言えば、完結点を持たない非能格動詞は、通例、使役動詞に転用することができない。これは、〈非能格型〉から〈原因型〉が派生すると主張するC&H（1994）とHuang（2006）の理論分析の問題点でもあった（本論第1章 2.3節参照）。

(57) a. 張三　哭　了。
　　　　張三　泣く　ASP
　　　　（張三が泣いた。）
　　b.*这　件　事　哭　了張三。
　　　　この　CL　こと　泣く　ASP　張三
　　　　（このことは張三を泣かせた。）
　　c. 这　件　事　哭　累　了張三。
　　　　この　CL　こと　泣く‐疲れている　ASP　張三
　　　　（このことは張三を泣き疲れさせた。）

(Sybesma1999：37, 44)

(57b)の文の不適格性が示すように、もし(57c)の文における第一動詞に非対格化が起こっていなければ、原因主語"这件事"（このこと）を取る文は生じ得ない。したがって、先ほどの(55)の文における"哭累"（泣き疲れる）を用いた〈自動型〉は、非対格化を遂げている。この

ように小節分析を採用すれば、第一動詞に非能格動詞を取る〈自動型〉も、「シンプソンの法則」に違反しないと Sybesma は主張する。

　最後に、〈原因型〉についてである。既に Li の分析でも見たように、〈原因型〉における重要な研究課題は、項整合の条件を満たしていない名詞句が主語位置に具現する統語現象を解き明かすことである。(57c) のような文がそれである。他にも、次の用例が挙げられている。

　　(58) 这 瓶 酒 醉　紅　了 张三 的 眼睛。　　　(Sybesma1999：37)
　　　　 この CL 酒 酔う‐赤い ASP 張三 〜の 目
　　　　（この酒が張三を酔わせて目を赤くさせた。）

　Sybesma は、Huang (1988) の分析を援用して、このタイプにおける主語名詞句の意味役割を原因 (external Causer) と見なす。そして、Hale and Keyser (1993) が提案する次の使役交替 (unaccusative-causative alternation) モデルと同じ派生パタンを想定する。

　　(59) a. John CAUS [the soup cool]
　　　　 b. John CAUS [the glass break]

　(59) の分析を使うと、(57c) の文構造は、次のように示すことができる。

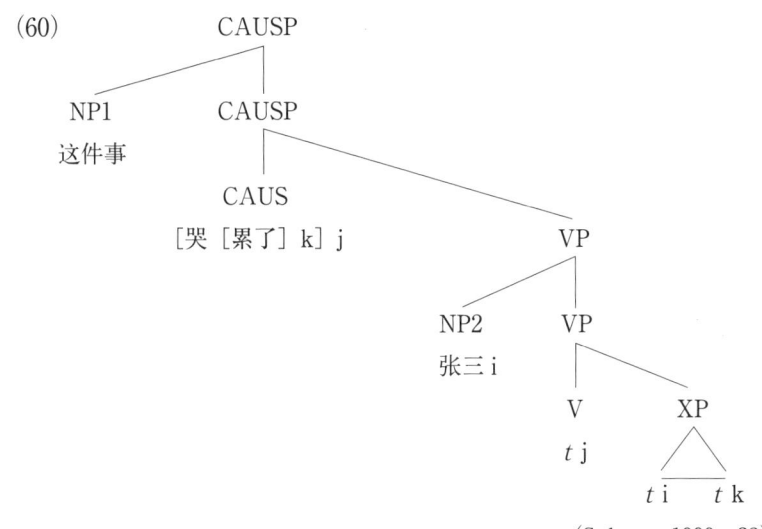

(60)
```
              CAUSP
             /      \
          NP1      CAUSP
          这件事    /     \
                CAUS         VP
             [哭[累了]k]j    /    \
                         NP2      VP
                         张三i    /    \
                                 V      XP
                                 tj    /  \
                                      ti   tk
```

(Sybesma1999：38)

　この樹形図が示すように、主語名詞句"这件事"（この事）の意味役割はVではなく、抽象的な使役述語CAUSから来ると考えられている。つまり、原因主語の生起は、複合述語の"哭累"（泣き疲れる）が構造的により高い位置にあるこの抽象的な動詞へ「編入」することによって可能になると説明される。

　以上が概要である。Sybesmaの小節分析は、Vの位置に自動詞を取る結果構文に対しては大変有効である。しかし、中国語の小節主要部に義務的に移動が生じるのは、一体なぜであろうか。この点については(52)のように述べるだけで、具体的な提案を行っていない。

　また、"手绢哭湿了"と"张三哭累了"が同じ内部構造を持つと記述している点も問題である。もしこれらの基底構造が同一のものであるとするならば、なぜ前者は〈原因型〉への転換が不可能なのに、後者ではそれが可能なのであろうか。

(61) a. *这 件 事 哭 湿 了 手帕。　　(C&H1994：215)
 　　 この CL こと 泣く-ぬれている ASP ハンカチ
 　　（このことはハンカチを泣いてぬらした。）
 b. 这 件 事 哭 累 了 张三。　　（=（57c））
 　　 この CL 事 泣く-疲れている ASP 張三
 　　（このことは張三を泣いて疲れさせた。）

　Sybesma の説明に基づくと、"哭湿"（泣いてぬれる）と"哭累"（泣いて疲れる）はいずれも非対格用法になる。しかし、(61a) の文は、主語に原因項を取ることができず、非文法的と判断される。Sybesma の分析は、この不適格性を予測することができない。C&H（1994）も指摘するように、この２つは異なるタイプとして明確に区別されるべきである（自動的結果構文の内部構造については、第５章で詳しく検討する）。

　それに、もし仮に第一動詞の"哭"が非対格化しているとしても、既述のように、原因主語の生起には使役の関与が必要である。その使役義は一体どこから来るのであろうか。C&H（1994）や Huang（2006）の分析と同様に、その出どころは依然として不明のままである。

1.3.4　王玲玲（2001）

　王玲玲（2001）は、ミニマリスト理論の VP 殻（vp-shell：Larson1988；Chomsky 1995 他）を採用した VR 構造の分析である。極小主義（minimalism）では、論理形式（LF）において重要な働きをするのは語（word）ではなく、語が持っている素性（feature）であると考えられており、語は素性に分解されるべきであるとの立場をとる。この仮定に基づき、王玲玲は、VR 構造は複合動詞ではなく複合述語（complex predicate）と見なすべきであり、結果述語 V2 の移動は使役の意味を持つ軽動詞（light verb）に引き寄せられるために生じる、と主張する。

　統語的分析の優位性を主張する王論文は、C&H（1994）が提案する

〈原因型（causative, "役格類"）〉と〈他動型（transitive, "賓格類"）〉が複合動詞の項構造から生じるのが不自然であることを下の樹形図を使って説明し、その問題点を指摘する。

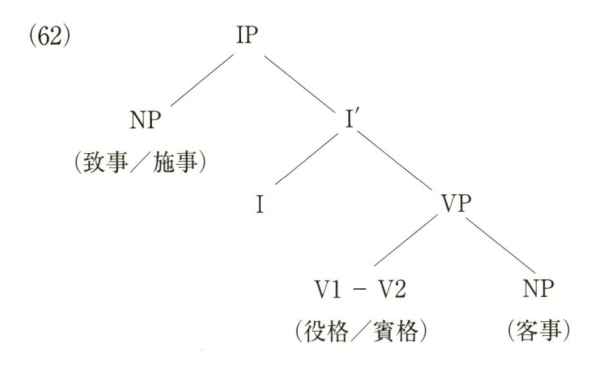

(62)
```
           IP
          /  \
        NP    I'
     (致事／施事) / \
              I   VP
                 /  \
             V1－V2   NP
            (役格／賓格) (客事)
```

（王玲玲 2001：20）

もしこの2つのタイプがいずれも複合動詞であるとすれば、〈原因型〉において項整合の条件に合わない主語名詞句が具現する理由を説明できなくなる。王論文の卓見の1つは、Grimshaw（1990：24）の主語原則を援用し、〈原因型〉の成立に使役動詞の関与が必要であることを指摘している点である。

(63) 只有使役動詞才能指派致事題元。
　　　（使役動詞のみが原因項を付与することができる。）

（王玲玲 2001：18）

使役動詞には、内容語としての動詞と「軽動詞」と呼ばれる抽象的な動詞の2種類がある。使役軽動詞の存在を仮定すると、分析的使役（periphrastic causatives）と語彙的使役（lexical causatives）の統語法の違いを合理的に説明することが可能となる。王論文は、「その本は私を感動させた」という意味を表す次の2つの文構造を例示している。

(64) a. 那本書　　　　　使［我感動了］。
　　 b. 那本書　感動了－v［我 t］。

　(64a) の分析的使役には"使"（〜させる）が使われているが、(64b) の語彙的使役には音声形式を持たない使役動詞 v が仮定されている。内容語かゼロ形式かを問わず、使役動詞は外項に使役者、内項に命題を取るから、外項に当たる主語の"那本書"（その本）は原因の意味役割を付与される。a 文と b 文における唯一の違いは、"使"が文中において独立して機能することができるのに対し、軽動詞 v はその性質上、接辞的（したがって、強い主要部）であるため、その位置に実体のある（すなわち音声形式のある）動詞が繰り上げられて［V-v］という付加構造が形成される点にある。こうして、(64b) の［　］で示した補文の中の動詞"感動"（感動する）は上方へと移動し、軽動詞 v と併合することによって適格な文が生成される[14]。

　この軽動詞を用いた動詞句構造モデルは、中国語結果構文の分析にも有効であると王は主張する。たとえば、〈他動型〉の"他喊啞了嗓子"（彼は叫んで喉をからした）の文構造は、次のようになる。

---

14) この理論仮説は、Huang (1988) の構造助詞"得"を使った結果表現の分析からヒントを得たものであると言う。
　　　　那件事　　　　使［張三激动得流下了眼泪］
　　　　那件事　激动得 i－v［張三 ti　　流下了眼泪］
　Huang (1988) は、中国語動詞の主要部移動による軽動詞との併合は D 構造だけでなく、S 構造においても実現すると考えることで、両文の統語法の違いを説明している。

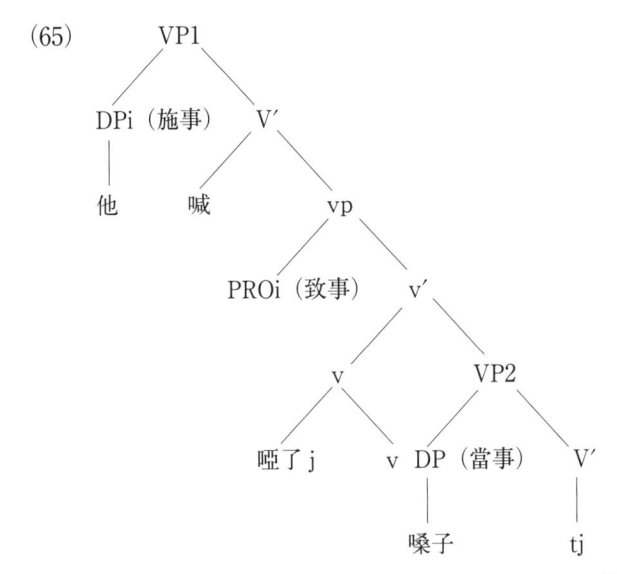

(65)
```
         VP1
        /    \
   DPi(施事)  V'
     |      /  \
     他   喊    vp
              /  \
         PROi(致事) v'
                  /    \
                 v     VP2
                / \    /  \
             啞了j  v  DP(當事) V'
                      |        |
                     嗓子      tj
```

(王玲玲 2001：137)

　従来の統語分析と異なり、"喊"（さけぶ）の補部はVP2ではなく、実体のない軽動詞vからなるvpである。つまり、VP2はvpの補部である。このVP2は"當事"、すなわち対象を取る1項述語"啞了"（かれた）からなる。この述語動詞はvに誘引されて上方へ移動して、v'のところで"啞了嗓子"（喉をからした）を形成する。また、格（CASE）はないがθ役割を持つPROは使役者となる。こうして出来たvpがVP1の主要部"喊"と併合され、最後に主語が付加されて文が完成する（原文においてIPは省略してある）。

　(65)の樹形図が示すように、王の理論分析では主語と目的語はそれぞれ別の投射内に生成されると仮定されている。〈原因型〉についても同様の仕組みが提案されているが、上例のケースよりも事情がやや複雑である。ここでは"蘋果吃壞了肚子"（リンゴが（食べて）お腹を壊した）を例にとり、その構造分析を示してみよう。

(66)
```
                vp
               /  \
        DPi(致事)  v'
            |    /  \
           蘋果  v    VP
               / \   / \
              吃j  v XP(述題) V'
                    /  \    / \
                 PROi 壞了肚子 tj  ti(客事)
```
(王玲玲 2001：142)

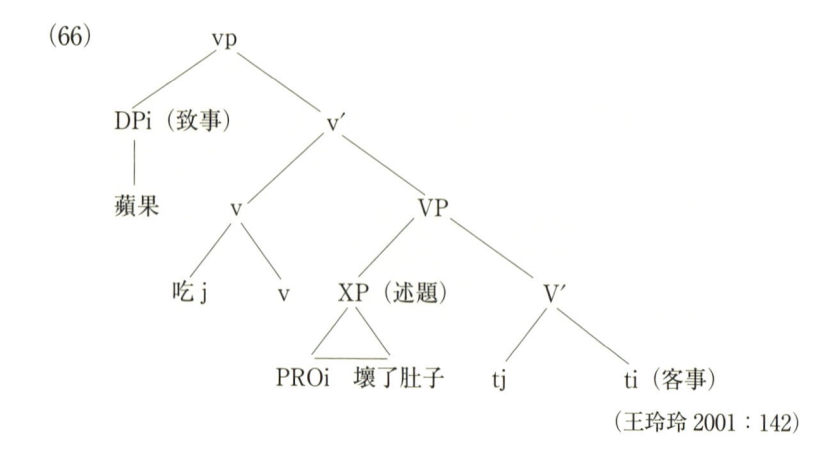

　上の樹形図において、主語 DP の"蘋果"(りんご)は動詞"吃"(食べる)の外項ではなく内項、つまり被動者となっている。この DP は"吃"と併合した使役軽動詞 v がさらに VP と併合して v' を形成すると、その原因項となる。この"吃"の内項(つまり、"蘋果")は、「項抑制条件(題元抑制條件)」という規則に従って抑制され、使役軽動詞の与える格と意味役割の付与を受けるために vp 指定部に移動したものである。なお、命題(述題)XP は、(65)の〈他動型〉の例で見た vp と同じ構造を持つとされる。話が前後するが、この命題部分の構造は、次のようである。

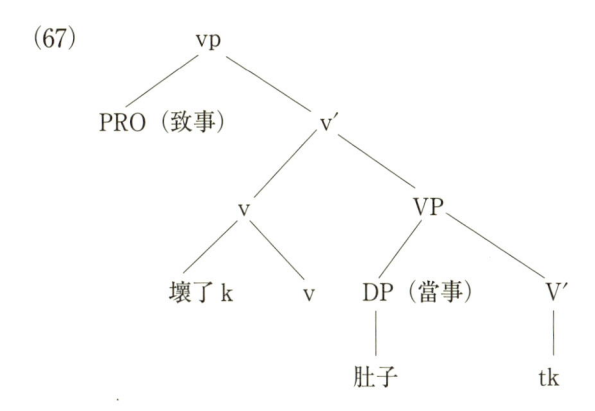

(67)
```
            vp
           /  \
    PRO（致事） v'
              /  \
             v    VP
            / \   / \
         壞了k  v DP（當事）V'
                  |      |
                 肚子    tk
```

(王玲玲 2001：142)

(65) の場合と同様に、結果述語を含む VP は使役軽動詞の補部であるから、上の樹形図はさしずめ、"PRO（＝蘋果）使肚子壞了"（リンゴがお腹を壊した）のような文構造を表す。この使役動詞は抽象的な軽動詞なので、ここでも VP 主要部の"壞了"（壊れた）の繰り上げを誘発し、"PRO（＝蘋果）壞了肚子"（（りんごが）お腹を壊した）という語彙配列が実現する。要するに、王論文は、〈原因型〉の文構造に対して2つの軽動詞を用いた二重使役構造を仮定するのである。

自動詞用法については、C&H（1994）の提案と同じく3つのタイプを認めている。すなわち、〈能格型（作格謂語）〉、〈非能格型（非作格謂語）〉、〈擬似受動型（假被動句）〉である。各タイプを例示する。

(68) 李四 驚　 醒　 了。
　　　李四 驚く−目覚める ASP
　　　（李四は驚いて目を覚ました。）

(69) 張三 走　 累　 了。
　　　張三 歩く−疲れている ASP
　　　（張三は歩き疲れた。）

(70) 氣球 吹　　破　了。
　　　風船　吹く‐破れる　ASP
　　（風船が吹いて破裂した。）

　(68)の〈能格型〉は、〈原因型〉が派生する前の自動詞用法でもある。また、王は(69)の〈非能格型〉における動詞"走"（歩く）に対して、「執行軽動詞」という行為的意味を持つ軽動詞を使った分析を提案している。さらに、(70)の〈擬似受動型〉は、〈他動型〉から派生するとされる。語彙部門での形成を主張するC&H（1994）は、主語の"氣球"（風船）を複合動詞の目的語位置から移動したものと分析するが、王の統語的分析ではV2の項が上方に移動すると説明される。

　以上が概要である。VP殻を使った王論文の分析は、〈他動型〉の結果述語に移動が生じる動機を大変うまく説明することができる。しかし、軽動詞の役割の1つは語の素性分解、すなわち動詞の語彙的意味を分解することである（Radford1997［2000］）。「併合」による使役化を実例によって示すことができない以上、この文法理論も先ほどの湯論文と同じ問題に直面することになる。

　〈原因型〉の分析についても同じことが言える。王の分析では、主語名詞句の意味役割が原因（Cause）になることの理由を第一動詞の使役化に求めている。しかし、継続相を持つ意志性動詞が使役動詞に転化する現象は、一般には起こらない（三原2004：135, 136）。C&H（1994）やHuang（2006）の喫緊の課題である〈非能格型〉からも〈原因型〉が派生する問題は、ここでも解明されていない。VR構造が具える使役義を文中の文法要素に還元することができないとすれば、軽動詞を用いた分析法は直ちに説得力を失う。王論文の主張も、別の角度から再検討する必要がある。

1.4 本章のまとめ

　本章において取り上げた先行研究の主要な問題点を整理しておく。

項構造分析では、結果複合動詞に「編入 (incorporation)」を仮定しないが、結果構文が補文構造を持つことは既に多くの論考で支持されている (Hoekstra1988；Carrier and Randall1992；Huang1988, 1992；Nishiyama1998 他)。V1 の外項が複合動詞に滲透するという Li の分析には、擬似受動文など多くの反例が存在する。しかも、単一節構造 (mono-clausal structure) を仮定しているので、"那场饥荒饿死了很多人"（あの飢饉が多くの人を餓死させた）のような項整合の条件に反する用例については、使役の事象構造 (bi-clausal structure) を使った分析を導入せざるを得ない。また、項の継承関係から第二成分を主要部と見なす沈力 (1993) の分析手法では、第一成分の項構造の違いが捨象されるので、原因主語を取る文を典型的な他動的結果構文と同じタイプとして処理せざるを得なくなる。

V1 を主要部と見る C&H (1994) は、〈能格型〉と〈原因型〉の交替現象を指摘している。だが、彼らは〈能格型〉を等位的な並列構造として捉えており、このタイプが原因主語を取る仕組みを解明できていない。加えて、〈原因型〉は〈能格型〉だけでなく〈非能格型〉からも派生する。この問題に対して、Huang (2006) は〈非能格型〉の非能格動詞が軽動詞と「併合」することにより外項を持たない非対格動詞に転ずると主張する。だが、この理論仮設は、統語的証拠を得ることができない。

一方、Hashimoto (1964, 1971)、Baron (1971)、Lu (1977) は、概念述語を用いるなどして統語的分析の有効性を主張している。だが、使役の出どころや結果述語に「繰り上げ」が生じる動機については、ほとんど説明がない。GB 理論を採用する湯廷池 (1992) は、VR 構造を形成するときに限り、第二動詞に古代使動用法が顕現すると主張する。この提案は中国語の結果述語に移動が生じる理由をうまく説明しているようだが、現代語の結果述語は、単独で対象目的語を取ることができない。また、Sybesma (1999) の小節分析も、中国語の結果述語にのみ移動現象が生じる理由が不明である。この小節分析は、C&H が指摘する「深層能格」と「表層能格」（中間構文）の違いに対して同一の基底構造を仮定している点においても問題がある。

ミニマリスト理論を採用する王玲玲（2001）は、結果述語の移動現象と使役義獲得の問題を軽動詞を用いて理論的に説明している。また、〈原因型〉の成立に使役動詞の関与が必要であることを指摘し、このタイプに二重の使役構造を想定している。しかし、VRを構成する2つの動詞述語が使役軽動詞と「併合」している事実を具体的な文例をもって示すことはできない。

　ここでは取り上げるゆとりがなかったが、近年盛んな語彙概念構造[15]を使った分析（湯廷池2002；Lin2004他）も、生成文法の分析に通じるところがある。この分析法も、概念的述語を使って動詞の語彙的意味を分解するという操作を行っているからである（三原2000参照）。実際に、この分析法を使った湯廷池（2002）も「能格化」説を踏襲している。なお、構文的アプローチの問題点については、次章で述べることにしたい。

　以上見てきたように、複合事象構造分析の優位性が明るみになった今でも、肝心のVR構造の使役義の問題は解明されていない。語彙分解ないし素性分解を駆使した理論分析では、「動作者が何かに対して何かをする」という形を基本にして、文法的意味を文中の構成要素に還元しようと試みる。この分析手法は理論の経済性とともに、より一般的な記述性を理論に持たせるという両面から貢献している。だが、こうして開発された一般文法理論の道具立ては、中国語結果構文にはうまく適合しない。要素還元主義、行為者主体の文法観から中国語を捉えようとする限り、その規則は中国語にとって大雑把すぎるか、例外が多すぎるかのどちらかに偏りがちである。中国語は、それほどまでに特異な言語なのである。

---

15) 語彙概念構造の分析は、60年代後半に現れた生成意味論の枠組みの中で、McCawley（1976）他がCAUSEの意味を含んだ状態変化の意味を表す他動詞も使役構文を形成するものと認めるようになってから、Shibatani（1976）など理論言語学に基づく初期の使役構文の分析において議論が深められた。その後、生成意味論自体は廃れたものの、生成文法や語彙意味論の語彙分解においてCAUSEの意味素性は援用され、今日に至っている（Jackendoff1990；Levin and Rappaport Hovav1995；影山1996他）。

第2章 〈他動型〉結果構文の形成について

2.1 はじめに

　本章では、動詞連続構造の角度から、これまで未解決であったVR構造の使役義獲得の問題について議論する。VR構造の使役義は、統語的な型の力、つまり語順によってもたらされるものである。述語の複合化による「動詞＋目的語」構造の形成は、変化対象に対する使役力の強化を意味する。文法的意味を何らかの文法成分に還元しようとしてきた従来の分析では、この点が見過ごされてきた。また、この使役義獲得の仕組みは、語彙的ヴォイス（自他交替）に関する指摘でもある。第二動詞は自動詞または形容詞であるから、前方に原因を表す動詞を継ぎ足してVR構造を形成しなければ、目的語を取ることができない。つまり、中国語結果構文は、「自動R→他動VR」という形成パタンを持つ。英語や日本語のように動作・行為を表す動詞を基点にして形成されるのではなく、結果述語の方を基点にして形成されるのである。こうした言語事象を踏まえ、中国語の原因と結果の組み合わせが他言語よりも広い範囲で許容されるのは、「結果に原因を継ぎ足す」独特の構文形成のパタンと原因出来事と結果出来事の一体性の解釈が作用しているからであると主張する。

2.2 VR構造の使役性

　典型的な結果構文は、ある動作・行為がその対象物に何らかの状態変化を引き起こすという他動的な使役の場面状況を表す点に特徴がある。

VR構文が使役義を持つことは、既に王力（1943, 1944）が指摘している。王力は、動詞と補語が因果関係をなすものを「使成式（causative form）」と名付け、原因を表す動詞を中心要素とし、補語はその行為の範囲を制限する役目を果たすと説明している。さらに王は、西洋のcausativeが1つの概念を表すのと違い、中国語のそれは2つの概念の結合から成り立っており、多様性があるとも述べている。なお、王力（1958：403）はこの用語を動詞が他動詞であり、かつ補語が目的語の有様を叙述する場合に限定して使っているが、本研究ではそのような文法的制約を設けない。

全裕慧（1999）は、英語の状態変化動詞（使役他動詞）に意味的対応を示す中国語の例として、次のようなVR構文を挙げている。

(1) a. What time shall I wake you?
　　a′. 我 什么时候 叫 醒 你 呢？
　　　　私　　いつ　　呼ぶ-目覚める あなた PAR
　　　　（私はいつあなたを起こしましょうか？）
　　b. He broke my pencil.
　　b′. 他 弄 断 了 我 的 铅笔。
　　　　彼 いじる-折れる ASP 私 ～の 鉛筆
　　　　（彼は私の鉛筆を折った。）
　　c. The bike dented the door of the car.
　　c′. 自行车 撞 凹 了 汽车 的 门。
　　　　自転車 ぶつかる-凹む ASP 自動車 ～の ドア
　　　　（自転車が車のドアにぶつかってそれを凹ませた。）
　　d. We emptied all the room.
　　d′. 我们 腾 空 了 所有 的 房间。
　　　　私たち 空ける-空だ ASP 全ての PAR 部屋
　　　　（私たちは全ての部屋を空にした。）

（全裕慧 1999：55）

上例が示すように、VR構造は状態変化使役の意味を有する。しかし、この構造を特徴づける肝心の使役の在りかについては、依然不明のままである。"武松打死了老虎"（武松が虎を殴り殺した）という文を例に見てみよう。この文は、「武松が虎を殴った結果、その虎が死んだ」という意味内容を述べている。"打死"のような「他動詞＋自動詞」の組み合わせが「虎を殴って死に至らしめる」、つまり「殺す」と、一種の状態変化使役を表すわけである。"*打殺"（殴る＋殺す）のような「他動詞＋他動詞」の組み合わせは不適格となる。ところが、"打"も"死"も個別に見ると、使役の意味とは無関係である。この文が使役義を持つことは、文語的表現を使って、"武松打老虎而使其死"（武松が虎を殴って、それを死なせた）とパラフレーズできることからも分かる。この複合構造の使役義は一体どこから生じるのか――VR構造に関する先行研究の重要な研究課題は、この問題を明らかにすることにあったと言っても決して過言ではない。周红（2005）は、「VR構文は使役を表すことができる。その意味的条件は何かという問題についても研究は始まっているが、依然として我々の研究の１つの弱点となっている（动结句可以表达致使，其语义条件是什么，人们也开始对之进行研究，但仍然是人们研究的一个弱点）」（p.402）と述べている。

　次節では、第一動詞に他動詞を取る典型的な結果構文を取り上げ、この問題について検討してみたい。

2.3　Ｖが２項述語の場合

2.3.1　複合化と使役義の獲得について

　使役義獲得の問題の究明は、VR構造の分析における大変重要な研究課題である。これは、序章に提示した基本問題、すなわち形成レベルや主要部の位置、複合化の動機など未解決の諸問題を解く大切な鍵となる。しかし、既に第１章で見たように、先行研究の分析では、この複合

構造の使役の出どころを解明することができなかった。VR 構文には、なぜ使役義が認められるのであろうか。この問題は、当該構文を 2 つの独立した動詞を羅列（juxtapose）した形式からなる文、すなわち「動詞連続構文（serial verb construction）[1]」と見なせば解決する。

そもそも「使役」とはどのような状況を指すのであろうか。Shibatani (1976) および柴谷 (1982) は、2 つの出来事（event、事象）があって、それらの関係について次のことが当てはまる時に、その場面を「使役状況」と呼ぶことができると述べている。

(2) a. 事象 2 がもう 1 つの事象、つまり事象 1 が起こった時よりも後に起こっている。
　　 b. 事象 1 と事象 2 の関係は、事象 2 の生起が事象 1 に完全に依存していて、他の総ての条件が同一である場合にもし事象 1 が起こっていなければ事象 2 も起こっていないであろうという反事実的推論が下せる状態である。

(柴谷 1982：273)

時間的に連続する 2 つの出来事の間に認められる上記のような依存的関係を因果関係（causal relation）と言う。結果構文には、この種の因果関係が直接的であるという一般的制約が課せられている。V と R の配列順序は、このような因果関係にある 2 つの出来事が生じた時間的順序を類像的に反映したものである（Lu1977；Tai1985；Li1993 他）。したがって、"打破"（叩き割る）、"病死"（病死する）、"跑累"（走り疲れる）、"喝醉"

---

[1] Aikhenvald and Dixon (eds.) (2006) は、動詞連続構文を次のように定義している：A serial verb construction is a sequence of verbs which act together as a single predicate, without any overt marker of coordination, subordination, or syntactic dependency of any other sort. (動詞連続構文とは、等位接続や従属関係、その他いかなる統語的依存関係を示す形式標識を用いない、単一の述語として機能する動詞の連続体である。) (p.2)

(飲んで酔っ払う)、"吃飽"（食べて腹一杯になる）の語順は、決して次のようにはならない。

(3) *破　　打／*死　病　／*累　　跑／*醉　喝／*飽　　吃
　　割れる 叩く　死ぬ 病気する　疲れる 走る　酔う 飲む　満腹だ 食べる

(Lu1984：39)

　中国語結果構文に用いられる2つの述語の配列に、時間的な流れを無視して結果を表す述語が原因を表す述語よりも先に生起するといったことは起きない。しかも、第一動詞と第二動詞の結び付きは大変緊密であり、これらが表す2つの出来事は独立した別々のものとしてではなく、1つのまとまりをなすものとして把握される。VR構造が単一動詞の持つ原型的（プロトタイプ）出来事の概念を有する所以である（Hopper and Thompson1980参照）。

　上に引用した柴谷（1982）の使役状況の記述にある「事象1」を原因出来事、「事象2」を結果出来事と呼ぶことにすると、結果構文の意味構造は、大略、次のように表すことができる。

(4)　　原因出来事　　　　結果出来事
　　　EVENT1　CAUSE　EVENT2

　この使役の複合事象構造分析（bieventive analysis, bisentential analysis）は、Dowty（1979）、Comrie（1989）、Levin and Lappaport Hovav（1995）、影山（1996）など数多くの論考に採用され、言語の一般性と個別性の探求に大きな成果を上げている。なお、使役の意味を表す概念述語にはいくつかの異なる提案がなされているが、本研究ではCAUSEを用いることにする。まずは、(4)に示した複合事象構造を用いて、「他動詞＋自動詞／形容詞」の組み合わせからなる他動的結果構文を分析してみたい。Hopper and Thompson（1980）、Comrie（1989）、角田（2009）

など多くの論考が記述するように、使役の基本構造が「動作主の動作が対象に及び、かつ、対象に変化を起こす他動的な構造」であるとすれば、次のような文を中国語結果構文の典型的な用例と見なすことができる。

(5) a. 武松 打 死 了 老虎。
　　　　武松　殴る-死ぬ ASP 虎
　　　　（武松は虎を殴り殺した。）
　　b. 孩子 撕 破 了 书皮儿。
　　　　子供 引き裂く-破れる ASP 本の表紙
　　　　（子供が本の表紙を引き裂いて破った。）

(5a)の文は、「武松が虎を殴るという動作・行為を行った結果、その虎が死んだ」という意味内容を表し、同様に、(5b)の文は、「子供が本の表紙を引き裂くという動作・行為を行った結果、その本の表紙が破れた」という意味内容を表す。以下本研究では、このタイプを〈他動型〉と呼ぶことにしたい。このタイプの文例には、他にも次のようなものがある。

(6) a. 他 擦 亮 了 杯子。
　　　　彼 磨く-ぴかぴかだ ASP コップ
　　　　（彼はコップをぴかぴかに磨いた。）
　　b. 她 染 红 了 头发。
　　　　彼女 染める-赤い ASP 髪の毛
　　　　（彼女は髪を赤く染めた。）
　　c. 小王 洗 干净 了 桌布。
　　　　王君 洗う-きれいだ ASP 布巾
　　　　（王君は布巾をきれいに洗った。）
　　d. 弟弟 踢 倒 了 椅子。
　　　　弟 蹴る-倒れる ASP 椅子

(弟が椅子を蹴り倒した。)

さて、こうした〈他動型〉の内部構造を（4）に示した使役の事象構造に当てはめて表示すると、次のようになる（Baron1971；中川 1992a, b；秋山 1998；石村 1999, 2000）。

(7)　a.［武松打老虎］CAUSE［老虎死了］
　　　b.［孩子撕书皮儿］CAUSE［书皮儿破了］

複合事象構造に照らすと、(5) の各文における"武松打老虎"（武松は虎を殴る）と"孩子撕书皮儿"（子供は本の表紙を引き裂く）が原因出来事に相当し、"老虎死了"（虎が死んだ）と"书皮儿破了"（本の表紙が破れた）が結果出来事に相当する。この結果出来事の内部は、主述構造である。だが、現代語において、次のような分離型の語順は全て不適格となる。

(8)　a.＊武松打老虎死了。
　　　b.＊孩子撕书皮儿破了。

VR構造の第二動詞は動作対象の変化結果を叙述する1項述語であるから、直感的には英語結果構文に見られるような分離型の語順の方が自然に思える。しかし、原因出来事と結果出来事を単純に繋げた (8) の語順は非文法的な文である。角度を変えて言えば、適格性を示す"武松打死了老虎"という文は、結果出来事を構成する"老虎死了"（虎が死んだ）という語順が逆転することによって形成されている。使役の出どころはここにある。複合述語の後ろに目的語を従える統語形式は、目的語（変化対象）に対する使役力の強化を意味する。このことを図式的に示すと、次のようになる。

(9)　原因出来事　結果出来事
　　　武松　打　死了　老虎
　　　　　↓　① 語順の逆転による複合化
　　　　　　② 使役義の獲得

　先ほど例示したように、VOR語順は非文法的である。現代語では、複合述語"打死"全体を一語動詞に見立てた「動詞＋目的語」構造（VR+O）の有する「統語的な型の力」を利用して、「虎を死に至らしめる」、つまり「殺す」と、状態変化のような優れて高い使役の場面状況を表すのである（(9) の①）。VR構造全体が一語の使役的他動詞に相当するのは、このような理由による（(9) の②）。孤立語タイプの中国語では、形式と意味の問題が連動しているのである。変化結果を叙述する第二動詞は非意志性を意味特徴とする自動詞または形容詞であり、それらが名詞句に付与する意味役割は本来、対象（Theme）であるから、これがVR構造の目的語位置に現れるのは決して不自然ではない。

　中国語結果構文の使役義は、語順によってもたらされる。語や接辞といった文法要素に依らずに、ゼロ形式で実現するのである。階層性という人間言語の特徴を抽象的なレベルにまで深化させた一般文法理論では、句には必ず1つの主要部（head）が存在すると仮定する[2]。しかし、動詞連続からなる非階層的な複合体に、「句の統語特性を決定する」という統語論的な意味での主要部は認定し難い。中国語結果構文は、headless あるいは non-headed とでも言うべき特殊性を有する。「主要部の位置」という最も基本的な問題をめぐり今もって研究者の間で意見の一致を見ないのは、問題設定そのものに原因があると考えられるので

---

[2] C&H（1994）は、「主要部」を次のように捉えている：The notion of a head is syntactic notion, and only syntactically relevant considerations may decide on the issue of whether V1 or V2 is the head.（主要部の概念は統語的概念であり、統語論的に関係する問題だけが V1 か V2 のどちらが主要部かという争論に判定を下すことができる。）(p.192)

ある。

　上述の主張は、中国語の述語体系から見ても妥当である。ここでは、次の3点を指摘しておきたい。

　第1に、Vendler（1967）とDowty（1979）の語彙的アスペクトを基準にした動詞分類の観点から見ると、中国語の一般動詞は結果の達成の含意が弱く、状態変化動詞クラスが体系的に欠けている。使役とは必然的に、動作対象に何らかの変化が生じたことを意味する。だが、これまでたびたび指摘されてきたように、中国語では"殺"（殺す）のような原型(プロトタイプ)的な他動詞でさえ、その動作対象に変化が生じたこと（つまり、死ぬこと）を含意するとは限らない。中国語動詞は、"殺了他両次，可是他没死"（2度彼を殺したが、彼は死ななかった）のように、「結果を打ち消す表現」が成立する。動作・行為が実現したとしても、動作対象がそれによって何らかの影響を受けるという情報は、その動詞の語彙的意味に含まれていないと考えられるのである。この中国語動詞の意味範囲に関する指摘は、VR構造を原因と結果の並置と見る本研究の立場を支持する（詳しくは、第3章で論述する）。

　第2に、VR構文と兼語式に見られる統語形式（語順）の違いは、使役性の高低という意味の違いを反映している。中国語の構文体系では、結果を表す述語に非意志性を意味特徴とする述語が用いられると複合述語を形成するが、結果部分に意志性を意味特徴とする動詞（行為動詞）が用いられると、"他叫弟弟打掃房間"（彼は弟に部屋を掃除させた）のように、分離型の語順（兼語式）を形成する。書面語的な"使"類を除くと、使役の解釈は、複合型であれ分離型であれ、類像性（iconicity）を反映した語順がもたらすのである（詳しくは、第4章で論述する）。

　第3に、本研究が提示する使役義獲得の仕組みは、自他交替に関する指摘でもある。VR構造の第二動詞は非意志性を意味特徴とする1項述語であり、単独では対象目的語を取ることができない。つまり、現代語では、他動詞機能を欠く動詞類である。

(10) 小之：*小它（それを小さくする）
    潔之：*干浄它（それをきれいにする）
    正之：*正它（それを正す）
    死之：*死他（彼を殺す）
    廣之：*寛它（それを広げる）
    活之：*活他（彼を生かす）

(王力 1958：404 を一部変更)

　左列は古典語、右列はそれに対応する現代語であるが、現代語の方は非文法的である。現代語において、これらの動詞が対象目的語を取るためには、前方に原因を表す動詞を継ぎ足し、VR構造を形成しなければならない。たとえば、「小さくする」や「きれいにする」と他動的に表現するためには、"削"（削る）や"洗"（洗う）といった原因を表す動詞と接合し、"削小"や"洗干浄"のようにする、といった具合である。先に例示した（6）と（7）の用例も、結果述語を単独で用いると全て不適格となる。

(11) a.*他死了老虎。
        （彼は虎を殺した。）
    b.*孩子破了书皮儿。
        （子供が本の表紙を破った。）
    c.*他亮了杯子。
        （彼はコップをピカピカにした。）
    d.*她红了头发。
        （彼女は髪を赤くした。）
    e.*小王干净了桌布。
        （王君は布巾をきれいにした。）
    f.*弟弟倒了椅子。
        （弟が椅子を倒した。）

これらが対象目的語を取るためには、前方に原因を表す動詞を継ぎ足す必要がある。「虎を死に至らしめる（殺す）」や「本の表紙を破る」などと他動的に表現するためには、"打"（殴る）や"撕"（裂く）といった原因を表す動詞を前方に継ぎ足さなければならない。要するに、複合述語の形成は、VR構造の第二動詞が有する自動的意味を他動的意味に用いるための方略である。このVR構造の形成パタンは、次のように示すことができる。

(12) R（自動詞用法） → VR（他動詞用法）

上の自他交替の仕組みが示すように、中国語結果構文は「結果に原因を継ぎ足す」形成パタンを持つ。伝統文法で「補語（complement）」と呼ばれてきた文法成分を基点にして形成されるのである。意味的に中立で代替性の高い動詞"弄"や"搞"が第一動詞に頻繁に利用されるのは、そのためであろう。

(13) a. 弄坏(壊す), 弄脏(汚す), 弄死(殺す), 弄湿(ぬらす), 弄碎(砕く), 弄破(割る), 弄清楚(はっきりさせる), 弄明白(明白にする) …
    b. 搞坏(壊す), 搞脏(汚す), 搞死(殺す), 搞湿(ぬらす), 搞碎(砕く), 搞破(割る), 搞清楚(はっきりさせる), 搞明白(明白にする) …

"弄"や"搞"は対象物への働きかけを表すが、それがどのような動作・行為であるかはっきりしない。この種の動詞はさしずめ、状態変化使役を表すためにVの位置に導入されたダミー動詞ということになる。

ここで改めて強調しておきたいのは、結果を表す第二動詞はVR構造の内部においても1項述語のまま変わらない、ということである。使役義の来源に関して、龔千炎（1984）や湯廷池（1992a, b）など一部の学者は、VR構造を形成するときに限って、第二動詞に古代の使動用法が

顕現すると説明する（本論第1章3.2節参照）。しかし、彼らの主張は受け入れ難い。(10) と (11) に挙げた用例が示すように、私たちは複合構造の内部において結果述語が他動詞に転換しているという統語的証拠を得ることができない。第二動詞の品詞性は変化していないし、そこに使動用法は作用していない。目的語を取るのは複合述語全体と解するべきである。なお、古代使動用法とVR構造の継承性に関する問題は、第7章で詳論することにしたい。

ここまでの検討から明らかなように、VR構造は統語レベルで形成されるが、その文法機能は一語の状態変化動詞に相当し、語彙的な性格が濃厚である。梁銀峰 (2006) は、こうしたVR構造の二重の文法特性について、「内部構造を拡張できる点から言えばフレーズであるが、文法機能から言えば、それらは複合語である（就其内部可扩张而言，它们是短语；就其语法功能而言，它们是复合词）」(p.10) と述べている。形態的手段に乏しい中国語の場合、離合詞3)の振る舞いにも見られるように、語とフレーズの境界は曖昧であり、両者を截然と区分することはできない。VR構造は、複合語よりも緩やかだが、フレーズよりは緊密な複合体なのである。梁論文も指摘するこの"亦词亦语的现象（語でもありフレーズでもあるという現象）"は、後に第5章で受動文について議論する際の見落としてはならない前提条件となる。

2.3.2 構文文法との相違点

ここで1つだけ説明を補っておきたい。「語順が使役を表す」という考え方は、Goldberg (1995) が提唱する「構文文法（Construction Grammar）」の分析手法と同じであるように受け取られるかもしれない。しかし、本

---

3) 形態論と統語論の境界が曖昧になる現象は、とりわけ「離合詞」に頻繁に見られる。たとえば、"結婚"（結婚する）という動詞は"他结过两次婚"（彼は2度結婚したことがある）のように、2つの形態素の間に他の文法成分を介在させ、分離して用いることができる。Chao (1968：415-434) 参照。

研究の所論は、構文文法の分析とは異なるものである。その違いとして、ここでは次の3点を挙げておく。

第1に、構文文法では、英語結果構文の分析に V［NP XP］のような鋳型（template）を想定し、これを「構文的イディオム（constructional idiom）」と呼んで、その特殊性を認めている。実際に、英語には自動詞がイディオム的な定型構文に嵌め込まれて他動詞化する事例が数多く存在する。しかし、この文法理論は構文自体を慣習化（conventionalized）の産物として捉えているため、そもそもなぜこのような構文が英語で可能なのか、という本質的な問題については何も述べていない（影山1996：282, 283）。特定の鋳型があらかじめ用意されているという分析の前提から、VR 構造の使役義の出どころや複合型語順の形成動機といった問題を議論することはできないはずである。

第2に、この文法理論が規定する「構文」は、定義上、定動詞を中心とした単一節構造（mono-clausal structure）に限定される。構文は、「高度に制限された領域（a particular highly circumscribed domain）」で存在するものなのである（Goldberg1995：30）。このことは、動詞の項構造分析を導入し、これも特定の形式に特定の意味が張り付いた構文として認めていることからも窺知される。一方、VR を動詞連続構造と見る本研究の分析に、節を1つに限定することで文の領域を制限する発想はない。

第3に、Goldberg（1995：190［2001：260, 261］）は、「構文独自の項構造から来る動作主項（agent role）は、動詞が本来持っている参与者役割と融合（fuse）されなければならない」と述べ、「構文」の主語が具える文法的性格を明確に規定している。英語構文の分析に始まるこの文法理論は、agent 項に対して特別な地位を与えているのである。しかし、中国語には"茅台酒喝醉了他"（茅台酒が（飲んで）彼を酔わせた）のように、主語名詞句が第一動詞の項構造と一致しない文例が存在する（このタイプの結果構文は、第6章で取り上げる）。構文的アプローチを採る論考には"把"構文について考察した张伯江（2000, 2001）などがあるが、類型特徴の異なる中国語にこの文法理論がどれくらい有効かは即断しか

ねる。この分析の効力を見極めるには、さらに検証のための時間が必要であろう。

　突きつめて言えば、構文文法も行為者主体の文法観に立つものであり、生成文法理論や語彙概念構造分析の考え方と通底している。構文文法と同様に認知的アプローチに立つ Langacker (1991) のビリヤードボール・モデルも、その本質的な部分は変わらないように思える。出来事をものと力のネットワークとして捉えた「行為連鎖モデル (action-chain model)」も、その名の通り、力学的な影響関係に基づく行為者中心の事態の捉え方をしているからである。

　本節では、VR 構造における使役義の来源は「動詞＋目的語」構造の持つ統語的な型の力、つまり語順にあること、そして、当該構造は「結果に原因を継ぎ足す」形成パタンを持つことの2点を中心に述べた。VR 構造は2つの述語の羅列からなる動詞連続構造の一種である[4]。次節では、本節で述べた観点から、第一動詞に自動詞を取る結果構文について考察してみたい。

2.4 Vが1項述語の場合

　前節において論じた使役義獲得の仕組みは、動詞の意味タイプの違いに依存しないので、第一動詞に自動詞や形容詞を取る結果構文に対しても有効である。次の用例では自動詞(非能格動詞)が使われており、この動詞の取る項と第二動詞の取る項との間には一致する名詞句が存在しない。

(14) a. 胖子　坐　塌　了 椅子。　　(Hashimoto1971：39)
　　　太っちょ 座る－壊れる ASP 椅子

---

[4] VR 構造を動詞連続と見なす論考には、他にも Hansell (1993) や Stewart (2001：161-163) などがある。ただし、分析アプローチがそれぞれ異なるため、主張内容は決して一様ではない。

(太っちょが座って椅子を壊した。)
b. 张三 哭　　湿　　了 手绢。　　(Sybesma1999：19)
　　張三 泣く-ぬれている ASP ハンカチ
（張三は泣いてハンカチをぬらした。）

　(14a)の文は、「太っちょが座った結果、椅子が壊れた」という意味内容を、同様に、(14b)の文は、「張三が泣いた結果、ハンカチがぬれた」という意味内容を表している。各文の第一動詞には、自動詞の"坐"（座る）と"哭"（泣く）が用いられているが、いずれも文法的な文である。さらに用例を補っておく。

(15) a. 他 喊　　哑　 了 嗓子。
　　　　彼 叫ぶ-かれる ASP 喉
　　　（彼は叫んで喉をからした。）
　　b. 我 笑　　破　 了 肚皮。
　　　　私 笑う-破れる ASP 腹の皮
　　　（私は腹の皮がよじれるほど笑った。）
　　c. 邻居 吵　　醒　 了 他。
　　　　隣人 騒ぐ-目覚める ASP 彼
　　　（隣人が騒いで彼を起こした。）
　　d. 我 站　　麻　 了 腿。
　　　　私 立つ-痺れる ASP 足
　　　（私は立っていて足が痺れた。）

　上の各文も第一動詞が自動詞であり、その外項（動作主）は文頭の主語位置に、第二動詞の内項（対象）は目的語位置に置かれている。使役の意味を担う文法要素は含まれていないが、文全体は使役的変化の状況を表しており、結果表現が成立している。それでは中国語も「派生的（強い）結果構文」を持つ〈英語型〉言語の一員ということになるのであろ

うか。先の（14）に挙げた用例の意味構造を示すと、次のようになる。

(16) a. ［胖子坐］CAUSE ［椅子塌了］
　　 b. ［张三哭］CAUSE ［手绢湿了］

ここでもやはり、次のような分離型の語順は、不適格となる。

(17) a. *胖子坐椅子塌了。
　　 b. *张三哭手绢湿了。

「太っちょが座った結果、椅子が壊れた」のであり、「張三が泣いた結果、ハンカチがぬれた」のであるから、直感的には（17）の語順の方が自然に思えるが、実際は非文法的な文である。前節で見た第一動詞に他動詞を取る文例と同様に、これらの文の使役義も、語順を利用した統語的な型の力がもたらすものと考える。このことを図式的に示すと、次のようになる。

(18) 原因出来事　結果出来事
　　　　胖子　│坐　塌了│椅子
　　　　　　　↓ ① 語順の逆転による複合化
　　　　　　　　② 語彙的使役機能の獲得

　上の（18）は、VR 構造を一語動詞に見立てた「動詞＋目的語」構造が目的語に対する使役力を強化した形式であることを表している。このように、第一動詞に自動詞を取る結果構文も、前項で見た典型的な結果構文と同じ意味構造を有する。したがって、この種の文も〈他動型〉である。結果を表す第二動詞は、単体では対象目的語を取ることができない。これに他動的意味をもたせるためには、やはり前方に原因を表す動詞を継ぎ足して、複合述語を形成しなければならない。

(19) a.＊胖子塌了椅子。　→　胖子坐塌了椅子。
　　　（太っちょが椅子を壊した。）
　　b.＊张三湿了手绢。　→　张三哭湿了手绢。
　　　（張三はハンカチをぬらした。）

　VR構造は第一動詞が1項述語であっても、文法機能の面から見ると、状態変化使役を表す一語動詞として振る舞う。第一動詞の自他の違いは、VR構造全体の自他を決める決定的な要因にはならない。
　さらに次の用例を見てみよう。これらの文における第一動詞は他動詞であるが、その目的語は統語上に具現していない。

(20) a. 他　吃　　坏　　了　肚子。
　　　　彼 食べる-壊れる ASP 腹
　　　　（彼は食べてお腹を壊した。）
　　b. 我　挖　　坏　了　两　把　锄。
　　　　私 掘る-壊れる ASP 2 CL くわ
　　　　（私は掘って2丁のくわをだめにした。）
　　c. 王老师　讲　　干　　了　嗓子。
　　　　王先生 話す-からからだ ASP 喉
　　　　（王先生はしゃべって喉が渇いた。）

　上例において、"吃"（食べる）、"挖"（掘る）、"讲"（話す）は、文末の目的語"肚子"（腹）、"两把锄"（2丁のくわ）、"嗓子"（喉）との間に文法関係を持たず、ここでは自動詞と同じように振る舞っている。言い換えると、目的語名詞句は結果述語とのみ文法関係を結んでおり、第一動詞の項構造とは無関係である。したがって、上の各文も(14)や(15)の場合と同じく、第一動詞に自動詞を取る〈他動型〉の意味構造を持つことになる。(20a)を例にとると、このタイプの結果構文の使役義の出どころは、次のように示すことができる。

(21) 原因出来事　結果出来事
　　　他　┌吃　坏了┐肚子
　　　　　↓ ① 語順の逆転による複合化
　　　　　② 語彙的使役機能の獲得

"坏"（壊れる）は自動詞であるが、原因を表す"吃"（食べる）と接合することで対象目的語を取ることが可能となり、「(食べて) お腹を壊す」のような状態変化使役の意味を表す。既に (10) と (11) の用例でも確認したように、第二動詞は対象目的語を取ることができず、したがって、単体では他動的変化を表すことができない。文末に目的語を取るのは第二動詞の"坏"ではなく、複合述語の"吃坏"全体と解するべきである。

さて、ここまで見てきたVR構造は、第一動詞が意志性動詞のものばかりであった。だが、結果述語を基点にして形成される中国語結果構文では、次のような表現も文法的であり、容認される。

(22) a. 老王　饿　坏　了 身体。
　　　　王さん 空腹だ‐壊れる ASP 体
　　　　（王さんは飢えて体を壊した。）
　　b. 我 吓　破　了 胆。
　　　　私 驚く‐破れる ASP 胆
　　　　（私は驚いて胆をつぶした。）

上の2例において第一動詞に用いられているのは、形容詞の"饿"（空腹だ）と非意志性動詞（非対格動詞）の"吓"（驚く）である。ACT や DO といった概念的意味を持たない上例のような他動的結果構文は、日本語はもちろん、英語にも見当たらない。中国語結果構文を分析するには、既存の理論的枠組みに囚われずに実際の振る舞い方に基づいて考える必要がある。(22) と同じタイプの用例には、他にも次のようなものがある。

(23) a. 她　　羞　　红　了 脸。
　　　　彼女 恥ずかしがる−赤い ASP 顔
　　　　（彼女は恥ずかしくなって顔を赤らめた。）

　　b. 老李　忙　　　昏　　了 头。
　　　　李さん 忙しい−くらくらする ASP 頭
　　　　（李さんは忙しくて頭がくらくらした。）

　　c. 我　热　　晕　　　了 头。
　　　　私　暑い−くらくらする ASP 頭
　　　　（私は暑さで頭がくらくらした。）

　　d. 西瓜　滚　　破　了 皮。
　　　　スイカ 転がる−割れる ASP 皮
　　　　（スイカが転がって皮が割れた。）

先の（22a）の文を例にとると、意味構造は次のように示すことができる。

(24) ［老王饿］CAUSE［（老王的）身体坏了］

結果を表す"坏"（壊れる）は自動詞であるから、「壊す」と他動的に表現するときは、先方に原因を表す述語を継ぎ足して VR 構造を形成しなければならない。言い換えると、(24) の意味構造が示す「王さんが飢えた結果、体を壊した」という使役状況も、中国語では分離型ではなく、複合型の述語形式を用いて表現しなければならない。

(25) *老王饿身体坏了。　→　老王饿坏了身体。

このように、"累坏"の表す使役義も、語順によってもたらされる。その仕組みは、既に述べた通りである。この場合は、「王さんの空腹」が原因で「体を壊す」という結果に至ったわけであるから、結果述語

"坏"（壊れる）の先方に"饿"が用いられている。したがって、この種の結果構文も〈他動型〉に含めることができる。

朱德熙（1982：167）は、動補構造の動詞と動補構造全体の自動詞性、他動詞性が一致しないことを指摘している。これは、中国語特有の「結果に原因を継ぎ足す」形成パタンとも密接な関係がある。詳しくは次節で述べるが、当該構文の成否は、畢竟、第一動詞の品詞性や意味特徴の違いといった文法的要因よりも、原因と結果をひとまとまりの出来事として捉えられるかどうかといった文化的背景や認知的要因によって決まる。

以上見てきたように、本研究の提案は、第一動詞にACTやDOといった「活動」の意味概念を含まない動詞を取る結果構文の形成問題も、合理的に解決することができる。中国語結果構文は、「派生的（強い）結果構文」よりも自由で多様な組み合わせを許容する。この生産性の高さは、「結果に原因を継ぎ足す」形成パタンがもたらすものである。これまでの内容を踏まえた上で、次節ではVR構造全体の自他を決定する要因について、さらに詳しく検討してみたい。

2.5 類像性とVR全体の自他

従来から、VR構造に見られる原因と結果の組み合わせは、非常に複雑で捉え難いものであると考えられてきた。このことは、王红旗（1995）にある次の記述からも窺われる。

> （动结式的）句法结构是语法、语义的复合体，而且还要受到语用因素的影响，因而，句法中的整合现象是很复杂的，我们在句法研究中应该给足够的注意。
> （(VR構造の)統語構造は語法と語義の複合体であり、しかも語用論的な影響も受けている。それゆえ、統語構造の整合現象は大変複雑である。私たちは統語論研究の中でそのことに十分注意しなければならない。）

(p.165)

　品詞の違いからみたVRの結合状況は、范暁（1985：61）も考察している。しかし、その組み合わせがいかに複雑であると言っても、2つの述語成分を自由に組み合わせることはできない。"打傷"（殴って怪我をさせる）や"打破"（叩いて割る）のような組み合わせは成立しても、"*打愛"（殴って愛す）や"*打睡"（殴って寝かす）は明らかに不自然である。影山（1996）は、結果構文に現れる2つの述語の語順は「原因から結果へという時間の流れを言語に反映させるというiconicityの現れであり、S,V,Oの統語的な語順に係わりなく、おそらく世界中どの言語でも共通していると思われる」（p.262）と述べている。動詞連続からなるVR構造の語順も、類像性を反映したものである（Lu1977；Tai1985；Li1993他）。このような言語的特徴を有するVR構文の自他は、文法的要因というよりも、むしろ原因と結果を表す2つの出来事がどのように1つのまとまりをもった出来事として把握されるかという認知的要因によって決まる。その容認可能性は、その文化における認知度や慣用化の度合いによって異なるということである。

(26) a. 张三哭湿了手绢。　　　（=（14b））
　　　（張三は泣いてハンカチをぬらした。）
　　 b. 老王饿坏了身体。　　　（=（22a））
　　　（王さんは飢えて体を壊した。）

　私たちは日常生活を通じて、泣いたことが原因で「涙を拭いたハンカチがぬれる」ことや空腹の度合いがひどければ「体の調子が悪くなる」ことを経験的に知っている。私たちの社会通念に従えば、このような2つの出来事の間に直接的な因果関係を認めるのは、決して難しいことではない。上の2例が他動的表現として許容されるのは、このような理由によるものと推測される。とりわけ（26b）の文は、「派生的（強い）結

果構文」にも認められない。中国語結果構文の場合、こうした周辺的な用例であるほど、母語話者の使役状況に対する生活経験や慣用化の度合いが容認可能性の判断に影響を与えるであろうことは想像に難くない。さらに次の例を使って考えてみたい。

(27) a. 他　老　　糊涂　了。
　　　　彼 老いている－呆けている ASP
　　　（彼はもうろくして呆けた。）
　　b. 我 坐　　腻　了。
　　　　私 座る－飽きる ASP
　　　（私は座り飽きた。）

　VR 構造の多くは自他両方の機能、つまり能格性を具えている（望月1990a）。だが、上の2例は変化対象となる目的語を取ることができない。なぜであろうか。各文の内部構造に注目したい。(27a) の文において、"老"（老いる）は"糊涂"（呆けている）という状況の原因となっている。だが、このような結果を受けるのは自分自身、つまり主語の"他"（彼）にしか生じ得ない。「彼がもうろくする」という現象（出来事）は極めて自己完結的で、決して他者に働きかける性質のものではないからである。「彼がもうろくする」ことが他の誰かを「呆けさせる」ことは、私たちの一般常識では考えられない。"老糊涂"が〈他動型〉に転用することができないのは、このような理由による。同様に、(27b) の文では、"坐"（座る）という動作・行為によって"腻"（あきる）という事態が生じたことが述べられている。ここでも、私が「座る」ことが他の誰かを「飽きさせる」ことは、この現実世界には起こり得ない。「座る」ことによって「飽きる」という心理状態を経験するのは、その動作・行為を行った本人以外には考えられないからである。この原因と結果の組み合わせが〈他動型〉として用いることができないのは、このような理由による。

　一方で、次のような考え方も同時に成り立つ。"坐"（座る）という動

作・行為は、確かに他者に対して積極的に働きかける性質のものではない。だが、この動作・行為を通じて接触した物、たとえば椅子が過度に力を加えられた結果、そこに物理的な変化が生じることは、この現実世界に十分起こり得る。"胖子坐塌了椅子"（太っちょが座って椅子を壊した）のように第一動詞が自動詞であっても〈他動型〉が成立するのは、このような理由によるものと考えられる。このように、中国語結果構文は、第一動詞が自動詞や形容詞のような1項述語や非意図的な動詞であったとしても、構造的には常に〈他動型〉となる可能性を有している。

〈他動型〉結果構文の成立条件に関して、もう1つ指摘しておかなければならないことがある。それは、「結果の予測のしやすさ」である。

(28) a. 爸爸 叫　 醒　 了 妈妈。
　　　　父親 呼ぶ－目覚める ASP 母親
　　　（父親が呼んで母親を起こした。）
　　b.??爸爸　 咳嗽　　 醒　 了 妈妈。　　（木村1992：14）
　　　　父親　 咳をする－目覚める ASP 母親
　　　（父親が咳をして母親を起こした。）

(28a)の文は問題なく成立するが、第一動詞に自動詞"咳嗽"（咳をする）が使われている(28b)の文は容認度が下がる。なぜであろうか。その理由として考えられるのは、無意識で行った「咳をする」という行為が誰かを「起こす」ことは、確実性のある結果とは認めにくいということである。つまり、文全体としての結果の予測のしやすさ（予見可能性）が低いと感じられるとき、他動的変化を表す結果表現は成立しづらくなる。VR構造を用いたSVO構文の主語に立つ名詞句は、十分な「致使力」を具えていなければならない（木村1992）[5]。朱德熙（1982 [1995]）

[5) "把"構文を使用すると、主語名詞句に課せられるこの意味論的制約は、ある程度緩和される。たとえば、(28b)の文は"把"構文を使って"爸爸把妈妈咳嗽醒了"とすれば適格な文になる。张伯江（2000, 2001）参照。

の訳註1にある次の記述は、VR構文の成立条件に関する的を射た解説と言えよう。

> 動作の結果として表わされる事態が、動作主の他動的な動作の行使によって必然的にもたらされ得るもの（言い換えれば、十分に予見可能な成り行き）として認識される事態でなければ、たとえ他動詞からなる結果補語構造（動補構造）であっても、構造全体としては他動詞相当の機能を担い得ない。すなわち、後ろに被動者を目的語として伴うことはできない。〔中略〕なお、動作主自身の身体（または身体の一部）に何らかの影響がもたらされたことを表す場合は、必ずしも動作主の他動的な働きかけの結果として必然的にもたらされ得る（予見可能性の高い）事態でなくても、"哭哑了嗓子"のように、結果補語構造（動補構造）の後ろに目的語が伴われるかたちが成立する。(p.168)

事態が予見可能な成り行きとして認識され、それがどこまで言語化を許容するかは、文法論的に厳密に規定できるものではない。これにはやはり、言語共同体内部の文化的ないし認知的な要因が係わってくる。
　結局、VとRの間に認められる直接的な因果関係がどのように認識されるかが、この構造全体の自他を決定している。しかも、中国語結果構文の成否は、因果関係をなす2つの出来事の把握の仕方と予見可能性の高さに依存している。このような特質を有する結果構文には、理論言語学が考案した「編入」や「合成」、日本語複合動詞の説明に用いられる「他動性調和の原則」（影山1993：116-126）や「主語一致の原則」（松本1998）といった文法規則を想定しにくい。既述のように、影山（1996）やWashio（1997）は、原因を表す第一動詞の意味タイプの違いから世界諸言語の結果構文の類型化を試みた。だが、その分析手法に従って中国語結果構文の諸問題を議論しようとすると、例外ばかりが目立つようになる。中国語結果構文の形成メカニズムには、英語や日本語など他言

語の結果構文とは異質な原理が働いていることに十分留意しなければならない。

2.6 本章のまとめ

本章では、典型的な結果構文である〈他動型〉に関する観察・分析を行い、次の2点を主張した。

　①中国語結果構文は、語順を利用して使役義を表す。
　②中国語結果構文は、結果を表す第二動詞を基点にして形成される。

VR構造の使役義の問題は、当該構造を「動詞連続」と見なすことで解決する。中国語の伝統文法では結果を表す成分を「補語（complement）」と呼ぶが、これは実辞と解するべきである。「結果補語」の構成員は、実辞的要素から虚辞的要素まで、数も種類も豊富である。これらの中身についても、今後、具体的に精査する必要がある。

自然言語の有する階層性を高度に抽象的な普遍仮説にまで発展させた一般文法理論は、「主要部の意味素性が句のレベルにまで及ぶ」という考え方に立ち、構文分析を行ってきた。文を還元論的に分解して考えることの利点は、理論を経済的に作ることができることにある。しかし、語順を使って使役義を表す非階層的なVR構造に、純粋に統語論的な意味での「主要部」は想定しにくい。

また、中国語結果構文を構成する2つの述語は「派生的（強い）結果構文」よりも多様な組み合わせを許容する。この生産性の高さは、「結果に原因を継ぎ足す」形成パタンと慣用化の度合いに依存している。構文全体の自他も、第一動詞の意味タイプの違いによって決まるのではなく、母語話者の生活経験と社会通念に基づく事態認識のあり方に依存している。

従来の結果構文の分析モデルは、1つの主要動詞からなる結果構文どうしの比較・対照には有効であっても、動詞連続構造からなる中国語にはうまく機能しない。本研究の主張は、中国語伝統文法の「補語」の枠組みに対して再検討を迫るとともに、影山（1996）や Washio（1997）が提唱する世界諸言語の結果構文の類型にも新たな見解を提出している。

第3章　中国語結果構文のアスペクト特性

3.1 はじめに

　本章では、前章において提示した「結果に原因を継ぎ足す」中国語結果構文の形成パタンに関する指摘が、アスペクト的基準に基づく中国語動詞の分類から見ても妥当であることを述べる。中国語の一般動詞が表す動作・行為は、受け手の変化や結果を含意しにくい。VR構造には、行為（はじめ）と結果（おわり）の間に明瞭な役割分担が存するのである。"洗脏"（洗ったけど汚れる）、"修坏"（直したけど壊れる）といった「予期せぬ結果」を表す結果表現が成立するのは、このような理由による。こうした考察を踏まえた上で、本章後半では、動詞直後の目的語名詞句（post-verbal NP）を変化主体と捉えてきた従来の意味役割の記述について改めて検討する。そして、これには動作の受け手を表す被動者（Patient）と変化主体を表す対象（Theme[1]）という2つの意味役割が必要であり、両者ははっきりと区別されなければならないことを論述する。なお、アスペクトは、英語の進行形、完了形のように文法化されたアスペクトと、語あるいはそれを含む述語の持つ意味と結びついたアスペクト（Aktionsart とも呼ばれる）とに分けることができるが、本研究ではこの用語を後者の意味で用いることにする[2]。

---

1) Theme は「主題」とも訳されるが、これは話題（topic）の意味で使用されるので、本研究では「対象」と呼ぶことにする。なお、中国語では、Patient は"受事"、Theme は"客体"、"客事"、"主題"などと訳されることが多い。項構造と意味役割の関係については、本論第1章の註3) を参照。

3.2 中国語動詞の語彙的アスペクト特性

中国語結果構文の成立には「他動性 (transitivity)」、つまり動詞の表す出来事が目的語として表されているものにどの程度影響を与えているか、という意味の問題が密接に関わってくる。使役構文や結果構文を考察するには、この動作性・因果性の問題をさらに詳しく検討していく必要がある。動詞の意味範囲、すなわち語彙的アスペクト特性の問題である。

動詞の意味範囲について、池上 (1981) は「〈行為〉を表わす動詞には、意図された結果の〈達成〉までもその意味範囲の中に含んでいるものと、〈行為〉だけを表わして、意図された結果の〈達成〉まではその意味範囲に含んでいないものとがある」(p.266, 267) と述べ、日本語動詞と英語動詞の間に直接対応しないケースが多いことを指摘している。動詞語彙に内在する動作の終了時点、すなわち限界性 (delimitedness) の有無を調べる診断法の1つに、次のような「結果を打ち消す表現」がある。

(1) a. 燃やしたけど、燃えなかった。
　　 a´. *I burned it, but it didn't burn.
　　 b. 沸かしたけど、沸かなかった。
　　 b´. *I boiled it, but it didn't boil.
　　 c. 船を浮かべたけれど、浮かばなかった。
　　 c´. *I floated the boat, but it didn't float.

(池上 1981：266)

日本語の方はいずれも意図された結果の達成を含意していないのに対し、英語の方は動詞で示された行為の結果の達成を含意している。ゆえ

---

2) アスペクトとは、場面 (situation) や事象の内部構造に対するさまざまな見方のことを言う。アスペクト分類の基準となる基本的な性質としては、動的／静的、持続性／非持続性、点的／線的、限界性／非限界性、完結点の有無などが挙げられる。Comrie (1976) 参照。

に、英語と日本語の意味的な対応にズレが生じ、これが適格性の判断の違いとなって現れている。興味深いことに、ある意図的な行為がなされることを表現する場合、「結果の達成を含意するのは常に英語の方の動詞であり、達成を必ずしも含意しないのは常に日本語の方の動詞であるという規則的な対応が認められる」（池上1981：267）。つまり、これは個別言語の有する志向性の問題に通じる。

中国語動詞の意味範囲の問題は、主に80年に入ってから盛んに議論されるようになった。この問題を扱った論考には、Chu（1976）、荒川（1982）、Tai（1984）、宮島（1994）、Smith（1990, 1994）、Ross（1998）、Lin（2004）などがある。荒川（1982）と宮島（1994）は、日本語と中国語の動詞の意味範囲の違いについて詳細に報告している。荒川は、一見対応すると考えられる動詞のペアでは、日本語の動詞が多く結果までもその意味範囲に含めているのに対し、中国語では行為のみに重点を置くものが多いことを指摘しながら、日・中両語の間に存する規則的な対応関係について説明している。荒川が挙げる用例は、次のようなものである。

(2) a. 抓了，可是没抓住。
　　a′.?（ドロボーを）捕まえたが、捕まえられなかった。
　　b. 看了，可是没看完。
　　b′.?読んだが、読み終わっていない。
　　c. 借了半天，可是没借到。
　　c′.*ずいぶん借りたが、借りられなかった。
　　d. 买了半天，可是没买到。
　　d′.*ずいぶん買ったが、買えなかった。

(荒川 1982：83)

上の各文における適格性の判断の違いは、中国語における動作主の行為の影響の及ぶ範囲が日本語と違うことをよく示している。日本語話者

の直感では、文の最初に出てくる動詞部分を「捕まえようとした」、「借りようとした」、「買おうとした」と、試行表現に改める必要を感じる。中国語と日本語の場合も、行為動詞の意味が1対1で対応するとは限らないのである。この場合、結果の達成を含意しないのは、常に中国語の方である。そして荒川は、このことが中国語において結果補語が発達している原因の1つであろうと述べ、動詞の意味範囲とVR構造との関係を示唆している。これと同じことは、中国語と英語の動詞を比較しても言える（以下本節では、用例の動詞部分の日本語訳を直訳のままにしておく）。

(3)　a. *I burned it, but it didn't burn.
　　　　（燃やしたけど燃えなかった。）
　　a′. 木头烧了半天也没烧着。
　　b. *I woke my father, but he remained asleep.
　　　　（起こしたけど起きなかった。）
　　b′. 父亲叫了半天也没叫起来。
　　c. *I opened the door, but it didn't open.
　　　　（開けたけど開かなかった。）
　　c′. 我开了半天门，可是没开开。

結果構文は必然的に状態変化としての結果の成立を含意するが、中国語の動作・行為を表す動詞は、日本語や英語と比べてもこの種の含意が成立しづらい。本研究が行ったインフォーマント調査によると、この傾向は"吓"（びっくりさせる）や"气"（怒らせる）のような使役的意味合いの強い動詞にも観察される。

(4)　a.　我　吓　了　他　几次，可是　他　没　被　吓　着。
　　　　私　驚かせる　ASP　彼　数回　しかし　彼　NEG　PAS　驚かせる-〈結果〉
　　　　（私は数回彼を驚かせたが、彼は驚かなかった。）

b. 我 气　了 她 几次, 可是 她 都 没 生气。
　　私 怒らせる ASP 彼女 数回　しかし 彼女 全て NEG 怒る
　　(私は数回彼女を怒らせたが、彼女は怒らなかった。)

　上に例示したような使役の意味合いが強い動詞類であっても、中国語では「結果の打ち消し」を許容する。次例のように、日本語の状態変化動詞に相当する動詞についても、やはり同様の表現が成立する。

(5) a. 他 灭　了　　半天　　火, 可是 没 灭　　掉。
　　　彼 消す ASP しばらくの間 火　しかし NEG 消える−〈結果〉
　　　(彼はしばらくの間火を消したが、火は消えなかった。)
　b. 小张 开　了　　半天　　门, 可是 没 开　开。
　　　張君 開ける ASP しばらくの間 ドア　しかし NEG 開ける−開く
　　　(張君はしばらくの間ドアを開けたが、ドアは開かなかった。)
　c. 他 关　了 几次 灯, 可是 没 关　　上。
　　　彼 消す ASP 数回 灯　しかし NEG 消す−〈結果〉
　　　(彼は何度も灯を消したが、消えなかった。)
　d. 我 熄　了 几次　灯, 可是 没 熄　　灭。
　　　私 消す ASP 数回 蝋燭の火 しかし NEG 消す−消える
　　　(私は何度も蝋燭の火を消したが、消えなかった。)
　e. 他 点　了 几次 火, 可是 都 没 点　　着。
　　　彼 つける ASP 数回 火　しかし 全て NEG 着く−〈結果〉
　　　(彼は何度か火をつけたが、火はつかなかった。)
　f. 他 锁　了　　半天　　门, 可是 没 锁　　上。
　　　彼 かける ASP しばらくの間 ドア　しかし NEG かかる−〈結果〉
　　　(彼はしばらくの間ドアに鍵をかけたが、かからなかった。)
　g. 那 块　大 石头 我 移 了　　半天,　　也 没 移动。
　　　その CL 大きい 石　私 移す ASP しばらくの間 〜も NEG 動く
　　　(その大きな石は長い間動かしたが、動かなかった。)

上例の中国語動詞は、語義から考えると状態変化を表しているように感じられる。だが、厳密に言えば、これらも動作・行為に重点があり、目的語（対象）の変化結果には関心のうすい動詞類であることが窺知される。

　Vendler（1967）と Dowty（1979）のアスペクト・タイプに基づく動詞分類を中国語のケースに当てはめて検討した Tai（1984）は、中国語の動作・行為を表す一般動詞には〈達成（accomplishment）〉類が欠けていると指摘している[3]。次の用例を比べられたい。

(6)　a. *John killed Peter twice, but Peter didn't die.
　　　b. 张三　杀　了 李四　两次，李四 都　没　死。
　　　　 張三　殺す ASP 李四　2回　李四 全て NEG 死ぬ
　　　（張三は李四を2回殺したが、李四は死ななかった。）

　　　　　　　　　　　　　　　　　　　　　　　　（Tai 1984：291）

　英語動詞 kill を用いた（6a）では、結果を打ち消す表現が成立しない。日本語の場合も直訳は容認されないが、中国語ではやはり成立する。（6b）の用例が示すように、中国語はたとえ "杀"（殺す）のような典型的な他動詞であっても、変化結果をその意味範囲に含めず、専ら動作・行為に重点を置いた表現が可能となる。"杀" という動詞語彙には、目的語 "李四" の "死"（死ぬ）という情報までは含まれていないという

---

[3] 結果までを意味するかどうかは、動詞そのものだけではなく、その動詞の置かれた統語的環境からも問題になることがある。Tai（1984：292）と Smith（1990：313）は、目的語が数量限定を受けた "我昨天写了一封信，可是没写完"（私は昨日手紙を一通書いたが、まだ書き終えていない）を文法的と記述している。だが、筆者が行ったインフォーマント調査では、この文を不自然と回答する者の方が多かった。Lin（2004）は、英語の〈達成〉タイプの用例（write a letter や paint a picture）を中国語に置き換えて検証するとき、数量詞を加えず裸の目的語のまま訳して、中国語では結果を打ち消す表現が成立するとしている。穏当な見解であろう。

ことである。中国語が日本語や英語と比べても結果達成の含意が弱いことは、こうした先行研究の分析からも明らかである。

(6b) に対して、結果述語を伴った次の文は、限界的事態を表すことになる。そのため、結果を打ち消す表現が成立しない。

(7) *張三　殺　死　了　李四　両次，李四　都　没　死。
　　張三　殺す‐死ぬ ASP 李四　2回　　李四　全て NEG 死ぬ
　　（張三は李四を2回殺したが、李四は死ななかった。）

一方で、この"燒了半天，也没燒着"（長いこと燃やしたけど、燃えなかった）式の表現の成否を語彙論的要因に求めることに疑義を呈する研究者もいる。たとえば、佐藤（2005）は、この現象に対する話者の判断が日常的知識に基づく推論（語用論的要因）により左右されることを指摘し、対案として人間の心理作用である隣接性の連想を援用したメトニミー説を提出している。佐藤は、［AGENT：ACT］＋［THEME：ACHIEVEMENT］を伝達する動詞が、働きかけの行為となる［AGENT：ACT］をもって隣接する事態としての［THEME：ACHIEVEMENT］を想起させるときに結果を取り消す文が成立しやすい。日・英語の違いについても、日本語の場合はメトニミーという原理が働いて結果キャンセルの現象が生じるが、英語の当該現象にはこの原理が作用しない、と主張する。この意見は、日本語に生じる解釈の不安定さに対して大変説得力がある。しかしながら、中・日・英3言語の間に「規則的対応」（池上 1981：267）が認められる理由については、「日常的知識に基づく推論」では説明がつかないように思える。動詞の意味に曖昧性を認めるか否かは、確かに研究者の言語観の問題であると言えよう。だが、語彙論的要因が介在する可能性を語用論的ないし認知的要因としてすっかり排除してしまうと、当該言語が有する個別性や文法的特質をも見落としかねない。宮島（1994：427）が指摘する通り、動詞の意味範囲の問題は、一部の動詞に見られる部分的な現象に終わるものではない。言語の体系のさまざまな

部分の特徴と関係しているはずである。もしそうであるとするならば、現時点では語彙論的要因を考慮した方が、人間言語の多様性の発見につながる有意義な展開が期待できそうである。結果述語に対して反意語（antonym）の付け替えが可能であるという下例が示す事実は、まさに中国語動詞の意味範囲と響き合うものである。

(8) a. 他 把 我 的 手表 修 好 了。
    彼 PRE 私 〜の 腕時計 修理する−よい ASP
    （彼は私の腕時計を修理して直した。）
  b. 他 把 我 的 手表 修 坏 了。
    彼 PRE 私 〜の 腕時計 修理する−壊れる ASP
    （彼は私の腕時計を修理して壊した。）
(9) a. 她 把 衣服 洗 干净 了。
    彼女 PRE 服 洗う−きれいだ ASP
    （彼女は服をきれいに洗った。）
  b. 她 把 衣服 洗 脏 了。
    彼女 PRE 服 洗う−汚い ASP
    （彼女は服を洗って汚した。）

(8)と(9)のa文とb文は、結果述語の部分に反意語が用いられている。a文では行為の結果が必然的な帰結であると考えられるのに対し、b文では行為から予想される結果とは正反対の不測の事態が述べられている。すなわち、(8b)の文は、「彼は私の時計を修理しようとして、その時計が壊れた」という出来事を、同様に、(9b)の文は、「彼女は服を洗ったが、（汚れた衣類と一緒に洗うなどして）その服が汚れた」という出来事を叙述している。一般的な行為の予測とは相反する事態であったとしても、こうした結果を招くことは、私たちの現実世界に十分起こり得る。前章で述べたように、行為と結果の間に直接的な因果関係を認めることができれば、中国語では結果構文が成立し得る[4]。「派生的（強

い）結果構文」が成立する英語であっても、反意語の付け替えは容認されない。"She washed the clothes clean."（彼女は服をきれいに洗った）という文における結果述語に付け替えを施した"*She washed the clothes dirty."（彼女は服を洗ったが汚した）は、明らかに非文である。西洋語の側から見るといかにも「非論理的」なこうした原因と結果の組み合わせは他にもある。

(10) 擦脏（磨いたが汚れる），晒湿（干したがぬれる），骂笑（罵ったが笑う），哄哭（あやしたが泣く），养死（育てたが死ぬ），磨钝（磨いたが鈍らになる），存没（預けたが無くす）

(王红旗 1993：21)

　中国語動詞の語彙的アスペクト特性に関する先行研究の記述は、VR構造の形成パタンに関する本研究の主張と大変うまくかみ合う。かつて木村（1981：40）は、"卡车撞坏了汽车"（トラックがぶつかって自動車を壊した）という文を例に挙げ、VとRの間を境にして内側の動詞どうし、外側の名詞どうしが「仕手の側対受け手の側」という均整のとれた対称をなしていることを指摘して、これを鏡像現象（mirror image）に譬えた。VR構造には、行為と結果の間に明瞭な「役割分担」が存在する。この複合体は2つの語を羅列（juxtapose）した動詞連続形式と見るのが順当である。

---

4) ただし、予期せぬ結果を叙述するb文の場合は"把"構文を用いなければならないという語用論的制約がある。马真・陆俭明（1997）、李小荣（1994：36）参照。

3.3 目的語名詞句の意味役割

3.3.1 先行研究の記述

　前節では、第2章に提示した中国語結果構文の形成問題に関する本研究の主張内容が、中国語動詞の意味範囲（語彙的アスペクト）からも裏付けられることを見た。この内容を踏まえた上で、本節では、目的語名詞句の意味役割について検討してみたい。結論から先回りして言えば、こうである――変化主体を表す目的語名詞句の意味役割は、従来言われてきた被動者（Patient）ではなく、対象（Theme）である。被動者はある動作を受けるが状態変化を伴わないもの、対象は状態変化を受けるもの、である。両者ははっきりと区別されるべきである。

　周知のように、言語分析に広く用いられる意味役割（semantic role）[5]は、厳密に定義されているわけではなく、研究者によって違いがある。しかし、どんなにその数を少なく抑えたとしても、動作主や被動者が除かれることはまずあり得ない。これらは、節（clause）の形成に関わる最も基本的な意味役割だからである。それにもかかわらず、目的語名詞句に付与される意味役割を被動者と呼ぶか、対象と呼ぶかは、未だに意見の一致を見ない。研究者によっては、被動者を対象の中に含める人もいる。安藤（2005）は、次のように述べている。

　　John took the canary from the cage.
　　（ジョンはかごからカナリアを出した）
　　という文の場合、the canary は、取り出す行為をうけるので〈受動者〉とも言えるが、取り出す動作の影響をうけて移動するものととらえれば〈対象〉とも言える。〈受動者〉（Patient）を〈対象〉

---

[5] 意味役割は、他にも「主題役割（thematic role）」、「θ役割（θ-role）」、「主題関係（thematic relation）」など、いくつかの呼び名がある。

(Theme) の中に含めるならば、それだけ意味役割の数を減らすことに寄与する。(p.64)

しかし、動作の受け手と変化（または移動）するものを同一視することができるのは、他動詞構文が発達した英語のような言語の場合であろう。問題は、この観点が中国語の分析にもそのまま持ち込まれていることである。たとえば、袁毓林（2002, 2003）は、中国語に 17 の意味役割を設けている。その中で、施事の行為によって影響を受ける事物を"受事"と呼び、その意味特徴として、①"自立性"、②"変化性"、③"受动性"（causally affected）の 3 点を挙げている。そこでは、被動者を変化主体と見なしているわけである。また、陈昌来（2002：99）も、目的語名詞句に付与される意味役割を"受事"と呼び、その意味特徴として、①施事または動作動詞と共起する、②"受动性"（他者によって引き起こされた事態の影響を受ける）、③"现成性"（動作・行為が生じる以前に存在している）の 3 点を挙げている。そして、"小王打倒了老李"（王君が李さんを殴り倒した）という文を例に挙げ、施事である「王君」の"打"（殴る）という動作・行為が受事の「李さん」に直接的な影響を及ぼし、"倒"（倒れる）という変化を引き起こす、と説明している。ここでも、受事、すなわち被動者は、動作の受け手でもあると同時に、変化主体でもあると考えられている。

これらの記述には、理論言語学の影響が濃厚に認められる。意味役割に関連する膨大な論考の中でも、とりわけ強い影響力を持ち、これまで多くの研究者によって支持されてきた論考として、Jackendoff（1990）と Dowty（1991）を挙げることができよう。前者は意味役割を動詞の概念構造から捉え直した概念意味論の重要著作であり、後者は意味役割を意味論的に規定し直した画期的な論考である。被動者の意味役割に関する彼らの主張を筆者の理解するところに従ってまとめると、概略、次のようである。

Jackendoff（1990：chap.7）は、従来の主題関係に対応する「主題層

(thematic tier)」のほかに、「行為層 (action tier)」というレベルを新たに導入している。主題層とは意味役割を述語分解の手法を使って構造的に表わしたものであり、行為層とは主題層の意味役割が示す要素間を力学的な影響関係から捉え、表示したものである。注目すべきなのは、Jackendoff がこの「影響 (affect)」という考え方を大変重要視していることである[6]。

前掲書 142 頁にある用例 "Phil opened the door with a key."（フィルは鍵でドアを開けた）の説明を見てみよう。この文の概念構造は、主題層と行為層の2段構えで表示される。上段の主題層 CS^+ ([PHIL], [INCH [BE([DOOR], [OPEN])]]) は、使役の意味関係を表す。ここでは PHIL が動作主（Agent）、DOOR が対象（Theme）となっている（CS^+ (=CAUSE) の＋印は、結果を含意することを示す）。一方、下段の行為層 AFF^- ([PHIL], [DOOR]) は、第1項が影響を及ぼす要素で、第2項が影響を被る要素と解釈される（AFF^- (=AFFECT) の－印は、影響の受け手が受益（positively affected）ではなく、被動（negatively affected）の意味特性を有することを示す）。ここでは、第1項が行為者（Actor）、第2項が被動者（Patient）と呼ばれている。このように Jackendoff は、動作主の役割を持つ要素を行為者、対象の役割を持つ要素を被動者、という具合に関係づけている。つまり、状態変化の主体である DOOR（つまり、Theme）を行為層という力学的な影響関係を想定したレベルで被動者（Patient）と同定するのである。

また、Dowty (1991) は、意味役割の数や種類を普遍言語的に決定することの限界を指摘し、両極端に典型としての「原型動作主（proto-

---

[6] Jackendoff (1990) は、次のように記述している：A notion missing from the theory of thematic relation in *S&C* and earlier sources (back to Gruber1965) is that of "affected entity" —— the traditional role of *Patient*. (*Semantics and Cognition*（筆者注：1983年の Jackendoff の自著）や Gruber (1965) に遡る初期の文献における主題関係理論に欠けていた考え方は「他者の引き起こす動作・行為によって影響を被る存在」、すなわち被動者の持つ伝統的な役割の概念である。) (p.125)

agent)」と「原型被動者（proto-patient）」を配置した構成から、これまでの離散的な意味役割を連続的な性格を持つものとして捉え直している。そして、最も典型的な被動者は5つの特性の集合、すなわち、①状態変化を被る（undergoes change of state）、②累加的対象（incremental theme）である、③一方の参与者によって引き起こされた事象の影響を受ける（causally affected by another participant）、④一方の参与者が動きを持つのと相対的に静止している（stationary relative to movement of another participant）、⑤事象と独立しては存在しない、あるいは全く存在しない（does not exist independently of the event, or not at all）、によって特徴づけられると記述している。Dowtyの主張で見過ごしてはならないのは、「原型被動者特性を最も多く具える項は、直接目的語として語彙化される（The argument having the greatest number of Proto-Patient entailments will be lexicalized as the direct object.）」（p.576）と記述している点である。これらの特性を具えた原型被動者は、直接目的語として統語上に具現すると言うのである。

　対象と被動者の一番の違いは、対象には「使役的影響を受ける（causally affected）」という特性が欠如することがある、という点である。裏返して言えば、被動者には少なくともこの特性が含まれている必要がある。さらにDowtyは、状態変化（change of state）という特性が直接目的語になる項に関連づけられることを「直接目的語交替（direct object alternation）」の角度から論じている。つまり、Dowtyの論考においても、被動者は受影性（affectedness）の一番高いものとして、直接目的語（post-verbal object）の位置に具現すると規定されているわけである。

　彼らの「被動者」に対する捉え方の根底には、状態変化動詞を普遍的な動詞類と位置づける発想があるとは言えないであろうか。彼らの言語観は、状態変化動詞を用いた「本来的（弱い）結果構文」を典型と見なす影山（1996）とWashio（1997）の結果構文分析と一脈相通ずるところがある。

3.3.2 被動者（Patient）と対象（Theme）

　被動者に関する先行研究の記述は、果たして中国語にも当てはまるのであろうか。意味役割は動詞の内在的意味と深く関わっており、文中に生起する項の数とその種類は、動詞の語彙的アスペクトの違いによって決まる。前節で述べた動詞の意味範囲の問題、すなわち語彙的アスペクト特性は、動詞の必須項となる名詞句の数、すなわち「結合価度（valency）」の問題と密接に関わってくるのである。その際に重要なのは、動詞と名詞の係わり合いがどうであるかは理論的枠組みを使って判断されるのではなく、母語話者の直感に頼って行われる、ということである。

　このことを動詞"放"（置く）を例に考えてみたい。先ほど言及した陈昌来（2002：56）は、"放"を英語動詞 put と同じく、"施事"、"受事"、"位事"の3つの名詞句を取る3項述語として記述している。確かに英語動詞 put は、その語彙的特性として内項に対象（Theme）と着点（Goal）、外項に動作主（Agent）を取る3項動詞である。その証拠に、もし着点に相当する語句が与えられなければ、次の（11a）が示すように、不適格な文となる。

(11) a. *He put the book.
　　　（彼は本を置いた。）
　　b. He put the book on the desk / there.
　　　（彼は本を机に／そこに置いた。）

　（11a）の文には、（11b）にある on the desk や there といった移動先や位置を示す副詞的修飾成分が欠けている。つまり、put という動詞には「ヒトがモノをある場所に位置させる」という情報が刻み込まれており、この動詞の意味情報を満たすために3つの項が義務的結合価（obligatory valent）として要求されるのである。これに対して、中国語動詞の"放"（置く）は、対象物の行き着く先を動詞の必須の項とはし

ない。

(12) 他 去 放 书 了。
　　　彼 行く 置く 本 ASP
　　　(彼は本を置きに行った。)

　この文は、"书"（本）の位置変化が動作主の移動によって含意されるだけで、その行き着く先を示す語句はないが、適格性を示している。「"放"＝put」という辞書的理解が成り立つとは限らないのである。これは、前述した中国語動詞のアスペクト特性と密接な関係がある。

(13) 张三 杀 了 李四,可是 他 没 死。
　　　張三 殺す ASP 李四 しかし 彼 NEG 死ぬ
　　　(張三が李四を殺したが、彼は死ななかった。)

　上の文の適格性が示すように、他動詞"杀"（殺す）の状態変化への関与は低い。中国語の一般動詞は動作に重点があり、目的語の受ける変化結果には無関心である。したがって、この文の目的語"李四"は状態変化を受ける（causally affected）意味特性を有するとは考えにくい。これは動作の直接の受け手に過ぎないから、その意味役割は対象ではなく、被動者と解するべきである。一方、次の文ではVR構造が用いられている。

(14) 张三 杀 死 了李四。
　　　張三 殺す‐死ぬ ASP 李四
　　　(張三が李四を殺した。)

　(14) の文における目的語"李四"の意味特徴は、(13) の場合とは異なる。"死"（死ぬ）は"杀"の語義と重なるので一見余剰であるかのよ

うだが、これは"李四"に生じる変化結果を述べている。この文において、目的語の状態を叙述しているのは第一動詞ではなく、結果を表す第二動詞"死"の方である。したがって、この目的語名詞句の意味役割は、被動者ではなく、対象である。このことは、次の文が非文法的であることからも確かめることができる。

(15) *张三 杀 死 了李四,可是李四都没死。
　　　張三　殺す-死ぬ ASP 李四 しかし 李四 全て NEG 死ぬ
　　（張三は李四を殺したが、李四は死ななかった。）

だが、ここで1つの疑問が生じる。(14)に示したVR構文の直接目的語は、動作の受け手であると同時に変化主体でもある。もし受影性（affectedness）のような意味論的観点から意味役割の違いを説明することができるのであれば、目的語名詞句の意味役割はDowty（1991）が規定する被動者だけで十分であるに違いない。袁毓林（2002, 2003）や陈昌来（2002）の記述は、まさにそのようである。そこで注目したいのが、第2章でも取り上げた第一動詞に自動詞を取る〈他動型〉の文である。

(16) a. 他 喊 哑 了嗓子。
　　　　彼 叫ぶ-かれる ASP 喉
　　　（彼は叫んで喉をからした。）
　　b. 她 气 红 了脸。
　　　　彼女 怒る-赤い ASP 顔
　　　（彼女は怒って顔が赤くなった。）

これらの文の第一動詞と第二動詞はともに1項述語であるから、この文には動作の受け手は存在しない。言い換えれば、文末の目的語名詞句"嗓子"（喉）と"脸"（顔）を被動者と呼ぶことはできない。これらと文

法的意味関係を結んでいるのは第一動詞ではなく、第二動詞の"哑"（か れる）と"红"（赤い）だからである。したがって、この2つの目的語名 詞句の意味役割は、対象（Theme）と解するべきである。結果を表す"V 得"構文の場合を考えてみても、変化主体となる名詞句の意味役割を対 象とした方が、2つの構文の間に認められる拡張関係（Chao1968； Huang1988, 1992他）を自然に捉えることができる。

(17) a. 他 喊 得 嗓子 都 哑 了。
　　　　彼 叫ぶ PAR 喉 すっかり かれる ASP
　　　（彼は叫んで喉をすっかりからした。）
　　b. 她 气 得 脸 都 红 了。
　　　　彼女 怒る PAR 顔 すっかり 赤い ASP
　　　（彼女は怒って顔が真っ赤になった。）

上例の(17)を(16)と比べると、こちらの文では、複合事象構造に おける結果部分が"嗓子都哑了"（喉がすっかりかれた）、"脸都红了"（顔 が真っ赤になった）のように単文の形をとり、拡張していることがわか る。"*喊得嗓子"や"*气得脸"は非文であるから、"嗓子"（喉）と"脸" （顔）を動作の受け手と見なすことはできない。これらは結果述語との 文法関係に基づき、対象（Theme）と見なすのが適切である。本研究が 変化主体を対象と呼んで被動者と切り離すのは、ヤーホントフ（1957）が夙に指摘している単一動詞と動補構造との間に見られるアスペクト的 対立だけでなく、こうした拡張構文との連絡も視野に入れることができ るからである。

先ほど例示した動詞"放"（置く）も、結果述語と接合したときはそ の本来の品詞性が希薄化し、自動詞のように振る舞うことがある。

(18) 她　放　　乱　　了 次序。
　　　彼女　置く–乱れている　ASP　順序
　　（彼女は置き変えて順番をめちゃくちゃにした。）

　この文には動詞"放"の受け手も位置を示す語句も存在しないが、適格な文である。当然、"*放次序"（順番を置く）と言うことはできない。この文の目的語"次序"（順番）と文法的関係を結んでいるのは、結果述語の"乱"（乱れている）だけである。したがって、この目的語名詞句の意味役割も対象と見なすのが適切である。

　変化主体を被動者から切り離すことの利点をもう1つ挙げておきたい。詳細は第5章3節に譲るが、"吃飽了飯"（ご飯を食べて腹一杯になる）のような特殊な結果構文における目的語"飯"（ご飯）は、通常の〈他動型〉の目的語と表面的には同じだが、第一動詞が表す動作・行為の意味を補足的に述べているだけである。このような「虚目的語」の意味役割は、対象ではなく、被動者と見なすことができるであろう。

　被動者が変化主体になるという図式は、SVO構文の発達した英語のような言語にはきれいに当てはまる。だが、2つの述語を連ねることで状態変化を表す中国語にはうまく適合しない。中国語の一般動詞は、被動者に変化・結果が生じることを伝えてはいない。このような言語では、被動者を単純に変化主体と結び付けることはできないから、目的語名詞句に2つの異なる意味役割を用意しなければならない。

　影山（1996：71）は、「ACT ONの目的語は接触・打撃の及ぶ作用対象に過ぎず、状態変化の対象（Theme）ではない。状態変化の対象はあくまでも状態述語（BE）の主語として規定される」と述べ、「影響」といった曖昧な用語を廃し、状態変化の有無によって動作対象の意味役割を規定している。また、三原・平岩（2006：13）も、被動者と対象をはっきりと区別している。中国語の言語事象にも適合するこうした記述内容は、その分析モデルがより汎用性の高いものであることを示していると言えよう。

3.4 結果から原因を眺める視点

ここまで、結果に原因を継ぎ足す VR 構造の結合パタンが中国語動詞のアスペクト特性とも整合することを指摘した。そして、目的語名詞句の意味役割に関しても、動詞連続構造が発達した中国語の側から問題を提起し、1つの代案を提示した。本節ではこれらの内容を敷衍して、語彙的アスペクトの観点から中国語の「事態の捉え方」ないし「発想法」について改めて考えてみたい。中国語が有する志向性の問題である。

既に言及したように、アスペクト・タイプに基づく動詞分類は、Vendler（1967）と Dowty（1979）の4分類がよく知られ、広く利用されている。だが、この分類基準をそのまま中国語の実際の状況に当てはめようとすると、不都合が生じる。そこで特に問題となるのは、VR 構造における第一動詞の継続アスペクトをうまく処理することができないことである。この点について、もう少し詳しく見てみよう。

Vendler（1967）は、英語動詞の使用法に基づき、動詞が表示する場面を4つに分けたものである。その後、Dowty（1979）などにより修正が加えられ、今日ではこの動詞分類の一般性が確かめられつつある。しかしながら、この分類法は決して十全というわけではない。Vendler 論文の問題点は、その分析手順にあると考える。Vendler は動詞分類の出発点として、継続相（continuous tenses）の有無という対立項を用いている。そこからさらに、完結点（terminal point）の有無という対立項を用いて、この2つの動詞タイプを下位分類し、合わせて4つの動詞タイプを設定している。すなわち、継続動詞の中で完結点を持つタイプを〈達成（accomplishments）〉、完結点を持たないタイプを〈活動（activities）〉と呼び、非継続動詞の中で完結点を持つタイプを〈到達（achievements）〉、完結点を持たないタイプを〈状態（states）〉と呼んでいる。しかし、Vendler 自身も認めているように、継続相の有無を第一次的分類基準として利用したことは、〈活動〉と〈達成〉の区別が曖昧になるという結果を招いた（Vendler1967：104, Comrie1976：chap.2）。たとえば、write（書

く）は〈活動〉タイプとなるが、目的語を伴った write a letter（手紙を一通書く）は限界的事態を表すので、break（割る）のような状態変化動詞と同じ〈達成〉タイプに分類される、といった具合である。

　この分類法は、中国語にとっても甚だ不都合である。break のような英語の状態変化動詞は、継続相（durative）と瞬間相（punctual）という2つのアスペクトを有するので、〈達成〉タイプに含まれることがすぐに理解できる。しかし、これと機能的に対応する中国語の VR 構造は 1 つの時間点（完結点）のみを持ち継続相を含まない。

(19) a. The man is breaking the window.
　　 b. *那　个　人　在　打　破　窓子。
　　　　その CL 人 〈進行〉叩く‐割れる 窓
　　　　（その人は窓を叩き割っている。）
　　 c. *那　个人　打　破　着 窓子。
　　　　その CL 人 叩く‐割れる ASP 窓
　　　　（その人は窓を叩き割っている。）

(Yong1997：9)

　VR 構造が動作の進行を表す"在"や持続を表すアスペクト助詞"着"と共起しているため、上の2つの中国語の用例（19b, c）は不適格と判断される。このように、VR 構造は第一動詞が〈活動〉タイプの動詞であっても、複合構造全体では継続相を持たない。したがって、Vendler の分類基準を"打破"（叩き割る）のような VR 構造に適用すると、状態変化を表していながら英語動詞 break と異なる〈到達〉タイプに分類せざるを得ない。結果述語は単に結果状態について述べているだけでなく、第一動詞の持つ継続アスペクトを吸収して完了相に変えるという重要な働きを担っているのである（ヤーホントフ1957参照）。

　中国語の VR 構造は、継続相を持たずに瞬間相のみを持つ。このことから Tai（1984）は、Vendler（1967）と Dowty（1979）の〈達成〉、〈到

達〉という分類を廃し、代わりに〈結果（results）〉と呼ばれるタイプを立てて、〈状態〉、〈活動〉、〈結果〉の３分類を提案している。比較的最近では三原（2004：20-26）も、アスペクト的基準に基づく動詞分類にとって最も重要なのは継続相の有無ではなく、限界性の有無であることを指摘し、〈達成〉と〈到達〉を１タイプと見なすべきであることを説いている。Tai は、英語の状態変化動詞と中国語の VR 構造の違いを、アスペクト特性の観点から次のように表示している。

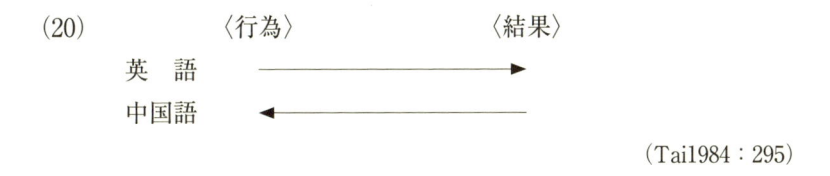

(20)　　　　　　〈行為〉　　　　　　〈結果〉
　　英　語　――――――――――→
　　中国語　←――――――――――

　　　　　　　　　　　　　　　　　　（Tai1984：295）

　Tai 論文の結論は、英語と比べた場合の中国語の特徴を的確に捉えている。中・英両語の結果構文に見られる形成パタンの違いと見事に符合するのである。影山（1996）は、自身が提案する語彙概念構造に（20）のような認知的視点を取り入れると、これまで感覚的に捉えられてきた「スル」型と「ナル」型の違い（池上 1981）を論理的に説明することができると主張している。影山の説明に従うと、英語は行為者の視点から事態の推移を眺める典型的な「スル」型言語である。
　実際に、英語の結果構文は、行為動詞に結果を継ぎ足すかたちで形成される。一例を挙げると、自動詞（非能格動詞）を使った"John shouted himself hoarse."（ジョンは叫んで声をからした）という文は、使役の意味構造に動詞の意味が「合成」されて産出される。つまり、抽象レベルにおいて、自動詞 shout は CAUSE のような使役要素と結び付くことで意味拡張を遂げると分析されている（影山 1996；中村 2003；小野（編）2007 参照）。これは、広義の「使役化（causativization）」と言えよう。英語の場合、結果を継ぎ足すことで行為動詞を使役動詞に転化することがかなりな範囲で許容される。Levin and Rappaport Hovav（1995：

47）も、英語の結果述語は元の文に添加されただけで、主動詞の項関係には影響を与えないと述べている。そこには、主語と述語動詞の「一致 (agreement)」に象徴される「行為者主体の文法観」が窺われる。

　Huang の中国語構文分析は、まさにこのような発想法から行われているように思える。Huang（2006：27）は、"张三踢破了球鞋"（張三は（ボールを）蹴ってシューズをボロボロにした）という文を例に挙げ、この文は、第一動詞"踢"（蹴る）が軽動詞 CAUSE と「併合」して使役動詞に転化して生じると分析している（第1章2.3節参照）[7]。しかし、結果の達成を含意しにくい中国語の行為動詞が CAUSE のような概念述語と合成される（つまり、使役動詞に転化する）とは考えにくい。

　再び強調しよう。中国語の結果構文は、結果に原因（行為）を継ぎ足すようにして形成される。英語とは対照的に、中国語の視点は一貫して結果から行為へと向けられている。この構文の形成パタンは、あたかも状態変化の終結点から事態の推移を眺めるかのようである。事態の完了点を中心にして文が形成されるのであるから、進行相を表す"在"や持続を表すアスペクト助詞"着"を伴った例（19）が不適格となるのは、なんら不自然なことではない。中国語結果構文は、使役の場面状況に対して「対象をどうシタ」ではなく、「対象がどうナッタ」という事態の捉え方をしているわけである。Tai（1984）が指摘する通り、VR 構造を〈達成〉類に含めるのは適切ではない。

　以上の内容を図式的にまとめると、次のようになる。

---

[7] Huang（2006：27）は、この〈他動型〉の用例に対して、次のような文構造を提案している：
　　Causing with a manner：[x CAUSE $_{\langle UNERGATIVE \rangle}$ [BECOME [y $\langle STATE \rangle$]]]

(21) 結果（R）から行為（V）を眺める視点と述語の複合化

    y R   →   x V R y
   老虎死了。   a. 他打死了老虎。
   （虎が死んだ）   b.＊他死了老虎。
           c.＊他打杀了老虎。
          d.＊他打老虎死了。
         （彼は虎を殴って死に至らしめた／
          虎を殴り殺した）

　(21a) の文における結果述語の品詞性は、(21b) の文が不適格となるように、VR 構造の内部においても変わらない。(21c) の文のように意図性を含む結果述語も、非文法的である。また、(21d) が示す分離型の語順も、現代語においては不適格である。

　なお、平叙文において、完了を表すアスペクト助詞"了"は義務的に要求される文法成分である。張国憲（1995：225）によると、VR 構造の結果述語は必ず動態を表す。たとえば、"哭红了"（泣いて（目が）赤くなった）の内部構造は、"哭红｜了"ではなく、"哭｜红了"と分析すべきであると言う。

　本研究が提案する V と R の結合パタンは、第一動詞が有する継続相の問題をうまく処理することができる。VR 構造は、第二動詞との関係では自動／他動の対立を示すが、第一動詞との関係では継続相／完了相というアスペクト的対立を含んでいる。ヴォイス（態）をはじめとするさまざまな文法現象に関与している VR 構造は、現代語の述語体系の中で中心的な役割を担っている（本論第 5 章 2 節参照）。

3.5 本章のまとめ

　本章では、先行研究の内容を踏まえ、変化性や結果性に乏しい中国語動詞のアスペクト特性が、第 2 章で提示した「結果に原因を継ぎ足す」

結合パタンと整合することを述べた。アスペクト的基準に基づく動詞分類に照らすと、中国語には状態変化動詞（達成動詞）クラスが欠けている。限界的事態を叙述する VR 構造は、この動詞類を埋め合わせるかのように、一語の状態変化動詞と同様に振る舞う。

さらにこうした内容を受けて、目的語名詞句の意味役割についても考察を加えた。被動者（Patient）と対象（Theme）はこれまで曖昧に用いられてきたが、動作の受け手を被動者、変化する主体を対象と呼んで明確に区別する必要がある。VR 構文に現れる目的語名詞句の意味役割は、Jackendoff（1990）や Dowty（1991）などの理論言語学の影響を受けた先行研究が記述する被動者ではなく、対象と記述するべきである。

VR 構文の形成に関する本研究の主張は、中国語動詞のアスペクト特性に関する先行研究からも支持される。中国語は結果重視の言語であり、中国語結果構文の生産性の高さは、結果から原因を眺める視点の方向性を反映している。VR 構造は、第二動詞との関係から見ると、自動／他動の語彙的ヴォイス対立となるが、第一動詞との関係から見ると、継続相／完了相のアスペクト的対立を構築している。当該構造は、現代語の述語体系において中核的な位置を占める重要な文法形式である。

第4章　中国語使役構文の形式と意味

4.1 はじめに

　中国語には、VR構造を使った語彙的使役表現の他に、伝統文法で「兼語式」と呼ばれる分離型の語順を用いた分析的使役表現も存在する。本章では、兼語式を用いた分析的使役との比較を通じて、VR構文の文法的特徴を浮き彫りにする。

　兼語式における第一動詞は、これまで一般に、使役を表すと考えられてきた。しかし、いくつかの先行研究の指摘にもある通り、中国語の使役文は、結果出来事の実現を含んでおらず、一般言語学的な意味での使役の条件を満たしていない。兼語式の使役解釈も、結局のところ、語順に依存している。孤立語タイプの中国語では、使役性（他動性）の高低や完了／未完了の違いといった意味論的要因が、複合型／分離型という文法形式（つまり、語順）の違いとなって現れる。中国語の構文体系から見ても、VR構文は目的語に対する使役力を強化した統語形式であり、私たちはこれを「連続動詞（serial verbsまたはverb serialization）」と見なすのが妥当である。ゼロ形式の使役構文は、Comrie (1989) の分類では扱われていない。このような特質を有する使役文を一般言語学の中でどのように位置づけるかは、今後の課題である。

4.2 中国語の分析的使役

　因果関係にある2つの出来事を言語化するにはさまざまな方法があるが、その代表的なものに使役動詞がある。Comrie（1989：chap.8）は、

類型論的見地から使役構文を形式的に、①分析的使役動詞、②語彙的使役動詞、③形態的使役動詞の3タイプに分けている。

　分析的使役動詞（または迂言的使役動詞）とは、make、cause、let、have など純粋に使役の意味を表す動詞のことで、結果出来事を表す独立した非使役述語と組んで使役構文となる。この種の表現では、使役作用を表す述語と結果の述語が別々になって、次のような文を形成する。

(1)　a.　I made Mary drive the car.
　　　　　（私はメアリに車を運転させた。）
　　　b.　Anger caused John to leave the room.
　　　　　（ジョンは怒って部屋を出て行った。）
　　　c.　I let Mary drive the car.
　　　　　（私はメアリに車を運転させた。）
　　　d.　I had my secretary type the letters.
　　　　　（私は秘書に手紙をタイプさせた。）

　2つ目の語彙的使役動詞は、原因出来事と結果出来事がその語彙中に含まれている単純形動詞である。このタイプの動詞には、次のようなものがある。

(2)　open（=cause to open）（開ける），stop（=cause to stop）（止める），kill（=cause to die）（殺す），break（=cause to break）（割る）

　3つ目の形態的使役動詞は、接辞の添加などの形態論的手段を用いて生産的に使役形を作ることができるものである。このタイプの動詞には、次のようなものがある。

(3)　bright-en（=make bright）（明るくする），actual-ize（=make actual）（実現する），humid-ify（=make humid）（湿気を加える）

多くの言語において、分析的使役から形態的使役を経て語彙的使役に至る形式上の連続体は、使役の直接性の度合いの低い方から高い方への連続体と相関している（Comrie1989；Whaley1997）。VR 構造が語彙的使役機能を担うことは、既述の通りである。本節では、類型論的視点から、中国語における分析的使役の種類とその文法特徴について詳しく見ていく。なお、形態的使役タイプは中国語には基本的に当てはまらないと考えられるので、考察の対象から除く。

4.2.1 指示使役

分析的使役に相当する中国語の文法形式として、次のような構造を持つ文を挙げることができる。

(4)　N1 ＋ V1 ＋ N2 ＋ V2（＋ N3）

この形式は、N1 が N2 に対して V1 という働きかけを行なった結果、N2 が V2 することを表す。このように、N2 に V1 の目的語と V2 の主語という 2 つの文法的役割を兼ねさせることから、伝統文法では、この分離型の形式を「兼語式[1)]」と呼んでいる。次の 2 つの先行研究の記述にもあるように、兼語式を使った使役構文の分析では、通例、V1 は使役の意味を表すと見なされている。

(5)　a. 第一个动词是表示使令意义的，"使"、"让"、"叫"、"请"、"派"、"强迫"等等，兼语后词语所表示的动作状态是由第一个动词所表示的动作引起的。
　　　（第一動詞は使役義を表すもので、"使"、"让"、"叫"、"请"、"派"、

---

1) 兼語式には使役を表すものの他に、感情・評価を表すもの、呼称を表すもの、"有" を含むものなどがある。刘月华等（2001）参照。

"強迫"等がある。兼語の後ろの語句が表す動作や状態は、第一動詞の表す動作によって引き起こされたものである。)

(刘月华等 2001：709)

b. 兼语式句型主要指某些由使令意义动词构成的句子，即"使、叫、让、请、命令"等动词构成的句子。
（兼語式は主に使役動詞によって構成される文、すなわち"使、叫、让、请、命令"等が構成する文を指す。）

(邢欣 2004：6)

(5a) は参照文法の代表的な文献から引用したものであり、(5b) は理論言語学の研究成果を援用した学術書から引用したものである。これらはいずれも V1 を"使令动词"（一般に「使役動詞」と訳される）と記述している。以下では説明の便宜上、中国語の分析的使役タイプを意味の違いから〈指示使役〉、〈許容使役〉、〈誘発使役〉の3つに分類し、それぞれの文法的特徴について確認していく。

〈指示使役〉は、V1 の行為が原因となって後続の V2 の表す行為を引き起こすことを述べるタイプである。典型的な用例は、"叫"と"让"を使った次のような文である。

(6) a. 妈妈　叫　孩子　去　买　东西。
　　　母親　～させる　子供　行く　買う　もの
　　　（母親は子供を買い物に行かせた。）
　　b. 老师　让　学生们　写　一　篇　文章。
　　　先生　～させる　学生たち　書く　1　CL　文章
　　　（先生は学生たちに文章を1つ書かせた。）

"叫"はやや命令口調であり、"让"の方は語気がやわらかいという若干のニュアンスの違いがある。こうした細かい違いはあるが、従来の研究、とりわけ伝統文法の枠組みに依拠した分析によれば、V1 に当たる

"叫"と"让"は使役動詞であり、他者に対してある行為を遂行させる使役マーカーとして文中に存在している（朱德熙 1982：163；Chao1968：125；Sun2006：205 他）。

中国語の「使役動詞」はこれだけではない。兼語式を用いた使役文は V1 の語義の違いによってさらに細かく分類することができる（朱德熙 1982）。指示使役の下位分類にはさまざまな提案があるが、ここでは范晓（1998）と宛新政（2005）が提示する 6 分類を取り上げてみたい。

(7) A："催逼"類（「催促・強要」義を持つ動詞類）
 a. 我们　催　她 尽快 来 北京。
  私たち 促す 彼女 早く 来る 北京
  （私たちは彼女に早く北京に来るよう促した。）
 b. 他　逼　我 打扫 房间。
  彼 強いる 私 掃除する 部屋
  （彼は私に無理やり部屋を掃除させた。）

 B："培养"類（「育成・教育」義を持つ動詞類）
 a. 我 很　看重　她，培养　她　入　了党。
  私 とても 重視する 彼女 育成する 彼女 入れる ASP 党
  （私は彼女に目をかけ、彼女を育てて入党させた。）
 b. 我们　教育　孩子 遵守 交通规则。
  私たち 教育する 子供 守る 交通ルール
  （私たちは子供を教育して交通ルールを守らせる。）

 C："派遣"類（「派遣・命令」義を持つ動詞類）
 a. 部长　派　田中 和 对方 进行 交涉。
  部長 派遣する 田中 〜と 先方 行う 交渉
  （部長は田中さんを派遣して先方と交渉させる。）

b. 上级 命令 他 执行 任务。
　　　上司 命令する 彼 実行する 任務
　　（上司は彼に任務を実行するよう命じた。）

D："嘱托"類（「言いつけ・委託」義を持つ動詞類）
a. 大夫 嘱咐 她 好好儿 休息。
　　　医者 言いつける 彼女 しっかり 休む
　　（医者は彼女によく休養するように言いつけた。）
b. 这事儿 托 他 办 吧。
　　　このこと 託す 彼 処理する PAR
　　（このことは彼に頼んでやってもらおう。）

E："带领"類（「帯同・引率」義を持つ動詞類）
a. 那个人 带 我们 游览 了 长城。
　　　その人 連れる 私たち 遊覧する ASP 長城
　　（その人は私たちを万里の長城に案内してくれた。）
b. 老师 引领 新同学 参观 了 图书馆。
　　　先生 引率する 新入生 参観する ASP 図書館
　　（先生は新入生たちを引率して図書館を見学させた。）

F："请求"類（「依頼・要求」義を持つ動詞類）
a. 我们 请 他们 演 节目。
　　　私たち 頼む 彼ら 演じる 演目
　　（私たちは彼らに出し物を演じてもらった。）
b. 老师 要求 大家 按时 交 作业。
　　　先生 要求する みんな 時間通り 提出する 宿題
　　（先生はみんなに宿題を期限どおりに提出するよう求めた。）

　上例におけるV1の表す動作・行為は、"叫"や"让"に比べるとずっ

と具象的である。この種の使役文も、V1に当たるのは使役動詞であり、これが他者の意志に訴えかけて、受け手である被使役者に後続するV2が表す動作・行為をするよう仕向ける、という場面状況を表している。中国語の世界では、「使役動詞」が実に豊富である。

4.2.2 許容使役

次に、〈許容使役〉である。これは主語が他者にある行為を容認することを表し、意味の上ではおおむね、英語動詞 let に対応する。このタイプは、上述の〈指示使役〉に比べると「使役らしさ」という点で劣る。だが、結果出来事の実現はやはり使役者（動作主）の制御力の範囲内にあると考えられるので、これも使役構文の一種と見なすことができる。中国語の〈許容使役〉には、次のようなものがある。

(8) a. 今天 有 个 约会， 让 我 早点儿 回 去 吧。
   今日 ある CL 約束 ～させる 私 早く 帰る 行く PAR
   （今日は約束があるので、早めに帰らせてください。）
 b. 母亲 允许 女儿 玩 得 很 晚。
   母親 許す 娘 遊ぶ PAR とても 遅い
   （母親は娘に遅くまで遊ばせておいた。）
 c. 他 不 准 人家 发表 相反 的 意见。（刘月华等 2001：709）
   彼 NEG 許す 他人 発表する 反対だ ～の 意見
   （彼は他人に反対意見を出させなかった。）

(8a)の文には"让"が、(8b)の文には"允许"が用いられている。いずれの文も、主語が他者に対してある動作・行為をすることを容認している。"让"は〈指示使役〉と〈許容使役〉のどちらにも使用されるが、"叫"は専ら前者に用いられ、後者の用法を持たない。したがって、"让"を用いた使役文では、言語外的な要因がその意味解釈に重要な役割を果

たすことになる。また、(8c) の文では、"不准"（許さない）という否定形式を用いて、他者に対してある動作・行為をすることを容認しないという意味内容を表している。

〈指示使役〉と〈許容使役〉の違いは意味だけでなく、文法的な振る舞い方にも現れている。Teng（1989：234-237）は両者の違いとして、次の2点を指摘している。

まず、許容を意味する動詞だけがその前に否定詞"不"を取り、次の(9a) の文のように「～させない」という意味を表すことができる。

(9)　a. 他 不　 让 他 的 儿子 看 电视。〈許容使役〉
　　　　彼 NEG ～させる 彼 ～の 息子 観る テレビ
　　　　（彼は自分の子供にテレビを観させない。）
　　　b.*他 不　 叫 他 的 儿子 看 电视。〈指示使役〉
　　　　彼 NEG ～させる 彼 ～の 息子 観る テレビ
　　　　（彼は自分の子供にテレビを観させない。）

許容を表す"让"には否定詞を用いることが可能だが、"叫"に否定詞の"不"がつくと非文となる。ただし、否定詞の"没（有）"はどちらのタイプにも使うことができるので、〈指示使役〉と〈許容使役〉の間で曖昧性が生じることになる。

次に、〈許容使役〉では、V2を否定形式に変えることができない。

(10)*把门的　 让 他 不 进 去。
　　　警備員 ～させる 彼 NEG 入る 行く
　　　（警備員は彼を入らないようにさせる。）

同様に、〈指示使役〉だけがV1の後ろに禁止を表す"別"（～するな）を使った動詞句を取ることができる。同じ記述はLi and Thompson（1981：610）にも見られる。これに対し、〈許容使役〉を構成するV1は、

否定表現が後続すると、非文法的な文になる。

(11) a. 他 让（＝叫）我 别 修 车 了。〈指示使役〉
　　　　彼 ～させる 私 ～するな 修理する 車 PAR
　　　（彼は私に車を修理させなかった。）
　　b. *他 让 我 别 修 车 了。〈許容使役〉
　　　　彼 ～させる 私 ～するな 修理する 車 PAR
　　　（彼は私に車を修理させなかった。）

以上のように、分離型の兼語式には、〈指示使役〉のほかに〈許容使役〉も存在する。この２つの使役タイプの関係について、Comrie（1989 [1992]）は「真の使役の場合は、先行の出来事／動作主が結果を生じさせる力を持っているのに対し、容認の場合は、先行の出来事／動作主が結果を生じるのを妨げる力を持っている。いずれのタイプでも、結果の実現は、少なくとも部分的には、使役者／容認者の制御力の範囲内にある」(p.184, 185) と説明している。Comrie によると、被使役者が有生名詞のとき、使役というマクロ的状況では、被使役者が自由意志を保持する程度、すなわち「制御の度合い」の問題が係わってくる。この連続体における違いは、日本語を含む多くの言語では、被使役者の格（Case）を変えることによって表すことができると言う。英語は、異なる使役動詞を用いることによって両タイプを区別する。この点で言えば、中国語も英語と同じ文法的手段を用いている。中国語の側における重要な問題は、兼語式の内部構造に納まる第一動詞を使役マーカーとして捉えていることである。従来の分析手法を用いる限り、中国語の「使役動詞」の数とその適用範囲は、おのずと不明瞭にならざるを得ない。

4.2.3 誘発使役

分析的使役の３つ目のタイプは、使役動詞"使"に代表される〈誘発

使役〉である。"使"は文言に由来する動詞であり、"令"が現れることもあるが、現代語では"叫"と"让"が用いられることもある (Li and Thompson1981：602)。

(12) a. 这 件事情 使（让／叫）我 很 难过。
　　　 この CL こと　～させる　　私 とても 悲しい
　　　（このことは私を大変悲しませました。）
　　b. 他 的 热心劲儿, 真　　令　人 佩服。
　　　 彼 ～の　熱心さ　本当に ～させる 人 敬服する
　　　（彼の熱心さは本当に人を敬服させる。）

(12a) 上の文は、"这件事情"（このこと）が原因で「私」が「悲しい」感情を抱くようになった出来事を表している。因果関係の結果部分、つまり「悲しい」という感情は、自分の意志の関与するものとしてではなく、何らかの誘引による自然な結果としてもたらされたものである。(12b) の文も同様に、"他的热心劲儿"（彼の熱心さ）が「人」に「敬服する」感情を抱かせる原因となっている。原因となる事柄を受けて結果的に状態や感情の変化を引き起こす場合に限って用いられるのであるから、この帰結に被動者の意志は介入していない。このように〈誘発使役〉タイプは、使役動詞に後続する動詞句に状態動詞または意志性の希薄な心理活動を表す動詞が用いられ、書面語的な色彩を帯びた表現となる。次の用例では、結果部分に意志性を有する一般動詞が用いられているため、非文法的な文となる。

(13) *他 使 我 喝 了 很多酒。　　(Teng1989：230)
　　 彼 ～させる 私 飲む ASP たくさん 酒
　　（彼は私にたくさん酒を飲ませた。）

中国語において純粋に「使役動詞」と呼ぶことができるのは、この〈誘

発使役〉を構成する第一動詞に限られる傾向にある。

4.3 中国語分析的使役文の特質

　先ほど見た中国語の分析的使役に関して特筆すべきなのは、3つ目の〈誘発使役〉を除くと、兼語式使役文は結果の実現を必ずしも意味しない、ということである。使役表現は、必然的に因果関係の成立を含意する。しかし、〈指示使役〉と〈許容使役〉はこの種の含意が成立しづらいのである。一般言語学的な使役の概念に照らすと、兼語式を用いた中国語の分析的使役を純然たる使役文と見なすことはできない。中国語使役文には、英語の使役文に用いられる have や make、日本語の助動詞「〜（さ）せる」のような使役義を担う特定の語や接辞が存在するわけではない。兼語式における使役の意味解釈も、VR 構文の場合と同じく語順に依存している。つまりは、ゼロ形式である。本節では、この点についてさらに詳しく見ていきたい。

　一般言語学的な見地からすれば、使役表現とは因果関係の成立を基本条件とする。英語と日本の使役文は、まさにそのような意味論的条件を満たしている。

(14) a. I told John to go but he actually didn't go.
　　 b.＊I caused John to go but he actually didn't go.
　　　　　　　　　　　　　　　　　　　　　　　　（Shibatani1976：2）
(15) a. 私は彼に行くように言ったが、彼は行かなかった。
　　 b.＊私は彼に行かせたが、彼は行かなかった。

　(14) と (15) において、a 文は文法的であるが、使役要素を含む b 文では「結果を打ち消す表現」が成立しない。英語の使役動詞 cause や日本語の使役助動詞「〜（さ）せる」を使った使役文は、結果の実現を含意するからである。他方、中国語の兼語式を用いた使役文では、この

ような因果関係が成立するという保証を得ることができない。

(16) a. 妈妈　叫　孩子　去　买　东西，可是　他　没有　去。
　　　　母親　〜させる　子供　行く　買う　もの　しかし　彼　NEG　行く
　　　　（母親は子供に買い物に行くように言ったが、子供は行かなかった。）
　　 b. 老师　让　学生们　写　一　篇　文章，可是　他们　没有　写。
　　　　先生　〜させる　学生たち　書く　1　CL　文章　しかし　彼ら　NEG　書く
　　　　（先生は学生たちに文章を1つ書くように言ったが、彼らは書かなかった。）

(16)の各文は、使役動詞とされる"叫"と"让"を含んでいても、結果出来事の実現を否定することができる。つまり、これらの文では、被使役者による行為の実現を含んでいない。日本語の使役助動詞「〜(さ)せる」と1対1の対応関係を示さないのである。これらの文を日本語に訳すときは「〜させる」ではなく、「〜するように言う」を使って訳す方が自然である。中国語の使役文は、実際のところ、日本語の間接話法に近いと言える（楊凱栄1989）。Teng(1989)も英語と比較しながら、このような中国語使役文の特質に言及している。

(17) a. 老师　让　他　回答　那　个　问题，可是　他　不　肯。
　　　　先生　〜させる　彼　答える　その　CL　問題　しかし　彼　NEG　進んで〜する
　　　　（先生は彼にその問題を答えさせたが、彼はそうしなかった。）
　　 a´. *The teacher had him answer that question, but he refused.
　　 b. 他　让　秘书　打　封　信，可是　她　不　肯。
　　　　彼　〜させる　秘書　打つ　CL　手紙　しかし　彼女　NEG　進んで〜する
　　　　（彼は秘書にタイプライターで手紙を打たせたが、彼女はやろうとしなかった。）
　　 b´. *He had his secretary type a letter, but she refused.

(Teng1989：237-239)

各用例の適格性の判断が示すように、"叫"や"让"は、厳密な意味において、意図した結果が実現することを表すわけではない。聞き手に対して使役状況の成立を正確に伝えるためには、第二動詞の後か文末に完了を表すアスペクト助詞"了"を加えて、結果出来事が生起したことを示す必要がある。

(18) a. *老师让(＝叫)他回答了那个问题，可是他不肯。
　　　　（先生は彼にその問題を答えさせたが、彼はそうしなかった。）
　　 b. *他让(＝叫)秘书打了封信，可是她不肯。
　　　　（彼は秘書に手紙を打たせたが、彼女はやろうとしなかった。）

　上例では、第二動詞の"回答"と"打"の後ろにアスペクト助詞"了"が置かれて動作・行為が完了したことを表しており、結果の実現をはっきりと伝えている。このような文では、結果を打ち消す表現が成立しない。"叫"や"让"に限らず、中国語の使役文に用いられる動詞は、おしなべて結果出来事の成立には無関心である。事実、先ほど例示した〈指示使役〉の用例（7）も、結果を打ち消す表現が成立する。

(19) A："催逼"類（「催促・強要」義を持つ動詞類）
　　 a. 我们　催　她　尽快　来　北京，可是　她　没有　来。
　　　　私たち　促す　彼女　早く　来る　北京　しかし　彼女　NEG　来る
　　　　（私たちは彼女に早く北京に来るよう促したが、彼女は来なかった。）
　　 b. 他　逼　我　打扫　房间，可是　我　就是　不　打扫。
　　　　彼　強いる　私　掃除する　部屋　しかし　私　ただ　NEG　掃除する
　　　　（彼は私に無理やり部屋を掃除させようとしたが、私は掃除しなかった。）

B："培养"類（「育成」義を持つ動詞類）
a. 我 培养 她 入 党,可是 她 不 肯。
   私 育成する 彼女 入れる 党 しかし 彼女 NEG 進んで〜する
   （私は彼女を育てて党に入れようとしたが、彼女は入ろうとしなかった。）
b. 我们 教育 孩子 遵守 交通规则,可是 他们 总是 不 遵守。
   私たち 教育する 子供 守る 交通規則 しかし 彼ら いつも NEG 守る
   （私たちは子供に交通規則を守るよう教えたが、彼らはいつも守ろうとしない。）

C："派遣"類（「派遣」義を持つ動詞類）
a. 部长 派 田中 和 对方 进行 交涉,可是 他没有 办。
   部長 派遣する 田中 〜と 先方 行う 交渉 しかし 彼 NEG する
   （部長は田中さんを派遣して先方と交渉させようとしたが、彼はそうしなかった。）
b. 上级 命令 他 执行 任务,可是 他 没有 执行。
   上司 命令する 彼 実行する 任務 しかし 彼 NEG 実行する
   （上司は彼に任務を実行するよう命じたが、彼は実行しなかった。）

D："嘱托"類（「言いつけ・委託」義を持つ動詞類）
a. 大夫 嘱咐 她 好好儿 休息,可是 她 没 休息。
   医者 言いつける 彼女 しっかり 休む しかし 彼女 NEG 休む
   （医者は彼女にしっかり休むように言ったが、彼女は休まなかった。）
b. 我 托 他 办 事,可是 他 没有 办。
   私 託す 彼 処理する 事 しかし 彼 NEG 処理する
   （私は彼に頼んでやってもらおうとしたが、彼はやらなかった。）

E:"帯領"類(「引率」義を持つ動詞類)
a. 那 个人 带 我们 游览 长城,可是 我们 没 游览。
   その CL 人 連れる 私たち 遊覧する 長城 しかし 私たち NEG 遊覧する
   (その人は私たちを連れて長城を遊覧しようとしたが、私たちは遊覧しなかった。)
b. 老师 引领 新同学 参观 图书馆,可是 他们 没 参观。
   先生 引率する 新入生 参観する 図書館 しかし 彼ら NEG 参観する
   (先生は新入生たちに図書館を見学さようとしたが、彼らは参観しなかった。)

F:"请求"類(「依頼・要求」義を持つ動詞類)
a. 我们 请 他们 演 节目,可是 他们 没 演出。
   私たち 頼む 彼ら 演じる 演目 しかし 彼ら NEG 演じる
   (わたしたちは彼らに出し物を演じてもらおうとしたが、彼らは演じなかった。)
b. 老师 要求 大家 按时 交 作业,可是 他们 都 没有 按时 交。
   先生 求める みんな 時間通り 渡す 宿題 しかし 彼ら みんな NEG 時間通り 渡す
   (先生はみんなに宿題を時間通りに出すよう求めたが、彼らは時間通りに出さなかった。)

下は〈許容使役〉の用例であるが、文法論的に見ると、やはり結果を取り消す表現が成立する。

(20) 母亲 允许 女儿 玩 得 很 晚,可是 她 玩 得 不 晚。
    母親 許す 娘 遊ぶ PAR とても 遅い しかし 彼女 遊ぶ PAR NEG 遅い
    (母親は娘に遅くまで遊ぶことを許したが、彼女は遅くまで遊ばなかった。)

(18)の場合と同様に、結果の実現を明確に示すためには、第二動詞に完了のアスペクト助詞"了"を置く方法が採られる。このような文では、結果出来事の実現を否定しようとすると非文法的な文になる。たとえば、次のようである。

(21) a. *我　培养　她　入　了党,可是　她　没有　入　党。
　　　　私　育成する　彼女　入れる　ASP　党　しかし　彼女　NEG　入る　党
　　　（私は彼女を育てて入党させたが、彼女は入党しなかった。）

b. *那　个　人　带领　我们　游览　了长城,可是　我们　没有
　　　その　CL　人　連れる　私たち　遊覧する　ASP　長城　しかし　私たち　NEG
　　　游览。
　　　遊覧する
　　　（その人は私たちを万里の長城に案内してくれたが、私たちは遊覧しなかった。）

c. *老师　引领　新同学　参观　了图书馆,可是　他们　没有　参观。
　　　先生　引率する　新入生　参観する　ASP　図書館　しかし　彼ら　NEG　参観する
　　　（先生は新入生を引率して図書館を見学させたが、彼らは見学しなかった。）

さらに、使役動詞であれば義務的な項の1つとして、命題を取るはずである。しかし、兼語式使役文に用いられる第一動詞は、単独でも独立して節（clause）を形成することができるものばかりである（Sun2006：205）。実質的には一般動詞と見なし得るのである。

(22) a. 你　催　了谁？　　——我　催　了　她。
　　　あなた　催促する　ASP　誰　　　　私　催促する　ASP　彼女
　　　（あなたは誰に催促したのか？——私は彼女に催促した。）

b. 他　派　了谁？　　——他　派　了田中。
　　　彼　派遣する　ASP　誰　　　　　彼　派遣する　ASP　田中

(彼は誰を派遣したのか？──彼は田中さんを派遣した。)

(23) a. 我们　教育　孩子。
 私たち　教育する　子供

 (私たちは子供を教育する。)

 b. 大夫　再三　嘱咐　她。
 医者　何度も　言い聞かせる　彼女

 (医者は彼女に何度も言い聞かせる。)

 c. 上级　命令　他。
 上司　命令する　彼

 (上司は彼に命令する。)

　結果を打ち消す表現だけでなく、(22) や (23) のような表現も、中国語使役構文の成立を議論する上で考慮する必要がある。なお、本研究が行ったインフォーマント調査では、"允许"（容認する）、"要求"（要求する）、"请"（お願いする）といったいくつかの動詞は単体で文を作ると不自然であり、兼語式の中で用いた方がよいとの回答を得た。これはおそらく統語論的な制約ではなく、語義による影響であろう。こうした動詞は単独で用いると表現内容が不明確で、言い切りの形にならないと感じられるのである。

　兼語式の第一動詞は、従来考えられてきたような使役の標識（causative marker）ではない。中国語において純粋に使役動詞と呼ぶことができるのは、〈誘発使役〉を構成する文語的な"使"類である。このタイプでは、結果を打ち消す表現が一切容認されない。

(24) *这　部　电影　使　我　很　感动，可是　我　不　感动。
 この　CL　映画　～させる　私　とても　感動する　しかし　私　NEG　感動する

 (この映画は私をとても感動させたが、私は感動しなかった。)

　上の文が不適格となる理由は、次のように説明される。〈指示使役〉

と〈許容使役〉では、動作主がその動作の受け手に対して意図的に働きかける過程と、その働きによって受け手が何らかの行為を行う過程が概念的には区別される。しかし、原因的使役者を主語にとる〈誘発使役〉は、こうした通常の使役表現とは異なる。〈誘発使役〉の主語名詞句は意志を持たないモノや出来事であり、その意味役割は原因（Cause）であるから、この使役文には意図的に働きかける過程が決定的に欠けている。そのため、上に例示した"这部电影使我很感动"（この映画が私をとても感動させた）のような文では、"我很感动"（私はとても感動した）という結果出来事の実現が必ず含意されることになる（大河内1991；三原・平岩2006：17参照）。したがって、〈誘発使役〉に用いられる"使"類は、紛れもない使役動詞である。

　〈指示使役〉と〈許容使役〉が一般言語学的な使役の概念によって捉えることができないとすれば、これらの文における使役の読みは、一体どこから生じるのであろうか。その解釈の出どころは、やはり語順にある。"警察强迫他写了检讨"（警察は彼に強要して始末書を書かせた）という文を例にとると、これは「警察は彼に強要して、彼は始末書を書いた」のように、出来事が生起する順番に従って語を線条的に並べて出来ている。ここでは、警察の「強要する」という働きかけ（発話行為）が原因となって、その受け手に「始末書を書く」という行為を遂行させたと自然に理解することができる。つまり、「書かせる」という使役の読みは、語順に基づく因果性の解釈から生じている（Li and Thompson 1981：607-610；楊凱栄1989；佐々木1997）。

　以上の検討からも明らかなように、兼語式を用いた使役文も動詞連続構造の一種であり、VR構文と同様に使役の意味解釈は語順に依存している。第一動詞は使役マーカーとして文中に存在しているわけではない。中国語のような使役構文のタイプは、Comrie（1989）の分類では扱われていない。この分類法は十全とは言えないのである。

4.4 分析的使役文と結果構文の関係

　前節では、中国語の分析的使役文の意味解釈は、因果関係を表す語順によって生じることを見た。この見解は、中国語の構文体系から見ても妥当である。中国語の分析的使役（指示使役と許容使役）は被使役者（被動者）の意志が介在するので、VR 構造が表す状態変化使役に比べると、使役性という点で劣る。このような場合、結果出来事を表す部分は N2 + V2 のような主述構造の形をとり、分離型の統語形式となる。裏返して言えば、他者に対してある行為を誘発することを示す分析的使役は、複合述語を形成することができない。

　(25) *叫写(書かせる)，*让去（行かせる），*催唱（歌うよう催促する）

　中国語に限らず、日本語においても「*頼み殺す」、「*願い破る」、「*励まし砕く」のような複合動詞の形成は容認されない。他方、第 2 章で述べたように、語彙的使役を表す VR 構文の述語部分は、常に複合構造の形をとらなければならない。この文法形式は、原因出来事と結果出来事の緊密度の高さを示している。2 つの出来事がひとまとまりの出来事として捉えられているのである。語彙的使役は、物理的接触を媒介とした状態変化を表す直接的な使役表現である。他動性の優れて高いこうした結果構文では、たとえ目的語が行為能力を具えたヒトを表す有生名詞であっても、その意志性は無視され、言語的にはモノとして扱われる。

　(26) a. 哥哥 推　　倒　了 弟弟。
　　　　　兄　押す－倒れる ASP 弟
　　　　（兄が弟を押し倒した。）
　　　b. *哥哥 推 弟弟　倒　了。
　　　　　兄　押す 弟　倒れる ASP

（兄が弟を押し倒した。）

(26a)の文における目的語"弟弟"には、行為者としての主体性や意志性は認められない。したがって、(26b)のような分離型の語順は、非文法的となる。これまで述べてきた内容を整理すると、次のようになる。

(27) ┌ 分析的使役：N1 ＋ <u>V1</u> ＋ N2 ＋ <u>V2</u>
    │   ※ V2 は意志動詞（ただし、〈誘発使役〉を除く）
    └ 語彙的使役：N1 ＋ <u>V1</u> ＋ <u>V2</u> ＋ N2
             ※ V2 は非意志動詞または形容詞

　書面語的な〈誘発使役〉を除くと、中国語における〈分析的使役〉と〈語彙的使役〉の語順は、使役性ないし他動性の高低を反映している。結果部分に意図的述語を取る〈分析的使役〉は、必ずしも結果出来事の実現を意味しない。使役の意味を明確にするためには、結果を表す第二動詞にアスペクト助詞"了"を付加する必要がある。これに対し、〈語彙的使役〉を表す VR 構文は、状態変化使役という優れて高い使役性を表す。この場合、結果述語は非意図的な述語類であり、変化対象となる名詞句は直接目的語として複合述語の完全な支配下に置かれる。さらに平叙文では、完了を表すアスペクト助詞"了"が義務的に要求される（第3章4節参照）。両者の統語形式の違いは、使役性の違いと同時に、アスペクトの違い（完了／未完了）も反映していることになる。孤立語たる所以である。

　参考までに触れておくと、語順によってアスペクトの違いを示す方略は、なにも中国語の専売特許ではない。亀井孝・河野六郎・千野栄一（編著）『言語学大辞典　第6巻　術語編』（三省堂，1996年）の記述によると，アフリカの中央スーダン言語群に属するマディ語（Madi）は、声調の違いで人称の違いを区別したり、語順の違いで完了／未完了のアスペクトの違いを表したりする。この言語では、完了に SVO、未完了に

SOVの語順を用いると言う（p.568）。

なお、形式と意味の相関性を示す(27)の分析モデルは、使役移動を表す中国語の「動詞＋複合方向補語」構造文にも適用することができるものと推測する。この構文には、使役性の高低に応じて複合型になったり分離型になったりするものがある。この形式の違いは、アスペクトの違いとも関係が深い（石村2003）。

(28) a. 哥哥　把　　小车　拉　　进　　院子里　去。
　　　　　兄　PRE　荷車　引く‐入る　中庭　　行く
　　　　（兄は荷車を引いて庭に入っていった。）
　　b. 哥哥　拉　小车　进　院子里　去。
　　　　（兄は荷車を引いて庭に入っていった。）

(28a)の文は複合型"拉进"であり、(28b)の文は移動対象を表す名詞句が間に割り込む分離型"拉～进"である。a文では、表現の重点が対象目的語"小车"（荷車）の中庭への移動に置かれているのに対して、b文では、「荷車」の移動だけでなく、"拉"（引く）という動作・行為を行う主語"哥哥"（兄）の移動にも注目した言い方になっている。中国語の使役移動構文に見られるこの分離現象は、一定の移動時間を要する随伴使役（人に付き添っての移動）や付帯的な移動（物を伴っての移動）を表現する場合に多く認められる。その証拠に、対象物の移動状況しか表現できない複合型の述語形式は、分離型の語順を形成することができない。次の2つの文を比べられたい。

(29) a. 他　把　　箭　　射　到　了　　靶子上。
　　　　彼　PRE　弓矢　射る‐着くASP　的の上
　　　（彼は弓矢を射って的に当てた。）
　　b.*他　射　箭　到　了　靶子上。
　　　（彼は弓矢を射って的に当てた。）

上例において複合型の (29a) の文しか成立しないのは、表現の重点が対象目的語"箭"(弓矢)の瞬間的な移動に置かれているからである。この文における第二動詞は、文頭の主語位置にある動作主"他"(彼)の移動を表してはいない。つまり、主語の付帯的な移動状況を叙述しないので、分離型の語順 (29b) を形成することができなくなる。石村 (2003) では、VR構文との機能的な共通性に着目して、使役移動を表す「動詞＋複合方向補語」構造文は場所目的語を取る「方向動詞」を基点にして形成されること、その内部構造は「動詞＋方向動詞」フレーズに"来／去"を加える形で分析できることなどを主張し、伝統文法の記述に対して新たな体系的枠組みを提案している。

VR構造は動詞連続形式であり、目的語に対する使役力を強化した文法形式である。この考えは、中国語の構文体系にも整合する。使役性の高低やアスペクトの違いといった意味論的要因が、統語形式を決定している。中国語構文の分析は、他言語の文法以上に配列の法則を追究しなくてはならない。

4.5 本章のまとめ

本章では、先行研究の内容を踏まえながら、Comrie (1989) の提示する使役構文の分類を中国語に当てはめて検討し、次の内容を主張した。

"叫"と"让"に限らず、兼語式を用いた使役文の第一動詞に用いられる動詞は、純然たる使役動詞 (causative verb) ではない。使役表現は必然的に因果関係の成立を含意するが、中国語の使役文はこの種の含意が極めて成立しづらい。兼語式の場合も、書面語的な"使"類を除くと、"他让秘书打封信，可是她不肯"(彼は秘書にタイプライターで手紙を打たせようとしたが、彼女はそうしようとしなかった)のような「結果を打ち消す表現」が成立する。一般にこれを使役文と解することができるのは、語彙配列がもたらす因果性の解釈による。第一動詞は使役動詞ではな

く、一般動詞または副動詞である。

　兼語式とVR構文はいずれも動詞連続形式だが、両者の統語法の違いは原因と結果の関係の介在度、すなわち使役性の高低の違いを反映している。動作対象を複合述語の目的語位置に据えるVR構文は、使役力を強化した統語形式と見なすことができる。第2章に提示した中国語結果構文の形成に関する本研究の主張は、現代語の構文体系から見ても妥当である。中国語の使役表現は、一般言語学的な使役の概念に照らすと逸脱している。使役構文の通言語的な分析には、異質な言語タイプを交えた慎重な考察と検証を重ねる必要がある。

第5章　2種類の自動的結果構文

5.1 はじめに

　これまでは主として、他動的変化を表す結果構文、すなわち〈他動型〉の問題を中心に論述してきた。本章では、視点を変えて、自動的な結果構文の文法構造について検討してみたい。これには2つのタイプが認められる。

　1つは、〈他動型〉の動作主が背景に退く「脱使役化」によって派生するタイプ、すなわち〈受動型〉である。状態変化を表す原型的他動詞が、一番ヴォイス現象に係わりやすい（角田2009参照）。〈他動型／受動型〉の自他交替現象は、統語レベルで見ると受動文への転換と重なる。中国語では、受動の意味も語順が担っているのである。〈受動型〉は「自然被動文」などと呼ばれ、従来の研究では周辺的な扱いを受けてきた。本章では、このタイプこそ中国語受動文の典型的な文法形式であると主張する。本研究の角度から見ると、"被"に代表される有標識の受動文は、「述語の複雑化」と「機能語の発達」という2つの膠着語的性格によって捉えることができる。

　もう1つは、「1項述語＋1項述語」の組み合わせからなる〈自動型〉である。これは、「自分で自分をある結果状態にする」という再帰的意味構造によって捉えることができる。このタイプには他にも、見かけは〈他動型〉と同じだが、目的語が変化対象とはならない特殊な結果構文が含まれる。これには、〈他動型〉とは異なる文法的制約が課せられている。

　最後に結論として、内部の意味構造は違っていても、〈受動型〉と〈自

動型〉における主語名詞句の意味役割は、ともに対象（Theme）または経験者（Experiencer）となることを述べる。

5.2 自然被動文：〈受動型〉

5.2.1 「脱使役化」と中国語の受動化

　動作主（Agent）と対象（Theme）の2つの名詞句を取る〈他動型〉は、変化の主体、つまり対象の方に焦点を当て、それを主語に据えることで他動から自動に転換することができる。このようにして生じた自動的結果構文では、動作主（マクロ的な意味役割で言えば、使役者）は統語上には現れないが、両者の伝える事柄は客観的事実において等価的である。

(1)　他　打　破　了　玻璃杯。　⇒　玻璃杯　打　破　了。
　　　彼　叩く-割れる ASP　グラス　　　　グラス　叩く-割れる ASP
　　（彼はグラスを叩き割った。）　　　　（グラスが叩いて割れた。）

　右側の自動的用法は、話者が変化対象に焦点を当て、それを主語に据えることで、〈他動型〉と同一の事態を叙述している。第一動詞と接合している第二動詞は目的語の変化結果を叙述しているので、VR構造は容易に動作対象の側の叙述に転換することができるのである（木村1981；大河内1982）。
　既に第2章において、VR構造は統語的に形成されるが、その文法機能は語彙的な性格が濃厚であることを指摘した。このことは、中国語ヴォイス（態）研究において重要な意味を持つものと考える[1]。

---

[1]「ヴォイス（態）」という用語については、序章註4)を参照。鷲尾（1997）によれば、そもそもヴォイスとは、「厳密な意味で文法理論に属するものであるかどうかさえ明らかでなく、厳しい概念規定によって考察対象をわざわざ狭める必要もない」（p.5）といった性格のものである。

語彙的な側面から見ると、(1) に示した自他交替は、「脱使役化（decausativization）」と呼ばれる文法操作に等しい（影山1996参照）。VR構造の「脱使役化」がもっと注目されてよいと思えるのは、この語彙的ヴォイス転換が「受動化（passivization）」という文法的ヴォイス現象と一致すると考えられるからである。本研究では、〈他動型〉の「脱使役化」によって生じる自動的結果構文を〈受動型〉と呼ぶことにする。

対格言語（accusative language）の受動化について、Shibatani (1985) は、日本語の自発・可能・尊敬などの現れ方と関連づけながら、受動文の主語が動作の受け手とは限らないことを詳細に説明し、これを「動作主の脱焦点化（agent defocusing）」と認定すべきであると主張している。そして、英語以外の多様な言語を引用しながら、この考え方が印欧語の伝統的な能動・受動の捉え方よりも一般性が高いことを論述している。この通言語学的な見方に従うと、動作主（厳密に言えば、使役者）の働きかけが動作対象に状態変化を引き起こすことを伝える中国語の自動的結果構文には、受身文としての性格が十分に具わっている。

既に第1章に記した通り、統語的アプローチが主張してきた「項の抑制（argument-suppression）」はV1の動作主について述べたものなので、本研究の考え方とは異なる。また、形態論の分野でいう「脱使役化」は、動詞語彙の自他の関係について述べたものであるから、文法的ヴォイスとの関係を捉えにくいという憾みがある。これに対し、本研究では、〈他動型／受動型〉に見られる語彙的な自他交替現象が受動態の成立と一致するとの見方をとっている。これは、従来の2つの分析を折衷した立場であると言えよう。〈受動型〉の用例を下に補っておく。

(2) a. 书皮儿　撕　　破　了。　　　cf. 孩子撕破了书皮儿。
　　　　本の表紙　引き裂く−破れる　ASP
　　　（本の表紙が引き裂いて破れた。）
　　b. 椅子　踢　倒　了。　　　　　cf. 弟弟踢倒了椅子。
　　　　椅子　蹴る−倒れる　ASP

(椅子が蹴って倒れた。)
(3) a. 手帕　哭　湿　了。　　　cf. 她哭湿了手帕。
　　　　ハンカチ 泣く−ぬれている ASP
　　　（ハンカチが泣いてぬれた。）
　　b. 他　被　吵　醒　了。　　cf. 邻居吵醒了他。
　　　　彼 PAS 騒ぐ−目覚める ASP
　　　（彼は騒がれて目を覚ました。）

　これらの文も、動作主（使役者）は背景に退いて統語構造に具現していないが、第一動詞の表す動作・行為によって対象物に変化が生じたことを叙述している。ただ、(2) の用例と違い (3) の用例では、第一動詞の位置に自動詞が用いられている。第2章でも述べたように、〈他動型〉は一語の使役他動詞と同等の文法機能を有するから、第一動詞が自動詞であっても、先の (1) に示した派生パタンと同様に捉えることができる。なお、(3b) の文のように主語が有生名詞の場合、文意の曖昧性を避けるために受動標識"被"を用いて主語名詞句の意味役割が対象 (Theme) であることを明示する手段が採られる（刘月华等2001：754）。
　〈受動型〉のような無標識の受身文（无标记被动句）は「意味上の受身文（意义上的被动句，意念被动句）」や「自然被動文」と呼ばれ、受動 (passive) をテーマに掲げた先行研究の中では、これまで周辺的な扱いを受けてきた。それどころか、文の意味に曖昧性が認められることなどから有標構文のみを扱い、これを考察の対象外とする論考さえ数多く見受けられた。こうした先行研究を見ると、「中国語において『受動』を成立させる要因はなにか」という本質的な問題を棚上げしたまま議論を行っているものばかりである。この問題について、本研究は次のように考える──〈他動型〉から派生する〈受動型〉こそ、中国語受動文の典型である。その文法的意味は、使役と同様に「語順」が担っている。中国語の世界では受動態も、第一義的には、ゼロ形式で実現する。
　ここで改めて注意を喚起しておきたいのは、"被"に代表される受動

標識の使用が直ちに受動文の成立を合図するものではない、ということである。王力（1944）や桥本（1987）が夙に指摘するように、"被"構文と対立関係にある能動文は想定しにくい。"小王拽老李"（王君が李さんを引っ張る）という文に"被"を導入しても、そこから得られる"*老李被小王拽"（李さんは王君に引っ張られる）は不適格な文である。この事実は、中国語受動文の成立問題を議論する際は、受動標識を一旦脇へ置く必要があることを強く示唆している。私たちは、中国語の事情をしっかり考慮しなければならない。

　もっとも、自然被動文を受動態表現の中心に位置づけようとすると、大きな不都合が生じるのも確かである。以前からたびたび指摘されてきたように、動詞が状語、補語、アスペクト助詞"了"などを伴って複雑な形になると、「定 (definite)」のときは、ほとんどの被動者が主語の位置に立つことが可能となる。現実に見る動詞述語句のほとんど全ては、対格主語が成立する要件を具えているのである（大河内 1974, 1982）。次の用例もそうである。

(4)　a.　那　苹果　吃　了。
　　　　　その　リンゴ　食べる　ASP
　　　　　（そのリンゴは食べてしまった。）

　　　b.　飞机　看　不　见　了。
　　　　　飛行機　見る　NEG　〈結果〉ASP
　　　　　（飛行機が見えなくなった。）

　　　c.　手术　进行　了　六　个　小时。
　　　　　手術　行う　ASP　6　CL　時間
　　　　　（手術は6時間行なわれた。）

　　　d.　那　件　衣服　洗　得　干干净净。
　　　　　その　CL　服　洗う　PAR　清潔だ
　　　　　（その服はきれいに洗ってある。）

このように形式だけを拠り所にすると、主題化の問題も関わってきて自然被動の成立を文法論の中に位置づけることは困難となる。陆俭明 (2006) は、次のように述べている。

> 总之，由于汉语缺乏形式标志，所以在现代汉语里该用什么样的可操作的形式标准来确定现代汉语里的被动句，这还是一个有待进一步深究的问题。
> (要するに、中国語は形態標示が欠けているために、どのような操作可能な形式的基準をもって受動文を確定すべきかが、なお一層探究すべき問題である。) (p.220)

全ての受事主語文を受動文と見なす立場がある一方で[2]、上の記述にもあるように、認定基準の問題が未解決であることから、多くの研究者が自然被動文をヴォイス（態）表現として扱うのは適切ではないと考えている。実際に、2001年に刊行された《实用现代汉语语法》(北京：商务印书馆) の増訂版では、1983年の旧版にあった「意味上の受身文（意义上的被动句)」の項目が削除されているし、これまで多くの論考が中国語受動文の考察対象を"被"構文に限定してきたという経緯がある。しかし、文の意味に曖昧性が存在することが、自然被動文を「受動」から排除する理由にはならないはずである。宋文辉等 (2007) は、次のように指摘している。

> 很多学者 (刘叔新，1987：陆俭明，2006 等) 指出，意念被动句表达被动意义很不稳定，在一定情境下也可表达主动意义 (刘叔新，1987)。因此他们主张将意念被动句排除在被动范畴之外。我们认为，表义不稳定和能否表被动义是两个问题，此结构既然能够表被

---

[2] 北京大学中文系（编）《现代汉语》は、「漢語において、主語が受事である文（「受事主語文」と略称する）は、「受動文」である（在汉语中，主语是受事的句子（简称"受事主语句"）就是被动句)」(p.310) と記述している。

动义，也就有可能被看作被动式，其不稳定性可以通过附加限定加以排除。
(多くの学者（劉叔新 1987；陸倹明 2006 等）は、自然被動文の受動の意味は不安定で、ある一定の場面状況においては能動の意味も表すことができると指摘する（刘叔新 1987）。それゆえ、彼らは自然被動文を受動の範疇から取り除くことができると主張する。しかし、意味が不安定であることと受動義を表すことができるかどうかということは別の問題である。当該構造が受動義を表すことができる以上は受動態と見なしうる可能性があるわけで、意味の不安定さという問題は制限を設ければ排除することができる。）(p.113)

このように述べた上で、「意味上の受身文（"意念被動句"）」が成立する条件を次のように規定している。

动词或动词性结构二价或三价，受事做主语，施事被抑制，一般不出现，整个句子从语境推断含有被动意义。
(動詞あるいは動詞構造が二価あるいは三価で、受事が主語となり、施事は抑制されていて一般に現れず、文全体が受動の意味を含んでいると文脈から推断される。）(p.115)

彼らも、受動文の特性は動作主が統語上に具現しないことにあると考えている。そして、文法形式的にはゼロであっても、そこに受動の意味が生じ得ることを積極的に認めている。当該論文は、自然被動文の種類として、次の4つを挙げている。用例も全て原文からの引用である。

(5) a. 述語が単一動詞のタイプ[3]
　　　错字　全　删除　了。
　　　誤字　全て　削除する　ASP
　　（誤字が全て削除された。）

b. 述語が「動詞＋結果補語」構造のタイプ
　　　　仗　打　完　了。
　　　　戦い　する　終わる　ASP
　　　（戦争が終結した。）
　　c. 述語が「動詞＋状態補語」構造のタイプ
　　　　那　张　画撕　得　　粉碎。
　　　　その　CL　絵　破る　PAR　こなごなだ
　　　（その絵はびりびりに破られた。）
　　d. 述語が「動詞＋方向補語」構造のタイプ
　　　　这　些　词　　必须　　　收入　词库。
　　　　この　CL　語　〜しなければならない　収める　単語リスト
　　　（これらの語は必ず単語リストに入れなければならない。）

（宋文輝等 2007：115, 116）

　前章で見た使役構文の場合もそうであるが、中国語のヴォイスについて議論するときは、このような体系的枠組みの提案が重要な意味を持つことになる。
　再度述べると、「受動」の適用範囲の問題は残るが、受動標識がヴォイス転換に直接関与していないと認められる以上、"被"構文と受動文の成立問題とは切り離して考えなければならない。有標構文をいくら注意深く観察しても、受動態の本質は見えてこない。従来の中国語受動文研究の盲点はそこにある。中国語は、形態論と統語論の境界が不分明なのをむしろ常態としていると言ってよい。VR構造の自他交替は、文法的ヴォイスと重なる。〈他動型〉から派生する〈受動型〉こそ、中国語

---

3) 王灿龙（1998）は、自然被動文を形成する単一動詞の意味特徴として、[＋可控, ＋強性動作, ＋可致果]の3点を挙げている。すなわち、動詞の表す動作が動作者の意志によって制御可能であり、動作性が高く、動作対象の変化結果を含意する動詞類である。これには、"提高"（向上させる）、"削弱"（弱める）、"扩大"（拡大する）などのように「動補フレーズ」が一定の凝固を果たしたことによって生じた結果性の強い動詞が含まれる。王はこれを"封闭类（閉じたクラス）"と見なしている。

の典型的な受動文である。

5.2.2 中国語とタイ語の受動化の違い

　中国語は、受動態もゼロ形式で実現する。この文法的方略は、同じ孤立語タイプに属する東南アジアのタイ語[4]と比べても著しく異なる。ここでは、タイ語の受動化パタンとの比較を通じて、中国語受動文の特質を浮き彫りにしていきたい（語用論的な機能を持つ受動文は、ここでの考察の対象に含めない）。下のタイ語の用例（6a）は、受動化を施すと（6b）のようになる。

(6)　a. tamrùat　　càp　　phûuráay.
　　　　警察　　捕まえる　　犯人
　　　（警察が犯人を捕まえた。）
　　b. phûuráay　thùuk　tamrùat　　càp.
　　　　犯人　　PAS　　警察　　捕まえる
　　　（犯人が警察に捕まえられた。）

　タイ語は、動詞にはまったく手を加えず、受動標識 thùuk を用いて受動文を形成する。この受動標識はもともと「当たる」という意味を持ち、本動詞としての性格が強いようである（口語体では doon（当たる、ぶつかる）が使われることもあるが、thùuk ほど一般的ではない）。つまり、タイ語の受動文は、thùuk の持つ本来的な意味が不慮の事態との遭遇といった意味に拡張して生じたものであり、深層的には「[警察が捕まえ

---

[4] タイ系の言語は、中国南部の漢語方言（広東語など）と語彙の一部や音韻体系が似ていることから、かつてはシナ・チベット語族に属するとされていたが、現在では、タイ・カダイ語族（Tai-Kadai）に属すると見る説が有力である。なお、本研究におけるタイ語文の適格性の判断は、タイ人留学生のアッカラチャイ・モンコンチャイさん（東京外国語大学大学院博士後期課程）に協力していただいた。ここに記して感謝申し上げる。

ること〕に遭遇した」のように、後続の動詞句が連続する構造をなすものである（田中2004：209）。なお、(6b) の受動文に出てくる動作主tamrùat（警察）は省略可能である。タイ語受動文の基本構造は、次のように示すことができる。

(7) ［X］thùuk ［Y］Vp（目的語）：［X］は［Y］に［Vp］サレル
(田中2004：207)

上の基本構造が示すように、タイ語の受動化は純動詞的な thùuk が担っている。タイ語では、能動と受動は印欧語のように対立関係として意識されると言うよりも、受動文が能動文と平行して存在すると認識されているようである。一例を挙げると、タイ語にも直接受身と間接受身があるが、間接受身文では、主語が示す持ち主の所有物を他動詞の後ろに置くことが可能である。

(8) caarúnii   thùuk phûuráay lúaŋ krapăw thîi talàat.
　　チャルニー　PAS　　犯人　　　する　財布　　〜で　市場
（チャルニーは市場で犯人に財布をすられた。）

この受動文では、主語 caarúnii が間接的な被害を受けたことを伝えており、他動詞 lúaŋ（する）が取る2つの項は満たされている。無生物の krapăw（財布）を主語の位置に据える直接受身よりも、こちらの方が自然な表現であるらしい。なお、「子供に泣かれた」のような日本語の所謂「迷惑受身」をタイ語に直訳すると不自然な表現になる。また、「先生に褒められた」のような望ましい事柄の受動文形式もタイ語にはあまり馴染まない。タイ語の受動文は、述語は他動詞だけであり、それも被害や損害の意味を持つ場合に限られる傾向が強い。

タイ語も動詞連続構文が発達している言語だが、その受動文への転換はどのようになされるのであろうか。次の2つの結果構文を使って見て

みたい。

(9) a. dèk khon nán chìik náŋsɯ̌ɯ khàat.
     子供　CL　その　ちぎる　本　破れる
　　（その子供は本をちぎって破った。）
　　b. kháw thúp kracòk tɛ̀ɛk.　　（三上 2002：270）
　　　　彼　叩く　ガラス　割れる
　　（彼はガラスを叩き割った。）

　上の2つの用例は、原因となる動作・行為を表す第一動詞と変化結果を表す第二動詞からなる他動的結果構文である。タイ語にも、khàat（破れる）のように、単独では他動詞用法を持たない自動詞的性格の強い動詞が存在する。こうした動詞の意味を他動的に用いるときは、通例、動詞連続形式が用いられる。その際は、意味の上で中立的な動詞 tham を第一動詞に用いればよい（三上 2002：269）。上例における第一動詞は、thamよりも具象性がある。
　タイ語結果構文では、対象目的語を2つの動詞の間に入れて、分離型の語順を形成しなければならない。動詞に複合化を施した次の文は、不適格と判断される。

(10) a. *dèk khon nán chìik khàat náŋsɯ̌ɯ.
　　 b. *kháw thúp tɛ̀ɛk kracòk.

　(9)の動詞連続構文を受動文に変換するときは、やはり受動標識 thùuk の導入が必要である。

(11) a. náŋsɯ̌ɯ *thùuk* dèk khon nán chìik khàat.
　　　　　本　PAS　子供　CL　その　ちぎる　破れる
　　（本はその子供に破られた。）

b. kracòk *thùuk* kháw thúp tɛ̀ɛk.
　　ガラス　　PAS　　彼　　叩く　割れる
（ガラスは彼に叩き割られた。）

上例において、動作主 dèk khon nán（その子供）と kháw（彼）は、省略可能な要素である。しかし、受動標識を伴わない次の文は、中国語とは対照的に、不適格と判定される。

(12) a. *náŋsɯ̌ɯ chìik khàat.
　　　（本がちぎって破られた。）
　　b. *kracòk thúp tɛ̀ɛk.
　　　（ガラスは叩き割られた。）

以上、簡単ではあるが、タイ語の受動化に関する要点を述べた。分離型のタイ語動詞連続構文に用いられる結果述語も、VR 構文の結果述語と同様に、動作対象の変化結果を叙述している。だが、受動文に転換する際、タイ語は必ず受動標識を用いるのに対して、中国語は必ずしもそれを必要としない。同じ孤立語タイプに属していても、両言語の受動化のパタンには著しい違いが認められる。中国語は語順を利用する（つまり、ゼロ形式である）が、タイ語は語彙的成分を用いなければならない。

興味深いことに、中国語受動文はかつて、(7) に示したタイ語受動文の基本構造と同じ枠組みを使って分析・記述されたことがある。その代表的な論考に桥本（1987）がある。中国語の受動標識を特殊な他動詞と見る桥本は、東南アジアを含む南アジア系言語と南方漢語の受動文の大半が動作主を省略することができる一方、北方漢語に多用される受動標識の"叫"と"让"は動作主を省略することが不可能であることを言語類型論的に指摘する。その上で、北方漢語特有の受動文が動作主を省略することができないのは、使役と受動を同じ接辞を使って標示する北方アルタイ系言語の影響によるものであると結論している。この見解が正

しいとしても、橋本は考察対象を有標構文に限定している。受動文が成立する仕組みについても、「対立する能動文が想定しにくい」との理由から当該構文を"被动式（inflictive voice）"と呼び、具体的には何も述べていない。

　本研究は、中国語受動文における真に重要なアルタイ語的（膠着語的）特徴は、受動標識ではなく、複雑化を要求する述語の側にあると考える。大まかな傾向として、中国語とタイ語における受動標識の文法化の度合いは、橋本流に言えば、次のような連続体（continuum）との関連によって捉えることができるように思われる。

(13) アジア地域における孤立語の結果構文
　　　〈タイ語〉　　　　　　　　〈北京官話〉
　　　←――――――――――――――→
　　　分離型　　　　　　　　　　複合型

　語順を利用した使役義表出法は、確かに孤立語的な方略ではある。しかし同時に、形成要因はともかく、VR構造の形式そのものは、タイ語のような東南アジアの孤立型言語と比べると、膠着型言語（agglutinative language）に接近していると言える。河野六郎のことばを借りれば、「アルタイ型用言複合体」の様相を見せるわけである。中国語、とりわけ北京官話の受動文の根幹は、まさにこの「複雑化した述語形式」、とりわけVR構造が担っている。

　かつて大河内（1974）は、「受身ということ自体、広い意味で能動詞文の所動化と考えるべきで、ただその所動化に明示的な形式構成がともなうにすぎない。受身というものが特殊な文法範疇だと考えるべきではないと思う」(p.4) と述べた。この指摘はもっと注意されてよいのではないであろうか。そこには、無標識であっても受動の意味を認めようとする姿勢がはっきりと示されている。受動標識を用いなくても受動文が成立する――こうした柔軟性・融通性にも、中国語のヴォイスを論じる

際には留意する必要がある。

5.2.3 中国語受動文の類型論的「逸脱」

　さて、無標識であることが中国語ヴォイスの要諦であるとすれば、"被"構文の存在はどのように捉えたらよいのであろうか。本研究の見方はこうである——"被"構文は「述語の複雑化」と「機能語の発達」という2つの膠着語的性格によって特徴づけることができる。言い方を変えると、この有標構文は、類型論的に「逸脱」している。このような見方は、漢語系言語（Sinitic languages）、とりわけ北京官話を類型論的に位置づけるための1つの有力なアプローチとなるように思われる。

　"被"構文の成立条件として、木村（1992）は、述語部分に結果性（telicity）と受影性（affectedness）の高さが必要であることを指摘している。これは、1つ目に挙げた「述語の複雑化」に関する指摘でもある。次の用例を見られたい。

(14) a. 他　踢　椅子。
　　　　彼　蹴る　椅子
　　　　（彼は椅子を蹴る。）
　　b. *椅子　被　他　踢。
　　　　椅子　PAS　彼　蹴る
　　　　（椅子は彼に蹴られる。）
　　c. ??椅子　被　他　踢　了。
　　　　椅子　PAS　彼　蹴る　ASP
　　　　（椅子は彼に蹴られた。）
　　d. 椅子（被　他）踢　倒　了。
　　　　椅子　（PAS 彼）　蹴る-倒れる　ASP
　　　　（椅子は（彼に）蹴り倒された。）

(14a)の能動文を(14b)のように受動標識"被"を用いて受動文に転換しようとしても、不適格な文になる。また、(14c)の文では、完了を表すアスペクト助詞"了"の付加によって動作・行為が遂行されたこと（結果性）を伝えているけれども、動作対象の受ける変化の含意（受影性）に乏しい。そのため文脈の助けを借りなければ、母語話者には不自然と感じられる。角度を変えて言うと、(14d)のような受動文の成立に積極的に係わっているのは、述語形式の方である。この場合、受動標識は副次的な役割しか担っていない。

　繰り返すが、〈他動型〉の「脱使役化」がヴォイス転換の中核的な操作であるとするならば、受動の意味を担い表わすのは、使役の場合と同じく「語順」である。

　古来、中国語は構文形式よりも語と語の意味関係の方が重要であった。文の理解に誤解の生じる恐れがなければ、簡便な表現を好むのが漢語の伝統習慣である。語順の利用は、中国語の歴史に通底する基本的な方略である。《楚辞・漁父》に出てくる"屈原既放"は、受動標識がなくても「屈原は既に追放された」と受身文である。次の文例もそうである。

(15) 勞心者治人　勞力者治於人。（《孟子・滕文公章句上》）
　　（心を労するものは人を治め、力を労する者は人に治められる。）

　上例において、前置詞"於"は動作主を導く機能を持っているけれども、受動の意味を標示する要素は存在しない。潘允中（1982）は、次のように述べている。

　　上古汉语表示被动意思，并不一定要使用被动的语法形式，它往往以主动句式出现。这可能是一种最古老的语法。〈中略〉现在这种句法，我们仍然沿用，如说"那强盗枪毙了"、"饭吃光了"、"书看过了"，都不必在动词前头加上表示被动的介词"被"、"给"之类，

就懂了。
（上古漢語で受動の意味を表す際は、必ずしも受動の文法形式を使う必要はなく、受動文は往々にして主述文の形をとって現れる。おそらくこれが最も古い文法形式である。〔中略〕現在でもこの種の統語法は踏襲されている。たとえば、「あの強盗は銃で撃たれて死んだ」、「ご飯は全部食べた」、「本は読んでしまった」などは動詞の前に受動を表す介詞"被"、"給"などを加えなくても、直ちにそれと分かる。）（p.245, 246）

現代語の自然被動文は、述語の形を複雑にして膠着語的な構造に変化させながらも、語と語の意合的な結合によって文法的関係を表すという孤立語本来の言語的特徴を継承している。

もう1つの特徴は、「機能語の発達」である。"被"のような機能語（虚詞）の働きは、第一義的には、名詞句の意味役割を明確にすることにあると考える。VR構造などの「述語の複雑化」に伴い目的語前置の傾向が強まると、文頭に新たな名詞句が出現して、述語句の前に2つの名詞句が並立しやすい環境ができる。単に理屈だけで言うならば、次のような語順が構造的に現れやすくなるということである。

(16) ??老李　小王　拽　　倒　了。
　　　李さん　王君　引く-倒れる　PAR
　　（李さんは王君を引き倒した。／李さんを王君が引き倒した。）

心理的な語順[5]はあるにしても、2つの名詞句が述語動詞の前に隣り合わせで出現すると、どちらが動作主でどちらが被動者なのか、形の上

---

5) 刘月华等（2001）の旧版（1983）は、この（16）の用例のように動詞前に2つの名詞句が同時に現れる際の配列順序について、「もし施事が現れるときは、受事の後ろに置かなければならない（如果出現施事者，施事者要位于受事者之后）」（p.479）と記述している。この場合、文頭の名詞句（つまり、受事）は「主題化」されていると考えられる。

では判別できなくなる。VR構造のような能動・受動両用（つまり、自・他両用）の複合述語が発達したことによって、構造的多義性（structural ambiguity）が生じやすくなったのである。形態変化に乏しい中国語の場合、こうした曖昧性を回避するための有効な措置は、機能語（虚詞）を利用することであろう。この（16）の文は、"把"を用いれば（17a）のような能動文となり、"被"を用いれば（17b）のような受動文となって、多義を解消することができる。

(17) a. 老李把小王拽倒了。
　　　　（李さんは王君を引き倒した。）
　　 b. 老李被小王拽倒了。
　　　　（李さんは王君に引き倒された）

"把"や"被"のような文法関係の標示（つまり、ヴォイス）に関与する機能語は、いわば日本語の格標識（Case maker）のように、語と語の意味関係を明示する重要な働きを担っているわけである（木村2000参照）。現代語の介詞（前置詞）は動詞由来であるが（太田1958：249）、連動構造の第一動詞（兼語動詞）だったものがその実質的意味を失って機能語化した背景には、「意味役割の明確化」という動機が潜んでいるように思われる。事実、こうした機能語の働きは、通時的に見ても次第に強化されてきたと考えられている。再び潘允中（1982）を引く。

> 应当肯定，古汉语先只有以主动形式表示被动意义的句式，后来逐渐产生几种表被动的语法形式。这种语法形式不像印欧系语言那样用动词的变化来表示，而是借助于辅助词的运用。
> （古代漢語には当初、主述形式によって受身の意味を表す句型しかなかったが、その後、次第に受身を表すいくつかの文法形式が現れた。この種の文法形式は、印欧語のように動詞の形態変化を使って表すのではなく、補助詞の助けを借りる。）(p.245)

また、何洪峰（2004）は、「文法化」（語用論的に条件づけられた構文を文法規則として取り込むプロセス）の観点から、元来「被る」や「受ける」という意味を表す動詞であった"被"が機能語化した動機について、次のように述べている。

> 汉语动词没有形态变化，要解决语序结构与话题结构的矛盾有两种方法：一是直接把受事放在 S 位置；二是用标记指明句首名词的语义角色是受事，这是被动标记产生的根本动因。
> （漢語動詞は形態変化を持たないので、統語構造と談話構造の矛盾を解決するには2つの方法が採られる。1つは受事を直接主語の位置に置くこと、もう1つは標識を使って文頭の名詞の意味役割が受事であることを明示することで、これが受動標識の生じた根本的な動機である。）
> (p.115)

　談話機能的な要因から受事目的語の「主題化」が生じ、この談話的語順が文法的語順へと移行していく過程で、"被"のような文法標識が発達した、と主張するのである。"被"構文の歴史的発達の過程は独特で、実際はもっと複雑なものだが、詳細は他の文献に譲ることにする。ここで確認しておきたいのは、受動文の変遷を通時的に眺めてみても、無標識の文が先であり、有標識の文は後で生じた、という点である。とりわけ、"把"や"被"のような文法的語順に関与する機能語は、VR構造の成立に伴う統語的変化が1つの要因となって発達した可能性が高い（梅祖麟1990；刘子瑜2010参照）。
　"被"の品詞に関しては、介詞（前置詞）説、動詞説、補助動詞説など諸説あり、研究者の間で未だに意見が分かれている。伝統文法ではこれを介詞とすることが多いが、主語位置に有生名詞が現れると、"被"は被動者（正確に言えば、対象）を標示するから、前置詞説にも問題がある（"被"の品詞カテゴリーに関しては、桥本1987や刘东升2008の記述を参照）。

(18) a. *小王拽倒了。
　　　（王君は引き倒した／倒された。）
　　b. 小王被拽倒了。
　　　（王君は引き倒された。）

　例（18a）は多義文であるから、受動の場合は、例（18b）のように"被"を付加して主語が変化対象であることを明示しなければならない。"被"の特異性は、このように動作主だけでなく、被動者であっても意味役割も標示することができる点にある。品詞の問題についてはこれ以上立ち入らないでおくが、いずれの立場をとるにせよ、この受動標識は、受動文の形成には二義的な形でしか参与していない。この観点から"被"の文法機能を見直したとき、最も肝心なのは「名詞句の意味役割を明確にすること」にあると考えるのが順当であろう。

　ここではひとまず、文中で隣接する名詞句との係わり方に着目して、この半独立的な機能語を前置詞と見なしておこう。すると注目すべきことに、中国語と同じ「機能語（前置詞）と動詞の統語的位置関係」を持つ言語は、世界的に見ると大変珍しいものであることが分かる。Li and Thompson（1981）は、中国語の語順に見られる SVO 的特徴と SOV 的特徴として、次のような項目を挙げている。

(19) a. SVO 的特徴
　　　1. SVO 語順が現れる。
　　　2. 前置詞句を使用する。
　　　3.「助動詞＋動詞」の順序となる
　　　4. 複文の構造も SVO となる。
　　b. SOV 的特徴
　　　1. SOV 語順が現れる。
　　　2. 前置詞句が動詞に先行する。
　　　3. 後置詞を使用する（方位詞を後置詞と見なした場合）。

4. 関係節が主要部名詞に先行する。
5. 属格を含む句が主要部名詞に先行する。
6. アスペクト標識が動詞に後続する。
7. 副詞句が動詞に先行する。

(p.24, 原著英文)

　中国語はSVOを基本語順とする〈主要部先行型〉の言語であるから、動詞（verb）が前置詞句（prepositional phrase）に先行するのが整合的な語順である。英語やタイ語はそうである。ところが、上の(19b-2)にあるように、中国語では動詞が前置詞句の後ろに位置し、〈主要部後続型〉の様相を見せる。この中国語の語順をタイ語・日本語と比較すると、次のようである。

(20) a. maa [càak yîipùn]　　　：　V＋PP（主要部先行）
　　　　来る　〜から　日本
　　b. [从　日本] 来　　　　　：　PP＋V（主要部後続）
　　　　〜から 日本　来る
　　c. [日本から] 来る　　　　 ：　PP＋V（主要部後続）

　〈主要部先行型〉に属するタイ語の語順（20a）は整合的である。これに対し、中国語の語順（20b）では、〈主要部先行型〉の一般的傾向に反して、修飾フレーズである前置詞句が動詞の前に置かれている。この前置詞句と動詞の位置関係は、〈主要部後続型〉に属する膠着語タイプの日本語の語順（20c）と相似している。
　中国語の類型論的「逸脱」は、統計的データにもよく表れている。Hawkins（1994）が調査した数値結果を示すと、次のようである。

(21) 接置詞句[6]と動詞の語順

	[[NP P]V]	[V[P NP]]	[V[NP P]]	[[P NP]V]
言語数(336)	162	136	26	12
占める割合(%)	48.2	40.5	7.7	3.6

(Hawkins1994：257を一部変更)

　日本語のような後置詞を使う〈主要部後続型〉の言語が占める割合は48.2%、英語やタイ語のような前置詞を使う〈主要部先行型〉の言語が占める割合は40.5%である。つまり、整合的語順を示す上位2つのタイプだけで、全体の約9割を占めている。これに対し、中国語と同じ配列法を持つ言語は、336言語中12言語しかない。これは全体のわずか3.6%である。中国語の前置詞句の位置が〈主要部先行型〉言語の中でいかに「逸脱」しているかが窺知される。

　本節では、〈他動型〉と〈受動型〉の派生関係について述べた後、そこからさらに内容を掘り下げて、中国語受動文の成立問題について議論した。中国語受動文の典型は〈受動型〉、すなわちVR構造を用いた「自然被動文」であり、受動の意味も語順が担っている。つまりは、「ゼロ形式」である。中国語の世界では、語彙的ヴォイスと文法的ヴォイスが一致する。"被"を用いた有標構文は、「述語の複雑化」と「機能語の発達」という2つの膠着語的性格を併せ持っている。

　ヴォイス構文の通言語的な分析には、異質な言語タイプを交えた慎重な考察と検証を重ねる必要がある。自然被動文の問題は、主語と主題の判別方法や「受動」の適用範囲、形態的特徴と語順の相関性など広い範囲にわたる。東南アジア地域の孤立型言語や南方漢語との違いも視野に入れながら、本節で提出した見解に具体的肉付けを行い、北京官話の類

---

[6] 接置詞（adposition）は、前置詞（preposition）と後置詞（postposition）を含む包括的な文法用語である。"ad-"は「隣に」の意で、つまり接置された要素ということである。ここでは、前置詞と後置詞を併せてPで表示している。また、この表におけるNPは名詞句、Vは動詞を表す。

型論的位置づけを試みることを今後の課題としたい。

5.3 再帰構造を持つ文:〈自動型〉

自動的結果構文のもう1つのタイプは、結果を表す第二動詞の意味上の主語が、第一動詞の意味上の主語と一致する次のような文である。

(22) a. 张三　跑　　累　　了。
　　　　張三　走る－疲れている ASP
　　　（張三は走り疲れた。）
　　b. 李四　醉　　倒　了。
　　　　李四　酔う－倒れる ASP
　　　（李四は酔っ払って倒れた。）
　　c. 我　的　肚子　吃　　坏　　了。
　　　　私　～の　腹　食べる－壊れる ASP
　　　（私のお腹は食べて壊れた。）

(22a)を例にとると、この文は「1項述語＋1項述語」の組み合わせからなり、主語"张三"は"跑"(走る)と"累"(疲れている)の意味上の主語と一致している。本研究では、このような同一指示的(coreferential)主語を持つ自動的結果構文を〈自動型〉と呼ぶことにする。

従来の分析では、このタイプは2つの動詞の等位的(coordinate)な結合体であると考えられてきた(王力 1957；李临定 1988；今井 1985；望月 1990a,b 他)。しかしここでは、〈自動型〉の内部構造を次のように捉え直したい。すなわち、このタイプは「自分で自分をある結果状態にする」という再帰的な意味構造を有する。使役者(動作主)を変化対象と同一視することで、自動的用法への転換を行なっているのである。これは「反使役化(anti-causativization)」と呼ばれる語彙的な文法操作と重なる(影山 1996；秋山 1998)。ゆえに、この〈自動型〉の主語名詞句の意味役

割も、〈受動型〉の場合と同じく、対象（Theme）または経験者（Experiencer）[7]と見なすべきである。

　この考え方を基に、(22)の各文の内部構造について説明を加えてみたい。(22a)の文は、第一動詞"跑"（走る）の動作主が、第二動詞"累"（疲れている）の指し示す名詞句と一致している。(22b)の文では、第一動詞に非対格動詞の"醉"（酔う）が用いられているが、これが指し示す名詞句はやはり第二動詞"倒"（倒れる）の指し示す名詞句と一致している。(22c)の文には少し注意が必要である。この文の主語"我的肚子"（私の腹）は、第二動詞"坏"（壊れる）が指し示す名詞句ではあるが、第一動詞"吃"（食べる）の取る2つの項と一致していない。しかし、「食べる」という動作・行為によって「お腹を壊す」という結果を受けるのは、私たちの一般常識からすると、その動作・行為を行った本人以外には考えられない。この文の第二動詞の意味上の主語"肚子"（腹）は、第一動詞の意味上の主語"我"（私）の身体の一部であり、「譲渡不可能所有（inalienable possesion）」を表す名詞である。したがって、この文にも、再帰的な意味構造を想定することができる。下に各文に対応する意味構造を掲げる（下付き指標のiは、同一指示的であることを表す。以下、同じ）。

(23) a. ［张三$_i$跑］CAUSE［张三$_i$累了］
　　 b. ［李四$_i$醉］CAUSE［李四$_i$倒了］
　　 c. ［我$_i$吃］CAUSE［我$_i$的肚子坏了］

　再帰的意味構造に関する指摘は、実は決して新奇なものではない。既に范曉（1985：64）がこのタイプの内部構造を"V使得主語R"（Vが主語をRにする）と分析している。また、周红（2005：71）も理論言語

---

[7] 本研究では、経験者（Experiencer）を「述語によって表される感情や心理的状態を経験するもの」と規定しておく。

学の成果を援用しながら、"他跑累了"について使役者と非使役者が一致する再帰構造"他跑（他 e）累了"を持つと記述している。実際に、〈自動型〉は、再帰代名詞"自己"（自分）や身体部位のような「譲渡不可能所有」を表す名詞句が目的語として統語上に具現し、〈他動型〉に転ずることがある。

(24) a. 李四 跑　　累　　了 自己。　　（Lin2004：103）
　　　　李四 走る−疲れている ASP 自分
　　　　（李四は走って自分を疲れさせた。）
　　b. 他 把 自己 喝　　醉　了。　　　　（宋文輝 2007：125）
　　　　彼 PRE 自分 飲む−酔う ASP
　　　　（彼は飲んで自分を酔わせた。）
　　c. 我 吃　　坏　　了 肚子。
　　　　私 食べる−壊れる ASP お腹
　　　　（私は食べてお腹を壊した。）

(24a) の文では、"跑累"（走り疲れる）が"自己"（自分）を目的語としている。同様に、"把"構文を用いた (24b) の"喝醉"（飲んで酔っ払う）も、目的語に"自己"を取ることで〈他動型〉に転じている。Lin (2004) によれば、この種の再帰構造を含む他動的結果構文は、「主語の過度の努力、過度の受影性の意味 (a sense of extra effort, or extra affectedness of the subject)」(p.103) を伝達していると言う。さらに (24c) の文では、身体部位を表す名詞"肚子"（腹）を目的語として伴い、〈他動型〉が成立している。無論、全ての〈自動型〉がこうして直ちに〈他動型〉に転用できるわけではない。だが、VR 構造は独立の動詞を連ねた動詞連続形式であるから、若干の意味の変更を伴うことはあっても、構造的に見ると〈自動型〉は、常に〈他動型〉に転ずる可能性を有している（第 2 章 4 節参照）。〈自動型〉を等位的な結合体と捉えるのは早計である。

ここで、第1章で述べた先行研究の内容との関連から、〈自動型〉に再帰的意味構造を仮定することの利点を4つ挙げておきたい。

1点目は、第一動詞に現れる継続相の問題を処理できることである。既述のように、C&H（1994）や王玲玲（2001）、Huang（2006）などの統語分析では、第一動詞のアスペクト・タイプの違いに基づき、自動的VR構文を〈非能格型〉と〈能格型（または非対格型）〉の2つに分類している。しかし、この分類法には難点がある。〈非能格型〉は実際の名称とは異なり、継続相を持たずに限界的（delimited）な事態を述べている。

(25) a. 张三　唱　了　很　久。　　（C&H1994：188）
　　　 張三　歌う　ASP　とても　長い
　　　（張三は長い間歌った。）
　　 b. *张三　唱　累　了　很　久。
　　　 張三　歌う-疲れている　ASP　とても　長い
　　　（張三は長い間歌って疲れた。）

(25a) の文のように、非能格動詞（自動詞）が継続相を持つことは明白である。しかし、これに結果述語を加えた (25b) の文は、完結点（end point）を与えられて文全体が完了相となっている。ゆえに、継続時間を表す語と共起することができず、ここでは不適格となる。〈非能格型〉の第一動詞は継続動詞であるから、従来のように〈自動型〉を並列構造と見なすと、主語名詞句の意味役割は動作主となるはずである（C&H1994：201）。けれども〈非能格型〉の主語は、事実上、動作主としての資格を失っている。

2点目として、原因主語が具現する理由を無理なく説明することができる。当該構造を等位的なものと見なすと、この点について説明する手立てを失う。このタイプに再帰的意味構造（反使役化）を想定すれば、主語名詞句の意味役割は第一動詞の外項（動作主）ではなく、意志性を

持たない対象または経験者であることを示すことができるので、この問題は直ちに解消される。この点については、次章で詳しく検討することにしたい。

3点目として、これまで別のタイプとされてきたものを1つのタイプに統合することができる。Huang は、第一動詞を主要部と見なし、そのイベント・タイプの違いに基づいて〈非能格〉と〈能格型（非対格型）〉とに分類している。これに対し、本研究はどちらにも同じ再帰的意味構造を仮定しているので、〈自動型〉の1類型で間に合う。

4点目として、「直接目的語制約（Direct Object Restriction）」に違反しないことを説明することができる。直接目的語制約とは、Simpson (1983) や Levin and Rappaport Hovav (1995) が提唱したもので、平たく言えば、「結果述語は必ず目的語位置にある名詞句と叙述関係を結ぶ」という結果構文に関する一般原則である。とりわけ、「非対格性の仮説（unaccusative hypothesis）」をめぐる議論では、この原則が決定的に重要な役割を果たした。

> A resultative phrase may be predicated of the immediately postverbal NP, but may not be predicated of a subject or an oblique complement.
> （結果述語フレーズは直接目的語名詞句を叙述することができるが、主語や斜格補語を叙述することができない。）
>
> （Levin and Rappaport Hovav 1995：34）

これまで、"张三跑累了"（張三は走り疲れた）のような文については、「直接目的語制約」の反例になると主張する立場（C&H1994；Huang2006 他）と反例にはならないと主張する立場（Sybesma1999 他）の間で意見が分かれていた。C&H (1994：213, 214) は、再帰代名詞（fake reflexives）を目的語として取らない〈非能格型〉の結果成分には目的語の痕跡（object trace）が認められないので、「シンプソンの法則」（本論

第 1 章の註 13) 参照) の例外になると述べている。しかし、既述のように、〈自動型〉は意味的条件さえ整えば、構造的にはいつでも〈他動型〉に転ずることができる。再帰的意味構造を仮定すると、直接目的語に相当するものは主語名詞句となる。したがって、本研究が提案する〈自動型〉は、直接目的語制約の反例にはならない。なお、この制約の有効性については再検討の動きも見られるが（Rappaport Hovav and Levin2001 参照）、ここでは立ち入らないでおく。

5.4 「虚目的語」を取る特殊な結果構文

中国語結果構文の研究における大変厄介な問題の1つは、下の文をどのように分析するかである。

(26) a. 张三 吃 饱 了 饭 了。　　　　　(Hashimoto 1971：41)
　　　　張三 食べる-満腹だ ASP ご飯 PAR
　　　（張三はご飯を腹一杯食べた。）
　　b. 张三 喝 醉 了 酒 了。
　　　　張三 飲む-酔う ASP 酒 PAR
　　　（張三は酒を飲んで酔っ払った。）

〈他動型〉の第二動詞は、目的語の結果状態を叙述する。だが、上の用例において、第二動詞 "饱"（満腹だ）と "醉"（酔う）が叙述しているのは、目的語に生じた変化結果ではなく、主語の "张三"（張三）に生じた変化結果となっている。表面的には〈他動型〉のようであるが、この種の文の内部構造には〈他動型〉と異なる特殊性がある。文末の目的語 "饭"（ご飯）と "酒"（酒）は新たな情報を付け加えているわけではないので、省略しても文の意味に変化は生じない。これも、〈他動型〉では起こり得ない現象である。

(27) a. 张三吃饱了。(張三は食べて腹一杯になった。)
　　 b. 张三喝醉了。(張三は飲んで酔っ払った。)

　本研究では、このような文の目的語を橋本 (1981：53-57) の用語を借りて、「虚目的語」と呼ぶことにする。歴史的に見ると、虚目的語は、"吃饭饱" や "饮酒醉" のような語順だったものが、述語の複合化によって文末に移動して出来たものらしい (石毓智 2002：83-85)。
　先行研究において、虚目的語を取る結果構文は、次の4つの点において〈他動型〉と異なることが指摘されている (Lu1977；木村 1981：44-45；Hashimoto, A1971：38；C&H1994：204-206；Huang1992, 2006；施春宏 2005；李临定 2011 他)。
　第1に、この種の文の目的語名詞句は、特定のものを指すことができない。

(28) a. *张三　吃　　饱　了 这 碗 饭。
　　　　 張三 食べる–満腹だ ASP この CL ご飯
　　　　 (張三はこのご飯を腹一杯食べた。)
　　 b. *张三 喝　　醉　了　那 杯 酒。
　　　　 張三 飲む–酔う ASP その CL 酒
　　　　 (張三はその酒を飲んで酔っ払った。)

　虚目的語は非指示的 (non-referential) な名詞成分であり、"吃饭"（ご飯を食べる）や "喝酒"（酒を飲む）のように、通例、第一動詞との間にのみ文法関係が成立する。換言すれば、こうした動詞が述べているのは、外部・他者に対する働きかけではない。このような見せかけの目的語は、橋本 (1981) や Ross (1998) の言う「同族目的語 (cognate object)」に近いものである。
　虚目的語は、文の解釈にも影響を及ぼすことが指摘されている。

(29) 宝玉 骑　　累　　了 马。　　(Li1990：187)
　　　宝玉 乗る−疲れている ASP 馬
　　(a. 宝玉は馬に乗ってその馬を疲れさせた。)
　　(b. 宝玉は馬に乗って疲れた。)

　上例は、a と b 2 通りの意味にとることができ、構造的に多義である。a の訳では、"累"（疲れている）が目的語"马"（馬）の結果状態を叙述しており、〈他動型〉と同じ内部構造の解釈を行っている。一方、b の訳では、"累"が主語の結果状態を叙述しており、目的語の"马"は第一動詞"骑"（乗る）の目的語として文中に存在している。つまり、こちらは虚目的語である。この b 訳の文構造理解では、文末に置かれた目的語"马"（馬）は変化対象としてではなく、主語"宝玉"の「馬に乗る」という動作・行為を述べるために文中に登場している。Huang (2006) は、b の解釈が成立するのは目的語"马"が裸の名詞句 (bare NP) のときだけであり、不特定で実体のない場合に限定される。もしこれが具体性を帯びた限定的な目的語（full DP object）になると、こうした意味の曖昧性は解消されると述べている。

(30) 宝玉 骑　　累　　了 三匹马。／哪匹马？／几匹马？
　　　宝玉 乗る−疲れている ASP 三頭の馬 ／ どの馬 ／ 何頭の馬
　　(宝玉は馬に乗って 3 頭の馬を疲れさせた。／どの馬／何頭の馬を疲れさせたか？)

(Huang2006：6)

　本節の最初に例示した (26a,b) の文における目的語にも、これと同じ説明が当てはまる。(26) の各文は、"吃饭"（ご飯を食べる）と"喝酒"（酒を飲む）の目的語部分が分離した形をなしている。そこでも虚目的語が伝えているのは、主語に立つ動作主の動作・行為の遂行である。
　第 2 に、虚目的語の場合、前置詞"把"を用いることができない。

(31) a. *张三 把 饭 吃 饱 了。
　　　　張三 PRE ご飯 食べる－満腹だ PAR
　　　（張三はご飯を腹一杯食べた。）
　　b. *张三 把 酒 喝 醉 了。
　　　　張三 PRE 酒 飲む－酔う PAR
　　　（張三は酒を飲んで酔っ払った。）

　第3に、虚目的語を取る文は、受動文を形成することができない。〈他動型〉であれば、下の（32a）のように変化対象である"饭"（ご飯）を主語位置に据えて受動文をつくることができる。だが、虚目的語を含む文では、（32b）が示すようにそれが不可能となる。

(32) a. 饭 给 张三 吃 完 了。
　　　　ご飯 PRE 張三 食べる－終わる PAR
　　　（ご飯は張三に全部食べられた。）
　　b. *饭 给 张三 吃 饱 了。
　　　　ご飯 PRE 張三 食べる－満腹だ PAR
　　　（ご飯は張三に腹一杯食べられた。）

(Hashimoto 1971：41)

　Hashimoto（1971）は、結果構文における補文主語が文法的な主語（つまり、結果述語の意味上の主語）である場合に限り、VR構造は受動文になることができると一般化している。（32a）の文はこの規定に従うが、（32b）の文では、文頭の主語名詞句"饭"（ご飯）が結果述語の"饱"（満腹だ）の意味上の主語と一致していないので、非文法的な文となる。先ほどの（26b）の文も、これと同じ理由により受動文が成立しない。"*酒被张三喝醉了"（酒は張三に飲んで酔われた）は、明らかに不適格な文である。
　第4として挙げられるのは、連語関係（collocation）における制約であ

る。C&H（1994：204）は、"喝饱了汤"（スープを飲んで腹一杯になる）、"吃饱了饺子"（餃子を食べて腹一杯になる）、"睡饱了觉"（十分に眠る）といった例を挙げ、この種の表現を生産的であると記述している。しかし、〈他動型〉に比べると、この種の表現は既に熟した言い回しになっていることは否定できない。黄晓琴（2006）は、下の文を全て非文と見なしている。

(33) a. *他 看　迷　了 书。
　　　　彼 読む−夢中になる ASP 本
　　　（彼は本を読んですっかり夢中になった。）
　　 b. *我 坐　晕　了 车。
　　　　私 乗る−酔う ASP 車
　　　（私は車に乗って酔ってしまった。）
　　 c. *他 爱　疯　了 猫。
　　　　彼 愛する−気が変だ ASP 猫
　　　（彼は猫を愛するあまり変になった。）

（黄晓琴 2006：70）

石毓智（2000）も、"吃饱了饭"と"喝醉了酒"については例外的に成立すると見ている。そして、次のように述べながら、これらの構成要素に入れ替えが起こると容認可能性が下がることを併せて指摘している。

> 跟"吃饱饭"的特点相同，结果补语"醉"前的动词只限于"喝"一个动词，其后的受事宾语也只能是"酒"。三个成分的任何一个都不能随意为其它词语所替换。
> （"吃饱饭"（ご飯を食べて腹一杯になる）の特徴と同じように、結果補語"醉"（酔う）の前の動詞は"喝"（飲む）という動詞に限られる。その後ろの受事賓語も"酒"しか容認されない。3つの中のどの1つの成分も他の語と自由に置き換えることはできない。）(p.30)

この点について、もう少し詳しく見てみよう。次の(34)は、"吃饱了饭"における各構成要素をそれぞれ別の語に置き換えたものである。aでは第一動詞、bでは第二動詞、cでは目的語に、それぞれ付け替えが施されている。すると、容認度は著しく低下する。

(34) a.*尝　　饱　　了　饭。
　　　　味わう-満腹だ ASP ご飯
　　　　(ご飯を食べてみて腹一杯になった。)
　　　b.*吃　　胖　　了　饭。
　　　　食べる-太っている ASP ご飯
　　　　(ご飯を食べて太った。)
　　　c.?吃　　饱　　了　面条　　(李临定 2011：258)
　　　　食べる-満腹だ ASP うどん
　　　　(うどんを食べて腹一杯になった。)

"喝醉了酒"についても、上と同じことが言える。次の(35)の各文も、aでは第一動詞、bでは第二動詞、cでは目的語にそれぞれ付け替えが施されているが、やはり容認度は下がる。

(35) a.*尝　　醉　了　酒。　　(石毓智 2000：30)
　　　　味わう-酔う ASP 酒
　　　　(酒を味見して酔っ払った。)
　　　b.??喝　　晕　　了　酒。
　　　　飲む-くらくらする ASP 酒
　　　　(酒を飲んで頭がくらくらした。)
　　　c.*喝　醉　了　茅台。　　(李临定 2011：258)
　　　　飲む-酔う ASP 茅台酒
　　　　(茅台酒を飲んで酔っ払った。)

上の容認可能性の判定結果を見ても、虚目的語を取る結果表現は相当熟した言い回しであることが窺知される。比較的古い文献の中には、次のような文例も見られる。

(36) 你　做　累　了事　可以　歇。　　（Chao1968：473)
　　　あなた　する-疲れている　ASP　事　～できる　休む
　　　（あなたは仕事をして疲れたら休んでよろしい。）

しかし、本研究が行ったインフォーマント調査では、この文の容認度も極めて低かった。また、次のような表現も、意味は一応通じるが、文法的には不自然と判断するインフォーマントの方が多かった。

(37) a.??他干　累　了活。
　　　　　彼　する-疲れている　ASP　仕事
　　　　　（彼は仕事をして疲れた。）
　　 b.??他说　累　了话。
　　　　　彼　話す-疲れている　ASP　話
　　　　　（彼は話をして疲れた。）
　　 c. ?他写　累　了字。
　　　　　彼　書く-疲れている　ASP　字
　　　　　（彼は字を書いて疲れた。）
　　 d.??他走　累　了路。
　　　　　彼　歩く-疲れている　ASP　道
　　　　　（彼は歩き疲れた。）
　　 e.*他洗　累　了衣服。
　　　　　彼　洗う-疲れている　ASP　服
　　　　　（彼は服を洗って疲れた。）

上の各文の虚目的語も第一動詞と組み合わさり、基礎的な動作・行為

の遂行、すなわち"干活"(仕事をする)、"说话"(話をする)、"写字"(字を書く)、"走路"(道を歩く)、"洗衣服"(服を洗う)という動きを表している。容認性の判断に若干の差は見られたが、これらの動詞句も"累"(疲れている)と組み合わさると不自然な文になると感じられる。なお、黄晓琴(2006)が行ったコーパス調査によると、"吃饱了饭"と"喝醉了酒"以外に検出された虚目的語を含む例は、"睡醒觉"(寝て目が覚める)だけである。このタイプは、やはり例外的なものと見なしてよいであろう。

　さて、ここでの肝心な問題は、虚目的語を取る特殊な結果構文をどのように分析したらよいか、ということである。従来の分析では、この種の文に使われるVR構造も、等位的な連結であると考えられてきた(王力1958;Hashimoto1964, 1971;Lu1977;Huang1988, 1992, 2006;Chen and Huang1994;石毓智2002他)。Huang(1992:113)は、この第一動詞を付加詞(Adjunct)と記述している。しかし本研究では、当該構文に対しても〈自動型〉と同じ再帰的意味構造を想定してみたい。すると、本節の初めに例示した例(26a)"张三吃饱了饭了"と例(26b)"张三喝醉了酒了"の意味構造は、次のようになる。

(38) a. [张三$_i$吃饭了] CAUSE [张三$_i$饱了]
　　　b. [张三$_i$喝酒了] CAUSE [张三$_i$醉了]

(38a)の意味構造が示すように、「ご飯を食べた」ことによって「腹一杯になる」という結果を受けるのは、自分自身、つまり主語の"张三"(張三)をおいて他にない。つまり、この文における表現の重点は、張三の「食べる」という動作・行為にあるのではなく、張三の「腹一杯になった」という変化結果にある。(38b)の意味構造についても同様である。「酒を飲んだ」ことによって「酔っ払う」という結果を受けるのは、飲酒した本人である。自分の飲酒行為が他の誰かを酔わせることは、私たちの社会通念からすると起こり得ない。したがって、この文の表現の重点も、酒を飲んだ張三の「酔っ払う」という変化結果にあると言える。

このように虚目的語は状態変化の主体にはならない。したがって、その意味役割は〈他動型〉の目的語名詞句に認められる対象（Theme）ではなく、動作・行為の受け手、つまり被動者（Patient）である（本論第3章3節参照）。

　以上見てきた通り、虚目的語を含むVR構文も再帰的な使役の意味構造を内包していると考えられるので、前節で見た〈自動型〉と同じタイプに含めることができる。実際に、虚目的語を取ることができる"喝醉"は、"自己"（自分）を目的語として取り、〈他動型〉に読み替えることができる。

(39) 他 把 自己 喝 醉 了。　　（宋文輝 2007：125）
　　 彼 PRE 自分 飲む‐酔う PAR
　　（張三は酒を飲んで酔っ払った。）

　こうしたことに加え、通常の〈自動型〉と同様に、この種の文でも第一動詞の継続アスペクトは完了相に吸収されている。そのため、次の文は進行表現とは相容れず、不適格な表現となる。

(40) a. *张三在吃饱饭。
　　　（張三はご飯を食べて腹一杯にしているところだ。）
　　 b. *张三在喝醉酒。
　　　（張三は酒を飲んで酔っ払っているところだ。）

　ともあれ、虚目的語を取る結果構文が特殊な内部構造を持っていることに変わりはない。これまではどちらかと言えば目的語の性質の方に関心が寄せられてきたが、この種の文に用いられる結果述語をよく観察すると、これらは動作主の叙述に専念しやすい述語であることに気付く。虚目的語と共起できる結果述語は極めて少なく、"醉"（酔っ払う）、"飽"（満腹である）、"累"（疲れている）、"醒"（目覚める）などしか報告されて

いない。これらはその語義からして、いずれも動作主自身の行った動作・行為の結果を述べるのに適している。こうしたことも、このタイプの成立を支える要因の1つとなっているように思われる。"张三喝醉了酒"（張三は酒を飲んで酔っ払った）における"醉"は、第一動詞の動作主の変化結果を叙述しているので、目的語が無くても非文にはならない。通常の〈他動型〉であれば、結果述語はやはり目的語に生じる結果状態を表現しないわけにはいかない。次の2つの用例を比べられたい。

(41) a. 张三　走　肿　了　脚。　　（宋文輝 2007：121）
　　　 張三 歩く−腫れる ASP 足
　　　（張三は歩いて足が腫れた。）
　　 b. *张三　走　肿　了。
　　　（張三は歩いて腫れた。）

先に示した例（29）"宝玉骑累了马"のような多義文は、虚目的語が非指示的であるのに加え、結果述語が目的語名詞句だけでなく、主語名詞句とも意味関係を結ぶことができる際に生じる。これはかなり稀なケースと言えるであろう。

以上の理由により、本研究では、虚目的語を取る結果構文を〈自動型〉に含め、これを特殊なタイプと見なしておく。

5.5 本章のまとめ

本章では、中国語の自動的結果構文として、2つのタイプが認められると主張した。

1つは、〈他動型〉の「項の降格」によって生じる〈受動型〉である。この自他交替パタンがもっと注意されてよいと思えるのは、この語彙的ヴォイス転換（脱使役化）が受動化と重なると考えられるからである。表現性と柔軟性に富んだ中国語に、形態論か統語論か、といった二者択

一式の考え方はそぐわない。同じ孤立語タイプであるタイ語の受動化には受身専用の語彙を用いるが、中国語の受動化は、第一義的には、使役と同様に語順を利用する。そこには述語の形式が深く関与している。この考えに立つと、"被"構文は、「述語の複雑化」と「機能語の発達」という2つの膠着語的性格によって特徴づけられる。この有標ヴォイス構文は、類型論的逸脱の産物である可能性が高い。

　もう1つのタイプは、再帰的意味構造を持つ〈自動型〉である。この内部構造の形成は、使役者（動作主）と変化対象を同一視する「反使役化」と呼ばれる語彙的操作と重なる。このタイプのVR構文を等位的結合と見なすのは適切ではない。再帰的な意味構造によって捉えれば、第一動詞が非能格動詞（意志性自動詞）であっても、主語名詞句の意味役割を対象または経験者と見なすことが可能となり、継続相の問題をうまく処理することができる。また、この分析を用いれば、従来の〈非能格型〉と〈能格型〉を〈自動型〉として1つのタイプにまとめることができ、かつ、この自動的結果構文が「直接目的語制約」に違反しないことを示すことができる。さらに本章では、虚目的語を取る特殊な結果構文の意味構造についても検討した。この目的語は余剰的（redundant）な要素であり、第一動詞と組むことで主語（動作主）が行う基礎的な動作・行為を表す。本研究では、これにも再帰的意味構造を想定し、〈自動型〉として分析した。

　〈受動型〉も〈自動型〉も、その主語名詞句の意味役割は、いずれも対象または経験者となる。〈自動型〉の内部構造に関するここでの主張は、次章で検討する「原因主語を取る結果構文」の派生動機を解明する際の重要な鍵となる。

第6章 〈原因型〉——周辺的な結果構文とその拡張パタン

6.1 はじめに

本章では、主語に原因（Cause）を取る結果構文の形成問題について検討する。このタイプの文構造における際立った特徴は、第一動詞の意味上の主語が文頭の主語名詞句と一致しない点にある。これまでさまざまな提案がなされてきたにもかかわらず、この〈原因型〉結果構文が派生する動機や仕組みは今もって判然としない。このタイプは、〈自動型〉が原因項の導入を受けて派生した周辺的な結果構文として捉えるべきである。先方に原因項を継ぎ足す派生パタンは、「結果に原因を継ぎ足す」派生方向の延長線上で捉えることができる。いわば二重使役の意味構造を具えているのである。既存の文法体系の枠組みから、この〈自動型／原因型〉の自他交替パタンを指摘することは難しい。中国語には中国語の事情があるということである。

6.2 Vが2項述語の場合

まずは、第一動詞が2項述語のケースから考えてみたい。これまで見てきた〈他動型〉結果構文は、第一動詞の意味上の主語（典型的には、動作主）が文頭の主語名詞句と一致していた。しかし、次の文では、文頭の主語名詞句が第一動詞の外項（動作主）ではなく、内項（被動者）と一致している。

(1) a. 这 瓶 酒 喝 醉 了 他。
　　　　この CL 酒 飲む−酔う ASP 彼
　　　　（意訳：彼はこの酒を飲んで酔っ払った。）
　　b. 那 顿 饭 吃 坏 了 我 的 肚子。　　（望月 1991b：129）
　　　　あの CL ご飯 食べる−壊れる ASP 私 〜の 腹
　　　　（意訳：私はあのご飯を食べてお腹を壊した。）

　上の2つの用例は日本語に直訳すると不自然に聞こえる。原文に近いかたちで訳すと、(1a)の文は「この酒が（飲んだことが原因で）彼を酔わせた」、(1b)の文は「あのご飯が（食べたことが原因で）私のお腹を壊した」という意味内容を表す。このように、この種の周辺的な結果構文は、文頭の主語名詞句が原因（Cause）の意味役割を担い、原因使役を表すところに最たる特徴がある（望月1990b；C&H1994；王玲玲2001；袁毓林2001；任鷹2001；宋文輝2006, 2007；Huang2006他）。本研究では、このタイプを〈原因型〉と呼ぶことにする。面白いことに、(1a)の文頭の主語"这瓶酒"（この酒）は、前章4節に例示した(26b)の文における虚目的語"酒"が原因項となって、新たにこの位置に具現したものである。さらにこのタイプの用例を補っておく。

(2) a. 故事 听 乐 了 大家伙儿。　　（王玲玲 2001：14）
　　　　物語 聞く−楽しい ASP みんな
　　　　（意訳：みんなは物語を聞いて楽しんだ。）
　　b. 白米饭 吃 胖 了 她。　　（袁毓林 2000：52）
　　　　白米 食べる−太っている ASP 彼女
　　　　（意訳：彼女は白米を食べて太った。）
　　c. 这 一百页 的 稿子 抄 酸 了 他 的 手。　　（石村 2000：151）
　　　　この 100頁 〜の 原稿 写す−だるい ASP 彼 〜の 手
　　　　（意訳：彼はこの100頁の原稿を写して手がだるくなった。）

第6章 〈原因型〉——周辺的な結果構文とその拡張パタン　185

　　d. 报纸　看　　花　了他　的　眼睛。　　（C&H1994：203）
　　　　新聞　読む-かすむ ASP 彼　〜の　目
　　（意訳：彼は新聞を読んで目がかすんだ。）

　動作主を差し置いて動作の受け手に中心的な地位を与えている点において、これらの文には際立った特異性がある。このような項構造と統語構造のミスマッチに対しても、合理的かつ体系的な説明が求められる。〈原因型〉が派生する動機と仕組みを一体どう説明したらよいのであろうか。
　これまで折に触れて指摘してきたが、原因項の導入には使役動詞の関与が必要である（Grimshaw 1990；王玲玲 2001）。このことをまず日本語を例にして考えてみよう。「彼は困惑した」という自動詞文に原因主語、たとえば「その出来事」を加えようとすると、日本語の母語話者であれば必ず「その出来事は彼を困惑させた」と、述語部分を使役表現に改める必要を感じる。「*その出来事は彼を困惑した」は、文法的におかしな文である。従来の〈原因型〉の分析も、これと同質の問題を抱えている。使役の関与を指摘する論考はあるが、その肝心の出どころは、依然として不明である。
　先行研究の内容を確認しておきたい。任鷹（2001：322）は、先の（1a）の文における第二動詞"醉"（酔う）は、"酒可以醉人"（酒は人を酔わせることができる）のように使役用法を持つので、VR構造も原因主語を取ることができると主張する。〈原因型〉の形成要因を結果述語の使役動詞化（能格化）に求めているのである。しかし、Gu（1992：110-112）や宋文輝（2006：116）が指摘する通り、"酒可以醉人"式の表現は、現代語では慣用的なものである。このような文は、目的語を付け替えると非文になる。

（3）a.*那　种　声音　　烦　　　了　李四。
　　　　あの CL　音　いらいらさせる ASP 李四
　　　（あのような音が李四をいらいらさせた。）

b.*这 个 消息　急　　了 张三。
　　この CL 知らせ 慌てさせる ASP　張三
　　（この知らせが張三を慌てさせた。）

c.*这 份 工作　累　　了 李四。
　　この CL 仕事 疲れさせる ASP　李四
　　（この仕事が李四を疲れさせた。）

d.*那 瓶 酒　醉　　了 张三。
　　あの CL 酒 酔わせた ASP　張三
　　（あの酒が張三を酔わせた。）

(Gu1992：111)

　目的語に固有名詞を取る上の用例は、全て不適格となる。"酒可以醉人"式の表現は古代使動用法の名残であり、目的語は総称的な"人"の場合に限定される傾向にある（太田1958：244）。"*酒可以醉这种人"（酒はこのような人を酔わせる）も容認されない文である。同様に、"*那顿饭坏了肚子"（ご飯がお腹を壊した）も、やはり文として成立しない。現代語において、第二動詞が使役動詞に転化するという統語的証拠は得ることができないのである（第1章3.2節および第2章3.1節参照）。任鷹（2001）の所論も、中国語の言語事象に即した見解とは言い難い。

　もう1つ、使役の関与を説いた論考を挙げておく。それは、第1章でも取り上げた王玲玲（2001）の理論的分析である。当該論文では、第一動詞と第二動詞の双方に使役軽動詞との「併合（merge）」を仮定する。このような形で第一動詞にも「使役化」を想定しているのは、言うまでもなく、文頭の主語が原因項となる理由を説明するためである。だが、この考え方も、"*故事听了大家伙儿"（物語がみんなを聞かせた）とは決して言えないように、統語的証拠を得ることができない（第1章3.4節参照）。王玲玲（2001）の他に、袁毓林（2001）もこのタイプに二重の使役構造を仮定している。しかし、VR構造の使役の出どころや形成パタンの問題が未解決であるために、このような周辺的な結果構文が派生

する動機を解明するには至っていない。宋文輝（2006）は、〈原因型〉に認められる使役義について次のように述べている。

> 虽然也有动词可以使动化的情况，但是也有很多情况是动结式的动词和补语都不能使动化，而动结式却可以使动化。这就迫使我们必须从一个新的角度来寻求问题的解决。
> （動詞の使役化が起こることもあるが、多くの場合、動補構造（動結式）の動詞と補語にはどちらも使役化が起こらないのに、動補構造は使役化されている。これは、私たちに新たな角度から問題解決の糸口を探し求める必要を迫るものである。）(p.117)

任鷹（2001）や王玲玲（2001）の分析が示すように、使役義の問題に対して還元論的アプローチを用いると、言語事実との間に齟齬が生じ、中国語を歪んだ姿で映し出す結果となる。

〈原因型〉の形成問題は、生成文法理論だけでなく、構文文法理論を使ってもうまく解決することができない。既に第2章3節で指摘したように、合成性（compositionality）の概念に立脚した言語分析を批判する構文文法は、構文独自の持つ意味役割を「項役割（argument roles）」、動詞が名詞句に付与する本来的な意味役割を「参与者役割（participant roles）」と呼んで区別している。その中で動作主（agent）項だけは別格であり、他の項役割、すなわち patient や result-goal と違って、必ず動詞本来の参与者役割と融合（fuse）されなければならない。Goldberg（1995［2001］）は、このことを次のように記述している。

> A verb such as *become* with the participant roles '<**patient result-goal**>' can not integrate with the construction, because the construction specifies that the agent role must be fused with an independently existing participant role of the verb (this is indicated by the solid line from the construction's agent role

to the PRED role array).
(参与者役割 <patient result-goal> を持つ become のような動詞も結果構文に統合できない。なぜなら、agent 項は、動詞が本来持っている参与者役割と融合されなければならないと構文が規定しているからである（このことは、構文の agent 項役割と PRED（動詞）の参与者役割を結ぶ実線で示される）。(p.190 [p.260,261])

このように、構文的アプローチでは、主語位置にある動作主に特別な地位を与えている。主語名詞句と第一動詞の項構造との間に文法関係が成立しない〈原因型〉は、この規定に対する明らかな反例となる。認知的アプローチを採る構文文法の考え方も、「行為者主体の文法観」から抜けきれていないのである。

それでは、〈原因型〉の結果構文は、一体どのような動機と仕組みで形成されるのであろうか。以下で従来の分析に対する本研究の代案を示そう。まず、不適格となる次の文の内部構造から先に考えてみたい。

(4) a.*这　个　球　踢　　碎　　了　玻璃窗。
　　　 この CL ボール 蹴る－割れる ASP ガラス窓
　　　（意図する意味：(誰かが) このボールを蹴ってガラス窓を割った。）
　　b.*这　些　家具　搬　　坏　　了　地板。
　　　 この CL 家具 運ぶ－壊れる ASP 　床
　　　（意図する意味：(誰かが) これらの家具を運んで床を傷つけた。）
　　c.*那　首　歌　唱　　烦　　了　他。
　　　 あの CL 歌 歌う－うんざりする ASP 彼
　　　（意図する意味：(誰かが) あの歌を歌って彼をうんざりさせた。）

先の適格性を示す(1)の文と同様に、上の各文における文頭の主語名詞句も第一動詞の内項（被動者）となっている。つまり、主語の具現する統語的条件は (1) の文と同じであるにもかかわらず、こちらの場合

第6章 〈原因型〉——周辺的な結果構文とその拡張パタン　189

は非文法的である。(1) と (4) の適格性の判断の違いは、どこから生じるのであろうか。

(4) の用例の内部構造を注意深く観察すると、両者の間には次のような違いがあることに気付く。すなわち、適格性を示す (1) の文では、本来ならば文頭の主語位置にあるはずの第一動詞の動作主が、文末の目的語位置に移動している。これに対し、不適格となる (4) の文では、それぞれの訳文が示すように、第一動詞の動作主は被動者に置き換えられており、統語上から消えて無くなっている。言い換えると、適格性を示す文は全て、第一動詞の動作主が自らの動作・行為によって状態変化を受ける側に立っている。使役行為者と変化対象が重なるのである。その証拠に、(4c) の文は、もし文末の目的語"他"（彼）を第一動詞"唱"（歌う）の意味上の主語（動作主）と捉えて、「その歌は、（彼が歌って）自分がうんざりする結果になった」という意味に解するならば、直ちに容認される。

以上の考察から、本研究では、〈原因型〉が形成される仕組みを次のように分析する——〈原因型〉は、再帰的な使役構造を持つ〈自動型〉が、臨時的なエネルギー源として捉え直された「原因（Cause）」を新たに文頭の主語位置に導入した結果、生じたものである。すると、(1) の各文の意味構造は、次のように表示することができる。

(5)　a.　[(他喝)这瓶酒] CAUSE [[他ⅰ喝] CAUSE [他ⅰ醉了]]
　　　　→这瓶酒　CAUSE 他喝醉了
　　　　→这瓶酒喝醉了他。
　　b.　[(我吃)那顿饭] CAUSE [[我ⅰ吃] CAUSE [我ⅰ的肚子坏了]]
　　　　→那顿饭　CAUSE 我的肚子吃坏了
　　　　→那顿饭吃坏了我的肚子。

(5a) は"这瓶酒"（この酒）が"他喝醉了"（彼は飲んで酔っ払った）という事態を引き起こすことを示している。前章で述べたように、〈自動

型〉の"他喝醉了"は、使役者（動作主）と変化対象を同一視する使役構造を具えている。「自分で自分をある状態にする」という再帰的な意味構造を持つのである。したがって、〈原因型〉が派生する前の〈自動型〉は、主語名詞句に対象（Theme）を取る、動作主項を持たない非対格用法である。Huang（2006）は第一動詞（他動詞および非能格動詞）の非対格化を主張するが、この分析には問題がある（次節参照）。非対格化を遂げているのは、VR構造全体と捉えるべきである。すると、〈自動型〉には動作者の意志性が介在しないことになるので、そこに原因項が付加される現象を一般言語学的な立場から平明に説明することが可能となる。要するに、〈原因型〉は、二重使役の意味構造を持つのである。

　なお、本研究では、虚目的語を取る結果構文を〈自動型〉に含めた（第5章4節参照）。(5a)の意味構造は、その虚目的語が原因（Cause）として捉え直され、文頭の主語位置に具現していることを示している。派生前の〈自動型〉は、再帰的な意味構造を持っている。つまり、使役の関与が認められるから、本研究の分析に従えば、その事態を引き起こした原因、すなわち"这瓶酒"（この酒）を主語として取ることは不自然ではなくなる。虚目的語を取る文を〈自動型〉に含める本研究の見方は、この点からも支持される。

　ここまでの考察と分析から、次の結論を導き出すことができる——文頭に原因項が具現する動機は、〈自動型〉から〈原因型〉へのヴォイス転換、つまり自他交替にある。〈原因型〉は、「結果に行為を継ぎ足す」VR構造の形成パタンが拡張を遂げて生じた結果構文である。

　〈原因型〉に生起する主語名詞句は、状態変化を引き起こすのに十分な使役力を具えた特定の事物または人でなければならない（木村1992；王玲玲2001；宋文輝2006；施春宏2007 他）。したがって、非指示的（non-referential）な名詞句が主語として用いられると、不適格となる。

第6章 〈原因型〉——周辺的な結果構文とその拡張パタン　191

(6) a. *酒 喝　醉　了 他。
　　　　 酒 飲む－酔う ASP 彼
　　　　（意訳：彼は酒を飲んで酔っ払った。）
　　b. *饭　　吃　　坏　了 我 的 肚子。
　　　　 ご飯　食べる－壊れる ASP 私 〜の 腹
　　　　（意訳：私はご飯を食べてお腹を壊した。）
　　c. *书 写　　累　了 他。
　　　　 本 書く－疲れている ASP 彼
　　　　（意訳：彼は本を書いて疲れた。）

　(6)の各文は、主語名詞句に十分な意味的条件、すなわち「致使力」が具わっていないので容認されない（第2章2.5節参照）[1]。
　一方で、この主語名詞句の意味役割を道具（Instrument）と見なす意見もある（望月1990b；秋山1998）。しかし、動作の受け手が直ちに道具に置き換えられるとは考えにくい。道具主語文と呼ぶことができるのは、次のようなVR構文の場合であろう。

(7) a. 这 把 斧子 砍　　倒 了 大树。　　（崔承一1991：29）
　　　　 この CL 斧 切る－倒れる ASP 大木
　　　　（この斧で大木を切り倒した。）
　　b. 炸弹 炸　　断　了 大桥。　　　　（同上）
　　　　 爆弾 爆破する－切れる ASP 橋
　　　　（爆弾で橋を爆破した。）

---

[1] VR構文の主語名詞句に課せられるこの意味論的制約は、"把"構文を使用すると幾分か緩和される。一例を挙げると、"*哈密瓜吃美了她"（ハミウリは彼女をきれいにした）は容認されないが、"哈密瓜把她吃美了"とすれば、文として成立する。张伯江（2000, 2001）参照。

c. 铁锤　打　　碎　　了　玻璃窗。
　　　　　金槌　叩く-割れる　ASP　窓ガラス
　　　（金槌で窓ガラスを割った。）

　上例の主語名詞句は、第一動詞に対して道具の役割を担っている。このような文では、道具の秘める力ないし機能が対象物に作用して、何らかの変化を引き起こすという理解を自然に得ることができる。道具名詞がメタファー的拡張を伴って、使役者（動作主）と同じように振る舞うのである。
　再度述べると、ここで問題にしている「原因」とは、動作をする側にある状況を生じさせる動機を供給するものである。したがって、Langacker流に言えば、これは、行為連鎖上で動作主の立つ位置よりもさらに上流に（つまり、先方に）位置することになる。二重使役の意味構造を想定する理由はここにある。このように、周辺的な〈原因型〉結果構文は、「結果に行為を継ぎ足す」VR構造の派生パタンの延長線上で捉えることができる。

6.3　Vが1項述語の場合

　前節では、〈自動型／原因型〉の自他交替パタンの存在を指摘した。〈原因型〉は、第一動詞が他動詞だとは限らない。第一動詞が1項述語、すなわち自動詞や形容詞の場合にも認められる。このタイプの〈原因型〉では、VRを構成する2つの述語のどちらの項構造とも一致しない名詞句が、文頭の主語位置に具現することになる。

　（8）　a.　这　件　事　哭　　　累　　　了　张三。　　（Sybesma1999：37）
　　　　　　この　CL　こと　泣く-疲れている　ASP　張三
　　　　　（意訳：このことで張三は泣き疲れた。）

b. 冰雪　　　冻　　僵　　了我 的手。
　　　　氷のような雪 凍える－硬直する ASP 私 〜の 手
　　　（意訳：氷のように冷たい雪で私の手がかじかんだ。）
　　c. 那　场 饥荒 饿　　死 了　很　多 人。　　（Li1995：268）
　　　　あの CL 飢饉 飢える－死ぬ ASP とても 多い 人
　　　（意訳：あの飢饉で多くの人が飢え死にした。）

　上例はいずれも述語部分が「1項述語+1項述語」の組み合わせを持つが、主語名詞句とこの2つの動詞述語の間には文法的意味関係が認められない。影山（1996）と Washio（1997）の「派生的（強い）結果構文」では、項整合の条件を満たしていない名詞句が目的語（post-verbal NP）の位置に現れることがあるが、中国語結果構文では、そのような名詞句が主語の位置に現れる。中国語には、主語と述語の「一致（agreement）」を文成立の基本条件とする英語型の言語とは異質のメカニズムが働いている。私たちは、このことにもっと注意を払うべきであろう。同じタイプの用例を補っておく。

（9）a. 敲门声　惊　　醒　　了 莉莉。　　　　（石村 2000：153）
　　　　ノックの音 驚く－目覚める ASP 莉莉
　　　（意訳：ノックの音で莉莉は驚いて目を覚ました。）
　　b. 这　杯 伏特加 醉　　倒　了 李四。　　（Huang2006：9）
　　　　この CL ウォッカ 酔う－倒れる ASP 李四
　　　（意訳：このウォッカで李四は酔いつぶれた。）
　　c. 硬板床　睡　痛　了 我 的 腰。　　　　（施春宏 2007：24）
　　　　硬い寝台 寝る－痛める ASP 私 〜の 腰
　　　（意訳：固い寝台に寝て私は腰を痛めた。）
　　d. 多年 的　农活　　累　　病　了 他。
　　　　長年 〜の 畑仕事 疲れている－病む ASP 彼
　　　（意訳：長年の畑仕事で彼は疲れて病気になった。）

既に第1章でも言及したように、第一動詞を主要部と見るC&H(1994)とHunag(2006)は、〈能格型〉の他に非能格動詞も〈能格型〉に転じて、そこから〈原因型〉が派生すると記述している[2]。

(10) a. 他　写　　累　了。
　　　　彼　書く‐疲れている　ASP
　　　　（彼は書き疲れた。）
　　b. 那　本　书　写　　累　　了李四。
　　　　その　CL　本　書く‐疲れている　ASP　李四
　　　　（意訳：李四はその本を書いて疲れた。）

(C&H1994：190)

だが、この分析には問題がある。非意志性を意味特徴とする非対格動詞の中には、原因（Cause）を主語に取って使役動詞に転ずるものがある。だが、継続相を持つ非能格動詞が原因主語を取ることは、人間言語の一般的な性質からすると、通常は起こり得ないとされている(Grimshaw1990：24；王玲玲2001：18；三原2004：135, 136)。中国語もその例外ではない。

(11) a. *The book read him.　　(Huang2006：2)
　　　　（その本は彼を読ませた。）
　　b. *那　本书　看　了他。
　　　　その　CL　本　読む　ASP　彼
　　　　（その本は彼を読ませた。）

---

[2] (10)の用例に関して、"写"（書く）は2項述語であるから、本研究の分析では前節で扱うべきだが、彼らは実際にはこれを1項述語として分析しているので、本節で取り上げることにする。

第6章 〈原因型〉——周辺的な結果構文とその拡張パタン　195

　上例の不適格性は、原因主語の生起に述語の意志性が関与しないことを示している。それにもかかわらず、(10b) の文が示すように、第一動詞に意志性動詞を取る VR 構造であっても、原因主語は生起し得る。この点について、Huang (2006) は次のように言う。

> Mandarin Chinese allows both an unaccusative resultative and an unergative resultative to be causatived, but English allows only unaccusatives to be causativised.
> (標準中国語では、非対格用法も非能格用法も使役化を許容する。だが、英語では、非対格用法の使役化しか認められない。) (p.12)

　中国語では、なぜ意志性動詞に使役化現象が起こるのであろうか。その理由について、還元論的アプローチを採る Huang (2006) は、非能格動詞は軽動詞 BECOME と「併合 (merge)」ないし「合成 (conflate)」して非対格用法に転化しているからだと説明する。しかし、非能格動詞の非対格化を理論的に予測することは極めて困難である。このことは、Huang 自身も認めている。

> This feature of these verbs obviously does not exist in *all* action denoting unergative or transitive verbs, however, so it is not immediately clear how the idea that 唱累 'sing-tired', 追累 'chase-tired', 哭醒 'cry-awake' may be unaccusative in Chinese (but not in English or many other languages) can be justified.
> (これらの動詞の持つこの特性は、非能格動詞や他動詞が表す全ての行為に認められるわけではない。それゆえ、「歌う＋疲れる」、「追う＋疲れる」、「泣く＋目が覚める」が（英語や他の多くの言語では非対格ではないのに）中国語では非対格であるという考え方をどうやって正当化できるかは、すぐには分明ではない。) (p.23)

中・英両言語における「合成」の仕方の違いを、Huangは「語彙化パラメータ」の違いに帰している。しかし、"唱"（歌う）や"追"（追う）のような意志性動詞が非対格化を遂げるとは、俄かに考えにくい。そこから非意図的な意味を汲み取ることは不可能であろう。Huangの所論も理論上の仮説にすぎず、中国語の事実に即した意見とは認め難い。

仮にこの点には目をつぶり、第一動詞が非対格動詞であるとしよう。しかし、これも繰り返し指摘してきた通り、原因項の導入には使役の関与が必要である。これは、精密意味論の考え方（Grimshaw1990）でもある。第一動詞を付加詞（adjunct）とするHuang論文は、派生前の〈能格型（非対格用法）〉の内部構造を等位的に捉えている。使役に言及しなければ、原因主語が統語上に具現する理由を理論的に予測することはできない。Huangの理論分析は、この点においても疑問が残る。実際の言語事象に照らすと、思弁的な説明に終始している感が拭えない。

本研究の分析によると、派生前の〈自動型〉は、再帰的意味構造を持つ。使役の関与は、この意味構造の導入によって保証される（本論第5章3節参照）。先ほどの(8)や(9)、(10b)の各文における第一動詞の意味上の主語は同一指示的である。この統語成分は、前節でも指摘したように、原因項によって置き換えられたのではない。文末の目的語位置に移動しただけである。事実、第一動詞の意味上の主語が統語上に具現しない〈受動型〉は、原因項の導入を受けることができない。

(12) a. 手帕　哭　　湿　　了。
　　　　ハンカチ 泣く-ぬれている ASP
　　　　（ハンカチが（泣いて）ぬれた。）
　　b. *这　件　事　哭　　湿　　了　手帕。　　　（C&H1994：215）
　　　　この CL こと 泣く-ぬれている ASP ハンカチ
　　　　（意訳：この事で泣いてハンカチがぬれた。）

(12a)の〈受動型〉には、第一動詞"哭"（泣く）の意味上の主語は、

第6章 〈原因型〉——周辺的な結果構文とその拡張パタン　197

形式上、存在しない。このような文に原因項を導入しようとすると、(12b) の文が示すように、非文法的な文を産み出す。前節に例示した (4) が不適格となる理由も、同じように説明することができる。第1章でも指摘したが、〈受動型〉と〈自動型〉を区別しない Sybesma (1998) の小節分析は、(12b) の不適格性を予測することができない。この2つのタイプは、意味構造が異なるものとして明確に区別される必要がある。(8) の各文の意味構造を示すと、次のようになる。

(13) a. 这件事 CAUSE [[张三$_i$] 哭 CAUSE [张三$_i$ 累了]]
　　　→这件事 CAUSE 张三哭累了
　　　→这件事哭累了张三
　　b. 冰雪 CAUSE [[我的手$_i$ 冻] CAUSE [我的手$_i$ 僵了]]
　　　→冰雪 CAUSE 我的手冻僵了
　　　→冰雪冻僵了我的手
　　c. 那场饥荒 CAUSE [[很多人$_i$ 饿] CAUSE [很多人$_i$ 死了]]
　　　→那场饥荒 CAUSE [很多人饿死了]
　　　→那场饥荒饿死了很多人

　上の意味構造に基づくと、(8a) の文は、"这件事"（この事）が原因で「張三は泣き疲れた」という出来事が生じたことを表している。同様に、(8b) の文は、"冰雪"（氷のような雪）が原因で「私の手はかじかんだ」という出来事が生じたことを表している。さらに (8c) の文も、"那场饥荒"（あの飢饉）が原因で「多くの人が餓え死にした」という事態に至ったことを叙述している。原因主語が統語上に具現することができるのは、この意味構造が示すように、派生前の〈自動型〉が使役の意味構造を有するからである。C&H (1994：190) が例示する (10b) の文も、同じ二重使役の意味構造を用いて、その派生の仕組みを説明することができる。

(14) [（他写）那本书] CAUSE [[他ⅰ写] CAUSE [他ⅰ累了]]
　　　→那本书 CAUSE [他写累了]
　　　→那本书写累了他

　このように、"那本书写累了他"は、再帰的意味構造を持つ〈自動型〉の"他写累了"（彼は書き疲れた）に原因主語"那本书"（その本）が導入されて派生したものと解するべきである。"写累"にも使役構造を認めれば、C&H（1994）やHuang（2006）の分析の問題を合理的かつ体系的に解消することができる。
　次のような多義文の問題も、本研究が提案する〈他動型〉と〈原因型〉の違いとして捉えれば、直ちに解決する。

(15) 他　　吓　　　呆　　了　我。　　（王玲玲 2001：13）
　　　彼 驚く／驚かせる ぽかんとする ASP 私
　　（a. 彼のせいで私は驚きのあまりぽかんとした。）
　　（b. 彼は私を驚かせて私はぽかんとした。）

　上の（15）の文は、第一動詞の"吓"（驚く・驚かす）が自・他２つの文法機能を有する動詞であることから、構造的に多義となる。"吓"を自動詞「驚く」の意味に解すると、aの意訳が示すように、〈原因型〉となる。"他"（彼）が原因で、「私は驚き呆然となった」のである。主語の"他"は有生名詞であるが、このときの意味役割は原因（Cause）となる。一方、"吓"を他動詞「驚かす」の意味にとると、bの意訳が示すように、〈他動型〉の内部構造を持つことになる。「彼は私を驚かせた結果、私は呆然となった」のである。〈他動型〉の読みでは、主語の"他"は動作主となり、「彼」が意図的に「私」を驚かせたことになる。なお、アスペクト的基準に基づく動詞分類に照らすと、他動詞"吓"（驚かす）は達成動詞ではなく、活動動詞に分類される（第３章の例（4）参照）。これを使役動詞とは認定できないから、aの解釈は、やはり二重使役構

造を用いなければ得ることができない。

　本節では、第一動詞に1項述語を取る〈原因型〉の形成問題を論じた。これまで多くの論考では、"跑累"（走り疲れる）のようなVR構造を等位的な連結と見なしてきたが、本研究では、このような複合体にも再帰的意味構造を想定して使役の関与を説いた。要するに、2つの述語の項構造が関係しない名詞句が原因主語として生起する動機は、〈自動型／原因型〉の自他交替にあると結論することができる。

6.4　本章のまとめ

　以上の検討から明らかなように、周辺的な〈原因型〉結果構文は、二重使役の意味構造を持つ。これは、再帰的意味構造（使役構造）を持つ〈自動型〉が原因項の導入を受けて派生したものである。項整合の条件を満たしていない名詞句が主語位置に具現する動機は、〈自動型〉を基本形とする自他交替（語彙的ヴォイス転換）にある。本研究の分析を用いれば、非能格動詞から〈原因型〉が派生することを論じたC&H（1994）やHuang（2006）の問題にも、体系性の観点から納得のいく説明を与えることができる。

　〈原因型〉における2つ目のCAUSEの継ぎ足しは、第2章で見た「結果に原因を継ぎ足す」派生方向を拡張したものである。「一致（agreement）」に象徴される西洋語の論理、いわば「行為者主体の文法観」に立った分析から、この特異な文法現象を解き明かすことはできないであろう。周辺的な構文には、その言語の志向性に見合った派生動機が存するのである。

第7章　古代使動用法と使成式の継承関係について

7.1 はじめに

　VR構造（以下、本章では「使成式[1]」と呼ぶ）は、語彙の複音節化とともに上古漢語と区別される重要な文法形式であり、その形成過程は中古漢語における最も特徴的な現象として重要視されてきた。使成式の成立に関して、王力（1958）は「前代の単音節動詞における他動詞的機能に代替するものである」と述べ、新たに出現したこの文法形式が古代使動用法の衰退・消失と密接に関わっていることを指摘している。しかし、「使動用法の消失」によって使成式の分析に大きな不都合が生じることになった。この構造を特徴づける肝心の使役の在りかが説明できなくなったのである。
　第2章で詳述したように、使成式が表わす使役義は語順によってもたらされる。使動用法は消失したのではない。"打破了杯子"（コップをたたき割った）のような例に見られる統語形式そのものが、使動用法なのである。述語の形こそ単音節から複音節構造へと変化したが、使成式に生じる使役義も「ゼロ形式」で実現していることに変わりはない。使動用法は動賓構造という句型を利用した使役義表出法であることに改めて思いを致す必要がある。

---

[1] この用語を最初に用いたのは王力であるが、その適用範囲は第一動詞が他動詞のものに限られている（王力 1958：403）。本研究でいう使成式とは、これまで見てきたように、ある動作・行為が、その対象物に何らかの状態変化を引き起こすという使役の場面状況を表す点に特徴がある。なお、本章における中国漢字は、文例と併せて全て伝統字に統一した。

202

　本章では、使成式の形成過程に関する歴史的解釈に重点を置きながら、「使動用法は複音節化した」という新たな見方を通じて、古代使動用法と使成式との間に継承関係が認められることを述べる。そして、この提案を基に、使成式の主要形成ルートは新興の兼語式（隔開式）ではなく、第二動詞に使動用法を持つ並列式であるとの主張を行う。

7.2 使成式の使役義について

7.2.1 古代使動用法と使成式の接点

　使成式の成立年代については、先秦説（潘允中 1982）、漢代説（王力 1958；祝敏徹 1963；何樂士 1992）、南北朝説（志村 1974；梅祖麟 1991；蔣紹愚 1999）、唐代説（太田 1958）と諸説あるが、使動用法の衰退が使成式の発達と密接に関連することは、もはや定説となっている。王力（1958）は、使動用法（"致動"）が臨時的な役割であることを指摘した上で、次のように述べている。

> 由致動發展為使成式，是漢語語法的一大進步。因為致動只能表示使某種事物得到某種結果，而不能表示用哪一種行為以得到此一結果。
> （使動用法が使成式に発展したことは中国語文法の一大進歩である。なぜなら使動用法はある事物を何らかの結果に至らせることを表すのみで、どのような行為によってその結果に至ったかを表すことはできないからである。）（p.403）

　そして、古代使動用法と現代語の使成式の対応関係を示すものとして、次のような例を挙げている。用例の左列が使動用法、右列がそれに対応する現代語である[2]。

(1) 小之（これを小さくする）：削小它
　　潔之（これをきれいにする）：洗乾淨它
　　正之（これを正す）：糾正它
　　死之（彼を殺す）：殺死他
　　廣之（これを広げる）：放寬它
　　活之（彼を生かす）：救活他

(王力 1958：403)

　古代使動用法は上古から中古の時代にかけて活発に用いられたが、現代語の使成式は、この失われた使動用法を埋め合わせるかのように、使役的他動詞（状態変化動詞）として頻繁に用いられる。この使成式の使役義は一体どこから生じるのか——当該構造に関する喫緊の研究課題は、この問題を明らかにすることにあったといっても決して言い過ぎではない。周紅（2005）は、「「動詞＋結果補語」構造文は使役を表現することができる。その意味的条件は何かという問題についても研究は始まっているが、依然として我々の研究の１つの弱点となっている（動結句可以表達致使，其語意條件是什麼，人們也開始對之進行研究，但仍然是人們研究的一個弱點）」(p.402)と述べている。

　結論を先に述べると、語と語の意合的な関係（つまり、語順）から生じる使成式の使役義は、古代語の使動用法と同じ仕組みによって生じるものと考える。以下本章では、このことを検証しながら、古代語と現代語の継承関係について改めて考えてみたい。

　そもそも、使動用法とはどのような文法概念を指すのであろうか。まずは、この用語の中身について明確にしておく必要がある。

　使動用法の特質は、語順を利用する点にある。

---

2) 李佐豊（1994）の調査報告によれば、使動用法は、通例、非意志性の自動詞（"內動詞"）に認められる。意志性の他動詞が使動賓語を取る数少ない動詞として、李は、"飲"（飲む）、"食"（食べる）、"衣"（着る）、"見"（見る、会う）、"從"（従う）などを挙げている。

(2) 這種形式只是利用詞序而不使用任何虛詞。
(この種の形式は語順を利用するのみで、いかなる虚詞も用いない。)

(雅洪托夫 1969［1986：105］)

意味の上では、次のように定義されている。

(3) 使動用法就是主語所代表的人物并不施行動詞所表示的動作，而是致使賓語所代表的人或事物施行這個動作，或致使它們產生某種結果。
(使動用法とは、主語が表す人物が動詞の表す動作を行うのではなく、目的語が表す人や事物にこの動作を起こさせたり、あるいはそれらに何らかの結果を生じさせたりすることである。)

(李佐豐 1983：117)

語順を利用する場合、文法的意味は語と語の意味関係から生じる。したがって、これは明らかに統語レベルの概念である。ゼロ形式で実現する以上、使役の出どころを文中の語に求めるべきではない。ところが、使動用法はこれまで往々にして、「品詞転換」や「使役動詞化」といった語彙レベルの概念と混同されてきた。

周知のように、使動用法を初めて正式に提示したのは陳承澤（1922）だが、陳はこれを"活用"の一種と捉えている。ここでいう「活用」とは、ある単語を本来の品詞で使うのではなく、臨時に他の品詞として使うことである（楊柏峻・何樂士2001：85）。使役の出どころを文中の述語動詞に求めているのであるから、臨時のものとは言え、この品詞転換説は「使役化」説に通じる。潘允中（1982）も「使動用法の成立は、語順に依存している（使動法之所以能成立，是靠詞序）」（p.229）と説明しながら、使動用法を"使動詞"ということばで置き換えている。近年でも、梁銀峰（2006：25, 31）は、他動と使動を文法機能的に同等と見なして、漢代に発達した並列式を"Vt1＋Vt2/Vi-t2＋O"（Vtは他動詞、Viは自動詞・形容

詞を表す。以下同じ）と表記している。これらの分析は、統語的概念を語彙レベルで処理している点において、問題があると言わざるを得ない。

　もし並列式の第二動詞 V2 を他動詞と見るならば、使役の意味は元からその語に具わっていることになるから、説明上なんら矛盾は生じない。「清濁別義」のような内部屈折（internal inflection）も、その語に内在する属性であるから、語彙レベルの用法である[3]。ちなみに、この形態法は後漢に衰退し始め、唐代にはほぼ完全に消滅すると言う（梅祖麟 1991：130）。

　確かに太田（1958：205）が指摘するように、使動と他動の違いは語形から判別することができず、特定しにくい場合が多い。並列式の V2 についても、使動と他動の間で未だに意見が分かれている（李佐豐 1983；蔣紹愚 2000）。加えて、V2 には他動も使動も含まれていたという意見[4]や、V2 には上古時代から自動詞としての使用が優位な動詞が少数ながら存在したという意見[5]もあり、事情はかなり複雑である。こうしたことから、古代語の分析に自他の区別を持ち込むことに異議を唱える者さえいる（小方 1997 参照）。しかし、いずれの立場をとるにせよ、用語による混乱は避けなければならない。

　本研究の見方はこうである——使動用法に動詞の「使役化」は関与しない。使役動詞の使役義はその動詞が具える属性となるが、使動用法の場合はそうではない。そこで用いられる語には文法的要素がなく、ただ意味が並んで存在するだけである。したがって、これを使役動詞と見な

---

3) 梅祖麟（1991）は、「清濁別義の主な形態的機能は他動と自動を分別することである。すなわち、清音声母は他動詞、濁音声母は自動詞である（清濁別義的主要構詞功能是分辨他動、自動；清音聲母是他動詞，濁音聲母是自動詞）」（p.130, 131）と述べている。
4) 蔣紹愚（2000）によれば、"壞"（壊す）や "敗"（破る）などのように、自動詞の使動用法だったものが慣用化して他動詞に転じたものがあると言う。
5) 梁銀峰（2006：74-77）は、上古漢語にも自動詞としての使用が優位な動詞があり、これらを第二動詞として取る "煎沸"（煮て沸かす）、"冶精"（精錬する）といった複合述語は、並列式か使成式か見極めが困難であると述べている。梁はこのタイプを "准動補結構"（準動補構造）と呼んでいる。

すことはできない。王力（1944, 1958）や潘允中（1982）の説明も、使動用法が語順の組み換えによって生じることを指摘しながらも、その使役義を動詞に還元している点において、やはり十全ではないと考える。現代語の形容詞を使った次の用例を見られたい。

(4) 　a. 這兒交通很方便。
　　　　（ここは交通がとても便利だ。）
　　　b. 大大方便了顧客。
　　　　（大いに顧客の便宜を図る。）

（陸儉明 1994：30）

上のa文は通常の形容詞述語文だが、b文はその使動用法である。陸儉明（1994）は両文の違いについて、「これは語義上の違いではなく、"方便"が目的語を取るという型式が付与する、文法的意味がもたらした違いである（這不是詞彙意義上的差別，而是由"方便"帶賓語這種格式所賦予的語法意義所造成的差別）」（p.31）と説明する。陸のことばを借りれば、使動用法の使役義とは、「統語的な型式がもたらす文法的意味（句法格式所產生的語法意義）」（p.31）のことである。要するに、使動用法とは動賓構造の持つ型の力を利用した、語と語の意味関係に基づく臨時の文法的手段のことであるから、これは明らかに統語レベルの文法概念である。このゼロ形式の使役義は、兼語式に使われる"使"や"令"とまさに等価的である。張柏青（1983）は古典の註釈を引用しながら、次のように指摘している。

　　　他們以為既然提動詞（包括由名詞、形容詞轉來的）的使動用法，那就應該屬於詞法範疇，於是就創造"使動詞"或"致動詞"來代替"使動用法"。殊不知這樣考慮問題，是把詞法和句法混淆了。〈中略〉我們認為，把"使動用法"看成詞法問題，把其中的動詞理解為有"致使"的意義，用"使動詞"來代替"使動用法"或者把二

者等同起來，都是不妥當的。
（彼らは動詞（名詞、形容詞が転じたものを含む）の使動用法について述べる以上、形態論の範疇に属するはずだと思い込み、「使動詞」や「致動詞」という用語を創って「使動用法」に代えている。だが実際は、このように考えて形態論と統語論を混同している。[中略]「使動用法」を形態論の問題と見なし、その中の動詞を「使役」の意味に解して「使動用法」を「使動詞」ということばで置き換えてみたり、両者を同等視したりするのはいずれも不適切であると考える。）(p.24, 25)

陸や張の記述は、使動用法の本質を言い当てているように思える。

さて、使動用法が統語的範疇に属するものであるとすると、使成式の使役義の表し方も、原理的には古代語の仕組みと同じである。"貓咬死了老鼠"（ネコがネズミを噛み殺した）という文を例に見てみよう。この文は、「ネコがネズミを噛んだ結果、そのネズミが死んだ」という意味内容を表している。"咬死"のような「他動詞＋自動詞」の組み合わせが「ネズミを噛んで死に至らしめる」、つまり「殺す」と、一種の状態変化使役を表すのである。"*咬殺"のような「他動詞＋他動詞」の組み合わせは容認されない。ところが、"咬"も"死"も、個別に見ると使役の意味とは無関係である。従来の研究では、この複合構造の使役の出どころを解明することができなかった。

第2章で主張した内容を再度確認しておきたい。VR構造の使役義に関する問題は、当該構造を2つの述語を羅列した形式、すなわち「連続動詞（serial verbs）」と見なせば解決する。複合述語の後ろに目的語を従える統語形式は、目的語（変化対象）に対する使役力の強化を意味する。

(5) 貓 咬 死了 老鼠
　　　↓ ① 語順の逆転による複合化
　　　② 語彙的使役機能の獲得

現代語では、"*貓咬老鼠死了"のような分離型の語順は不適格となる。状態変化のような優れて高い使役の場面状況を表現する際、中国語は複合述語"咬死"全体を一語動詞に見立てた動賓構造の持つ型の力、すなわち「使動用法」を利用するのである。この主張が現代語の述語体系から見ても妥当であることは、既に第3章と第4章で検証した通りである。

この使役義の問題に関しては、第二動詞に古代使動用法が顕現するという説が提出されている（龔千炎1984；湯廷池1992a,b；任鷹2001他）。しかし、この主張は受け入れがたい。第二動詞の品詞性は変化していないし、そこに使動用法は作用していない。一部の言い回しや慣用的な表現を除くと[6]、"*小它"（それを小さくする）、"*死他"（彼を殺す）、"*干净它"（それをきれいにする）などの不適格性が示すように、第二動詞は既に他動詞機能を失っている。目的語を取るのは複合述語全体と見るべきである（第1章3.2節および第2章3.1節参照）。

これまで、使動用法は古代語に特徴的な文法現象とされ、現代語では既に消失したと考えられてきた。だが、使動用法は衰退も消失もしていない。複音節化したのである。

7.2.2 「文法化」説の問題点

使成式の使役義に関する本研究の主張は、「文法化 (grammaticalization)[7]」を掲げる石毓智・李訥（2001）やShi（2002）の意見と鋭く対立することになる。これらの論考は、使成式の成立が現代語の文法体系に与えた影響について通時的観点から述べたもので、使成式の形成要因を第二動詞の「接語化」ないし「接辞化（形態化）」に求めている。結果を表す統語的成分を、文字通り「補語 (complement)」と見なすのである。

[6) 王力（1944［1954：160］）は古代使動用法の名残と見られる例として、"止痛"（痛みを止める）、"起兵"（挙兵する）、"動手"（着手する）などを挙げている。
[7)「文法化」とは、実質的な意味を有する自律的な語彙項目がその実質的な意味と自立性を失い、文法的な機能を担うように変化する過程のことを言う。

彼らが提唱する「文法化」説は一見、使成式に生じた複合化の動機をうまく説明しているように思える。だが、彼らの主張内容には、次の4つの点においてなお疑問が残る。

1点目は、大方の見方と異なり、使成式の来源を"可分離式動補組合"（以下、「分離型」と呼ぶ）にあるとして、漢代並列式との関係を一切認めていないことである（Shi 2002：chap.3）。彼らは、文法化理論の枠組みをそのまま中国語に当てはめたのである。このことは、分離型の結果成分を独立動詞と認めながらも、英語の小節（small clause）と同じくVの付加詞（adjunct）と記述していることからも窺える。

2点目は、使成式が文法体系的に確立するのはおよそ12世紀のことであるが（Shi 2002）、分離型とその変種が当時はまだ使われていたことである。分離型と使成式は、むしろ長期にわたり併存関係にあったと考えられるのである。両者の関係については、次節で具体的に検討することにしたい。

3点目は、彼らが「文法化」を複合化現象が生じる直接の要因と見なしていることである。この見解は、あまり説得性があるとは思えない。そのことを示す好例が、同じ孤立語タイプに属する東南アジアのタイ語に存在する。

(6) a. kháw ʔàan náŋsɯɯ còp sǎam thîao.
　　　彼　　読む　　本　　　終わる　3　　回
　　（彼は本を3回読み終えた。）

　　b. kháw khiǎn còtmǎay thɯ̌ɯ ʔaacaan yùu.
　　　彼　書く　　手紙　　〜に　先生　〜いる
　　（彼は先生に手紙を書いているところだ。）

(6a) の文では完了を表す còp が、そして、(6b) の文では進行を表す yùu が、それぞれ分離型の環境の中で使用されている。これらは、còp khàaw（ニュースを終わる）や yùu thîi bâan（家にいる）のように、本

動詞としても用いることができる要素であるが、ここではアスペクト辞として用いられている（田中 2004：425, 435 参照）。タイ語の場合、アスペクト辞は、目的語名詞句や前置詞句を差し置いて動詞の直後に置くことができない。実動詞に文法化が起こったとしても、これを形式の問題と結び付けるのは早計である。

そして4点目は、彼らの提案がVR構造を特徴づける肝心の使役義の在りかについて説明する術をなんら持ち合わせていない、ということである。使役の来源を明らかにすることは、当該構造に関係する諸問題を解く重要な鍵として、本研究の最も力を入れるところである。

結局のところ、石毓智・李訥（2001）など一連の論考が使成式に関して述べていることは、これまでの研究課題に対して十分納得のいく解決策を提示しているとは認め難い。

7.3 使成式の形成過程

本研究が提唱する「複音節化」説は、使成式の成立に関する歴史的解釈にも一貫性のある説明を与えることができる。当該構造の歴史的形成過程に関する先行研究には既に夥しい数の文献が存するが、諸説によれば、それには主に2つの経路があったと考えられている。1つは並列式の後項要素を占める自動詞（形容詞を含む）の使動用法ないし他動詞が自動詞に固定化して生じる経路であり、もう1つは兼語式と同じ内部構造を持つ分離型の形式が複合化を遂げて生じる経路である。本節では、古代使動用法から使成式の成立に至るまでの史的展開を概観し、使動用法の流れを汲む前者が主要な形成経路であった可能性について述べてみたい。

以下、便宜上、動詞成分をV、形容詞成分をA、結果述語をR、目的語成分をOと略記する。

7.3.1 並列式から使成式へ

まず、並列式から使成式が現れる経路についてである。言うまでもなく、文法形式は漸次変化するものであり、同時代に複数の異なる表現手段が用いられていたと考えるのが自然である。とりわけ、動詞の独立性が強い上古時代の様相はかなり複雑である。こうした実状を踏まえた上で、その史的展開のプロセスを構造式を使って表示すると、概略、次のようになる。

(7)　V＋O → V1＋而＋V2＋之 → V1＋V2＋O → V＋R＋O

使役とは必然的に原因と結果という2つの要素が含まれることを意味するが、古代語ではこの因果関係を一語の動詞で表現することができた。使動用法の"V＋O"型がそれである。次の文例は、先秦および漢代に用いられた使動用法である[8]。

(8)　破宋肥讎，而世負其禍矣。　（《戰國策・燕策一》）
　　（宋を破り仇敵を太らせてやって、（燕は）代々その災いを担うこととなる。）
(9)　請深壘固軍以待之。　（《左傳・文公十二年》）
　　（我々は塁を深くして軍を散らさず、これ（秦の撤退）を待つことにしたい。）
(10)　項伯殺人，臣活之。　（《史記・項羽本記》）
　　（項伯がかつて人を殺したとき、私は彼を救ったことがある。）
(11)　捕首虜數千，畜數十萬，走白羊樓煩王。　（《史記・衛將軍驃騎列傳》）
　　（数千人の捕虜と首級を捕え、数十万頭の家畜を奪い、白羊・楼煩の二

---

[8] 本章における古典語の文例は、全て先行研究から引いたものである。引用するにあたり、紙本の漢籍テキストや文献資料と照合した。

王を追放した。)

　上の各文では、自動詞または形容詞が使動賓語を取っている。上古時代は使動用法の単体での使用が中心であるが、そうした中、これが行為動詞と共に連動構造の中で用いられるケースが見られるようになる。ただし、この段階ではまだ個々の動詞の独立性が強く、"V1＋O＋V2＋之"や"V1＋而＋V2＋之"など種々の形をとって現れることが多い。

(12) 楚復伐鄧，滅之。　　《左傳・莊公六年》
　　（楚は再び鄧を伐って滅ぼした。）
(13) 匠人斲而小之，則王怒。　　《孟子・梁惠王下》
　　（大工たちがこれをきって小さくしたならば、王は怒るだろう。）
(14) 三日不聽朝，遂推南之威而遠之。　　《戰國策・魏策二》
　　（（晋の文公は）何日も政務を怠ってしまったので、南之威を押し出して遠く退けた。）
(15) 廉頗為趙將，伐齊，大破之。　　《史記・廉頗藺相如列傳》
　　（廉頗は趙の大将となって斉を討ち、大いにこれを破った。）
(16) 亞父受玉斗，置之地，拔劍撞而破之。　　《史記・項羽本記》
　　（亜父は玉杯を受け取ると、地面に置き、剣を抜いてこれをつき壊した。）

　上の文例で注目すべきなのは、2つの述語動詞の間に原因と結果の関係が認められる、という点である。これらは共通の主語を説明することのほかに、相互に説明し合う関係にあることから、この段階で複合化しうる要素を内包していたと考えることができる。単なる動詞の連用ではないのである。とりわけ、上古時代にほぼ固定した型式として用いられた"V1＋而＋V2＋之"型は、使成式の淵源をなすものとされる（志村1974：4）。
　それが漢代に入ると少し状況が変わり、接続詞"而"など他の文法成分を介在させない"V1＋V2＋O"型が多用されるようになる。この種

の並列式は先秦時代にも認められるが、その時代はまだ各々の動詞の独立性が強く、結合が比較的緩やかで、停頓（pause）の挿入が可能であったり、2つの述語の間に否定詞、接続詞、副詞、疑問代詞といった文法成分が置かれたりする傾向が強い（何樂士1992）。蔣紹愚（1999［2000：242］）の調査によれば、《左傳》には"V1＋O＋V2＋之"型が14例、"V1＋而＋V2＋之"型が10例現れるが、"V1＋V2＋之"型は3例しか出てこない。次の文例の(17)と(18)は先秦時代、(19)～(21)は漢代のものである。

(17) 撓亂我同盟，傾覆我國家。　　《左傳・成公十三年》）
　　（わが同盟の国々をかき乱し、わが国家を危うくする。）
(18) 莊公走出，踰於外牆，射中其股。　　《戰國策・楚策四》）
　　（莊公が逃げ出して、外側の築地を乗り越えようとするところを、（崔杼は）射てそのももに当てた。）
(19) 見巨魚，射殺一魚。　　《史記・秦始皇本紀》）
　　（大魚を発見したので、射てその一魚を殺した。）
(20) 秦拔去古文，焚滅《詩》、《書》。　　《史記・太史公自序》）
　　（秦は古文書を捨て去って、『詩』と『書』の経典を焼き滅ぼした。）
(21) 漢氏減輕田租，三十而稅一。　　《漢書・王莽傳》）
　　（漢氏は田租を軽減して、所得の三十分の一の税を徴収した。）

V2に該当する語は使動用法（または他動詞用法）を持つと考えられるから、"V1＋V2＋O"型は等立的な連用、すなわち並列式である。ここでも先ほどと同様に、幾種もの等立的連用の中で、因果関係に基づく組み合わせのみが後に使成式へと発達を遂げることになる。志村（1974：16）や蔣紹愚（1999［2000：253］）は、この種の並列式の出現こそ使成式が誕生する最も基本的な前提条件であると指摘している。

　長い間議論されてきた使成式の成立年代の問題は、端的に言えば、この並列式のV2がいつ頃使動用法を失った（他動詞は自動詞化した）と認

め得るか、という点に約言できよう。この問題を扱った代表的な論考に、太田（1958）、志村（1974）、梅祖麟（1991）、蔣紹愚（1999）がある。これらの論考は、周遅明などが打ち出した上古期成立説に対して修正案を提示する形で議論を展開している。使成式の認定基準について、蔣紹愚（1999［2000］）は次のように述べている。

> 只有斷定這些自動詞不用作使動，和後面的賓語不構成述賓關係，才能肯定是動結式。根據這一觀點，我認為很多學者所舉的漢代的"動結式"，實際上都是動詞的並列式。
> （これらの自動詞が使動として用いられず、後ろの目的語と述賓関係を結んでいないと断定できてはじめて、動結式と認めることができる。この観点に基づくと、多くの学者が挙げている漢代の「動結式」は、実際は全て動詞の並列式だと考える。）（p.243）

蔣論文は、南北朝時代に入ると自動詞の中に使動用法を失った（他動詞は自動詞化した）と考えられるものが現れることから、この時代を使成式の萌芽期と見なしている。また、梅祖麟（1991）も、並列式のV2が「自動詞化」した経緯について論じている。梅はその要因として、①清濁別義の衰退、②使動用法の衰退、③5世紀にはじまる"隔開式動補結構"の出現とその影響、④目的語を取らないV＋A型の影響の4点を挙げている。梅は、これらの現象はいずれも3～6世紀の間に起きていることから、使成式の萌芽を南北六朝時代とし、唐代に至ってほぼ完成をみると説く9)。使動用法の衰退は後漢の頃から始まるようだが、本研究では、梅祖麟（1991）や蔣紹愚（1999）などの説を採り、使成式の成立年代をひとまず南北六朝時代と見なしておく。下の文例における

---

9) 南北朝時代の複合形式が使成式であることを示す文例として、梅祖麟（1991：119）は他にも、南朝に成立した《百喩經》にある"即便以嘴啄雌鴿殺"（すぐに嘴で雌鳩をつついて殺した）を挙げている。この中の結果成分"殺"は、既に"死"に転じていると言う。

(22)～(24)は南北朝時代、(25)～(27)は隋唐代のものである。

(22) 火來熾盛，不及避走，即皆一時被火燒死。

（元魏，吉迦夜共曇曜譯《雜寶藏經》卷第十）

（火の勢いが盛んで避け走る間もなく、たちまち皆は一時に火に焼かれて死んだ。）

(23) 此王家馬，汝何以輒打折其腳。（元魏，慧覺等譯《賢愚經》卷第十一）

（これは王家の馬であるのに、お前はどうしてその足を打ち折ったりしたのか。）

(24) 我不能緣樹，我今寧可斫倒此樹耶。

（東晉，瞿曇僧伽提婆譯《中阿含經》卷第五十五）

（私は木に登ることができないから、いっその事この木を切り倒してしまおうか。）

(25) 未好成熟，割斷其蔕。　（隋，闍那崛多譯《佛本行集經》卷第二十四）

（（瓢が）まだよく熟しきっていないのに、そのへたを断ち切る。）

(26) 獨坐堂中，夜被刺死。　（唐，張鷟《朝野僉載》卷三）

（一人で堂中に坐し、夜刺殺された。）

(27) 主人欲打死之。　（《廣古今五行記・太平廣記》卷第九十一・阿專師）

（主人は彼を打ち殺そうとした。）

さらに時代が下って唐末五代になると、次例のような「自動詞＋自動詞」の組み合わせを持つ使成式が現れるようになる。

(28) 杞良（杞梁）婦聖，哭烈（裂）長城。　（《敦煌變文・王昭君變文》）

（杞梁の妻は貞操で、（夫の死を嘆いた泣き声は）長城を引き裂いたと言う。）

この文例は、使成式が普遍化して発展期に入ったことを示すものと言える（梁銀峰 2006：237）。

以上のように、古代語では使成式は存在せず、並列式の V2 が使動用法（または他動詞用法）を持っていた。この等立的な複合体の第二動詞が徐々に使動用法を失い（他動詞は自動詞化し）、中古時代に入ると自動詞として固定化するようになっていった。これが使成式の誕生に至る 1 つ目の経路である。

7.3.2 分離型から使成式へ

使成式の形成過程には、もう 1 つの経路があるとされている。それは、"打頭破"（頭を打ち割る）のような兼語式と同じ内部構造を持つ形式が複合化を遂げる経路である。この史的展開のプロセスを構造式によって示すと、概略、次のようになる。

(29) V1＋O, N＋V2/A (O＝N) → V＋O＋R → V＋R＋O

太田（1958：207）は、「使成複合動詞はおそくとも唐代にはできていたものと認められる」とし、「このような用例は一種の使役句であり、二動詞が合し、一個の複合動詞となった形跡も認められる」と記述している。同じ指摘は、王力（1958：406, 407）や志村（1974：17）にも見られる。"打〜破"のような環境から「縮約化」がおこり、"打破"のような複合型が中古時代に広く認められるようになると言うのである。使成式の祖形に当たると推測されるこうした新興の兼語式を、梅祖麟（1991）、蔣紹愚（1999, 2005）、趙長才（2004）、施春宏（2004）は"隔開式"、宋紹年（1994）や梁銀峰（2006）は"新兼語式"と呼んでいる。ここでは便宜上、この"V＋O＋R"型を「分離型」と呼んでおく。分離型の文例を下に掲げる。

(30) 女迺呼婢云，喚江郎覺。　　《世説新語・假譎》
　　（娘はそこで腰元を呼び、「江の旦那様を呼び起こしなさい」と言った。）

(31) 春風復多情，吹我羅裳開。　　《樂府詩集・子夜四時歌》
　　（春の風もまたいたずらもので、私の薄絹の裳裾を吹いてまくり上げる。）
(32) 我憎汝壯，故排（撲）船壞耳。　　《幽明錄・法苑珠林》卷六十七
　　（われわれは汝の罪状を憎み、故に船をたたき壊すのである。）
(33) 今當打汝前兩齒折。　　（元魏，慧覺等譯《賢愚經》第十一）
　　（今まさに汝の前の両歯を打ち折るべし。）
(34) 石角鉤衣破，藤梢刺眼新。　　（杜甫《奉陪鄭駙馬韋曲二首》）
　　（石の角に衣が引っ掛けられて破られたり、藤枝の若い蔓が我が眼をささんばかりに新芽を出したりしている。）

　分離型が現れるまでのプロセスに関しては、複数の異なる意見がある。志村（1974）や宋紹年（1994）をはじめとする多くの学者は、先秦時代の文献に現れる下の文例を分離型の淵源と見なしている。

(35) 城射之殪。　　（《左傳・昭公二十一年》）
　　（子城が射ると彼は倒れて死んだ。）

　志村（1974）によれば、上例は一種の使役句であり、当時の使動用法ないし他動詞的用法からの類推によって生じた。この見解に対して蔣紹愚（2005：187-194）は、先秦時代には使成式の祖形となる兼語式は存在しなかったと反論する。その理由として、(35)と同じ箇所に出てくる"又射之死"（また彼を射て死なせた）を例に挙げ、ここに出てくる副詞"又"は修飾範囲を第二動詞の"死"までかけると「2度死ぬ」という意味になって不自然である。したがって、(35)の場合も"城射之，殪"と、第二動詞の前に停頓（pause）を置いて解釈すべきである、と述べている。先秦時代の同種の文例は、全てこのように動詞の連用として捉えることができると言う。また、太田（1958：243）も、使動用法が存在した古代語では兼語句が使役の意味を担うことはなかったとし、やはりこれを連述句と見なしている。先の蔣論文の記述によれば、分離型の

来源と考えられるのは、次のような"V1+O, (N+)V2/A"型（V2は自動詞）である。

(36) 而佐秦攻齊, 齊敗。　　《史記・韓世家》
　　（秦を援けて斉を攻め、斉は敗北した。）
(37) 皆叩頭, 叩頭且破, 額血流地, 色如死灰。　　《史記・滑稽列傳》
　　（皆叩頭し、叩頭のあまり額が破れて、血が地面に流れ、顔色は死灰のようであった。）

　上古時代は各々の動詞の独立性が強く、個別にフレーズを形成することができるが、後にこのような文の同一指示の名詞が合して分離型に発展した、と蒋は説明する。同じ説明は、梁銀峰（2006：71-74）にも見られる。
　さらに異なる見解として、並列式のV2が専ら自動詞として使われるようになり、その結果、VOR語順が生じたとする見方もある。次の(38)の2つの文例における第二動詞には同じ語"傷"が見えるが、これはa文では並列式の構成要素として、また、後代に登場するb文では分離型の構成要素として用いられている。第二動詞に"破"を用いた(39)の文例も同様である（石毓智・李訥2001：65；楊榮祥2005：57他）。

(38) a. 奴乘涉氣與屠爭言, 斫傷屠者。　　《漢書・游俠傳》第六十二
　　　（奴僕は涉の気性に乗じて屠夫と言い争い、屠夫をきって傷つけた。）
　　b. 虎囓兒腳傷。　　《洞冥記及朔別記・太平廣記》卷第六・東方朔
　　　（虎が稚児の足を噛んで怪我をさせた。）
(39) a. 齊因孤之國亂而襲破燕。　　《史記・燕召公世家》
　　　（斉はわが国が乱れたので燕を襲い滅ぼした。）
　　b. 當打汝口破。　　《幽明錄・太平廣記》卷第三百一十九・臨湘令
　　　（お前の口を打ち割るぞ。）

この分離現象について、楊榮祥（2005）は意味論的観点から次のように説明する。単体で使動義を持つ総合的（synthetic）な動詞は、漢代に発達した並列式の環境の中で一種の職能分担が生じ、行為動詞の持つ意味特性を失って、次第に結果状態の叙述に専念する自動詞へと変化していった。このことが分離型の発達を促した[10]。並列式の出現と発達が、使動用法の衰退・消失に拍車をかけたと言うのである。蔣紹愚（2005：191）も漢語史に現れたこの語順変化を取り上げ、楊と同じ見解を述べている。使動用法の衰退が始まったことを裏付ける言語事実として、次のような"V1＋(O)＋令／使＋V2"型の出現を挙げることができる。

(40) 搦黍令破，瀉著甕中。　《齊民要術・造神麴并酒等》第六十四）
　　（黍をおしもみほぐし、甕の中にあけ入れる。）
(41) 急火急炙之使焦。　《齊民要術・擣炙法》第八十）
　　（急火でせっせとこれを炙り焦がす。）

このような新興の使令兼語式[11]は、漢代に使動用法の衰退が始まったために、その使役義を補う必要から生じた（古屋2000；楊榮祥2005：57；蔣紹愚2005；胡敕瑞2005：222他）。これは、いわば広義の分離型である。興味深いことに、この使令兼語式は、形式面では変化が生じたが、分離型と共に明代まで用いられ続けた。形式面の変化とは、漢魏に生じた"V(＋O)＋令／使＋R"型が、時代が下ると"V＋使／教／叫＋O＋R"型へと移行する流れのことである。初期の形式では、使役動詞は、衰退

---

10) 趙長才（2004）は、大方の見方とは異なり、使成式から分離型が生じたと説明している。並列式が使成式に転じた結果、文末の目的語は結果成分との文法関係を失った。そこでこの目的語は隣接性の要求に従い、行為動詞の直接支配する位置に移動する必要が生じて、2つの述語の間に目的語が割り込むようになったと言うのである。だが、この見解には施春宏（2004）、蔣紹愚（2005）、梁銀峰（2006）に反論がある。
11) 旧来の一般的な使令兼語式は、通例、派遣や命令を意味するものである。楊柏峻・何樂士（2001：589）参照。

していく古代使動用法を補うかのように、結果述語の直前に位置していた。だが、後代になると、この使役動詞は、あたかも次第に失われつつあった兼語フレーズの使役義を補うかのように、目的語を跨いで先方へと移動する。たとえば、次のような文である。

(42) 與你醫教手好。　　《張協狀元》
　　（お前のために傷ついたその手を治してやる。）

　上例のような構造を持つ使令兼語式は南方を中心に普及し、8世紀から12世紀頃にかけて活発に用いられた。とりわけ宋代の話本や朱子語類などに散見される（古屋1985）。使令兼語式に生じた語順変化は、分離型の衰退とも関係がありそうである。理由は不明だが、その背景には、使成式の発達と普及に伴う文法体系の組み換えプロセスが漢語史上の大きな流れとして存在したことは間違いないであろう。
　分離型と使令兼語式の出現は、並列式のV2が使動用法を失った（他動詞は自動詞化した）ことの証左となる。このことから、この種の文法形式の普及は、先に例示した文例(22)～(27)を使成式と認定する有力な根拠となっている（梅祖麟1991：119；施春宏2004：528, 529他）。なお、分離型は唐代頃まで盛んに用いられるが、その後は使成式の発達の影響を受けて徐々に廃れていく。そして明代に入ると、《水滸傳》（第二十四回）に出てくる"王婆收拾房里幹淨了"（王ばあさんは部屋をきれいに片付けた）のように動詞と形容詞が複音節語である場合を除き、使成式に合流して移行がほぼ完了すると言う（祝敏徹1963［2007：73］）。
　このように、分離型は、その来源には諸説あるが、新興の使令兼語式と共に魏晋南北朝期に発達を遂げ、唐代まで盛行した。だが、その後は複合化ないし縮約化が生じ、徐々に使成式に吸収されていった。以上が使成式のもう1つの発達経路とされている。

7.4 使成式の形成動因——使動用法の継承

　さて、ここまで述べてきた使成式（VR構造）の歴史的形成過程を本研究の視点からまとめると、大筋で次のことが言える——並列式と使成式の間には、使動用法の単音節から複音節への移行という明瞭な先後関係が見て取れる。これに対して、分離型と使成式は長期にわたり併存関係にあった。分離型は普遍化しなかったのである。要するに、分離型は、使動用法の衰退が始まってから使成式が体系的に確立するまでの移行期に現れた、過渡的な文法形式である[12]。こちらの経路は本流ではないということである。

　分離型はこれまで"隔開式"と呼ばれ、動補構造の一種であると考えられてきた。しかし、これが当時既に定型化したフレーズであったとは俄かに断じ難い。この結果成分は1つの独立動詞としての様相を呈しており、使成式と自在に交替していた可能性があるからである。このことを示す文例を蔣紹愚（1999 [2000：257]）から引く。

（43） a. 汝何以輒打折其腳。　　（元魏，慧覺等譯《賢愚經》第十一）
　　　　（お前はどうしてその足を打ち折ったりしたのか。）
　　 b. 今當打汝前兩齒折。　　（同上）
　　　　（今まさに汝の前の両歯を打ち折るべし。）

---

[12] 趙長才（2004）も、「言語の実際の変化の過程では、関連するさまざまな言語現象と言語規則の制約を受けなければならない。まさにそのような理由で、VOCという隔開式動補構造の使用は十分に普遍化するには至らなかった（在語言實際演變過程中，還要受到各種其他相關語言現象和語言規律的制約。正因如此，"VOC"這種隔開式動補結構的使用並不是十分普遍）」（p.58）と指摘している。この移行期の状況を伝える文例として、さらに"打破煩惱碎"（煩悩を打ち砕く）（《壇經》）のような句型を挙げることができる。これは"V＋R＋O"型と"V＋O＋R"型が重なった特殊な内部構造を持っている。この分離型の「変種」は、6世紀後半の隋唐から12世紀前半の南宋の初めまで用いられたとされる（趙長才2001参照）。

この２つの文例はいずれも《賢愚経》の同じ巻に出てくるものであるが、"打"と"折"がa文では使成式として、b文では分離型として具現している。この２つの"折"について、蔣紹愚（1999 [2000]）は、「我々は今日では"打折"の"折"が南北朝時代にどんな音で読まれていたか知る由もないが、"打折"の"折"と"打汝前兩齒折"の"折"の詞性は同じであり、ともに自動詞として認め得る（我們今天無法確知"打折"的"折"應該在南北朝時讀什麼音,但可以認為"打折"的"折"應該和"打汝前兩齒折"的"折"詞性相同,都是自動詞）」（p.258）と記述している。蔣の見方が正しいとすると、使成式の萌芽期とされるこの時代には、分離型も併用されていたことになる。

同様の指摘は他にもある。施春宏（2004）は、「分離型と使成式はほぼ同時代に出現しており、両者の間に派生関係は認められない」と推断し、次のように説く。

> 兩者基本上同時產生,這種情況只是在過度時期或者說發展初期各種表達方式相互競爭的情況下才會出現,〈中略〉比較合理的解釋,應該將典型動結式的VOR格式當作動結式發展過程中的一個插曲。它與VRO沒有派生關係,但兩者的發展是互相作用的。
> （両者はほぼ同時に出現した。こうした情況は過渡期か発展の初期段階における種々の表現法が競い合っている情況のもとでしか生じない。〔中略〕割と合理的な解釈は、典型的な動結式のVOR型を使成式の発展過程における１つの挿話と見ることだ。VORとVROは派生関係にはないが、両者の発展は相互作用によるものである。）（p.529）

さらに、梁銀峰（2006）も「分離型は使成式の産出を誘発する直接の要因ではない」と結論し、施論文と同じ主張を展開している。

> 至少在魏晉南北朝時期,這種結構中的"V2"基本上還是一個獨立的動詞,還不能看作"V1（＋NP）"的補語；在來源上,它和使成

第 7 章　古代使動用法と使成式の継承関係について　223

式動補結構也沒有直接的關係，探討它的形成過程時不應該將它和動補結構聯繫起來。
（少なくとも魏晋南北朝時代、この種の構造（筆者注：分離型を指す）におけるV2は基本的にはまだ独立した動詞であったから、これを"V1（＋NP）"の補語と見なすことはできない。来源の上でも、それと使成式は直接的な関係はなかった。その形成過程について検討する時は、それと使成式を結び付けるべきではない。）（p.142）

梁はこのように述べ、分離型のV2が独立した述語成分であることを繰り返し強調している。このことを示す文例を祝敏徹（1963［2007：74］）と梁銀峰（2006：146）から引く。

（44）時金熱故，燒錦都盡。　　（蕭齊，求那毘地譯《百喻經・估客偷金喻》）
　　　（その時、金が熱かったため、包んだ錦をことごとく燃やしてしまった。）
（45）打雙腳脛俱折。（唐，張鷟《朝野僉載・太平廣記》卷一百二十一・王璡）
　　　（2本の足の脛をともに打ち折った。）
（46）刀剜骨肉斥斥（尺尺）[13]破，劍割肝腸寸寸斷。
　　　　　　　　　　　　　　　（《敦煌變文集・大目乾連冥間救母變文》）
　　　（刀で骨肉をえぐってばらばらにし、剣で内臓を細かく切り裂く。）
（47）使氣吹燭可滅。　　（《藝苑掯華・李泌傳》）
　　　（気を使って蝋燭の火を吹き消すことができる。）

上の文例では、第二動詞の前に副詞や能願動詞が置かれている。第二動詞は、単独でフレーズを形成することができたのである。これらの文例も、「文法化」説に対する反例となるであろう。こうした先行研究の記述を見る限り、やはり分離型と使成式の間に明瞭な先後関係があった

---

13) 黄征・張涌泉校注《敦煌變文校注》（中華書店，1997 年）に、"「斥」「尺」古通用，故「斥斥」即尺尺，與下句「寸寸」儷偶"（p.1052）とある。

とは考えにくいと言えそうである。

　それでは、分離型が使成式にすぐには淘汰されず、比較的長期にわたり存続することができたのは、一体なぜであろうか。古屋（1985, 2000）は、新興の使令兼語式は未然の文脈（説諭、願望、命令、当為など）で現れることが多く、医書や農書などに見られる「特殊な文体」であったと考えられると述べている。もし古屋が「特殊な文体」と呼んだものの正体が未然法であるとすれば、この指摘は分離型にもある程度当てはまるのではないかと筆者は推測する。アスペクト的機能の面において、複合型（使成式）との間に「棲み分け」が存在したということである。

　話が少し脇道へそれるが、今回筆者が調査した印象では、分離型のVOR語順も、未然の事態を表す文例が比較的多いように思える。先に例示した（43）の両文を比べられたい。この複合型と分離型における形式の違いは、現代語で言うならば、まるで"拿來了一瓶啤酒"（ビールを1本持って来た）と"拿一瓶啤酒來"（ビールを1本持って来い）のような語順とアスペクトの相関性を想起させる。また、分離型は詩歌作品の中に使われるなど、幾分修辞的な色彩を帯びた文例も目立つようである。（31）や（34）の文例がそうである。実際に、宋代に入ると口語では使成式が用いられ、分離型はあまり使われなくなっていたとの指摘もある（趙長才 2001：21）。

　思うに、分離型の中でも、完了を表すものは相対的に複合化が起こりやすく、命令文などのように「非現実（irrealis）」を表すものは、とりわけ南方漢語の一部において、比較的後の時代まで使われ続けたのではないであろうか。呉、粤、閩、客家の各方言には、今でもVOR語順が残っている。しかも、これらは未然の事態を表す場合が多く、北京語の使成式とは対照的に、あまり生産的な文法形式ではないようである。

　具体的に示そう。黄伯榮（主編）《漢語方言語法類編》（青島出版社，1996年）にある"動補賓句（「動詞＋補語＋目的語」文）"の項目には、分離型を持つ方言の記述が20出てくる（pp.733-739）。そして、その大半は、

"VO不R" や "V不OR"、"V得OR" といった可能補語形式を通じてこの語順を実現している。たとえば、次のようである。

(48) 我們硬拖他不動。(＝我們拖不動他。)　　　［四川方言］
　　　(私たちは無理に彼を引っ張って動かすことはできない。)
(49) 我搦佢勿動。(＝我端不動它。)　　　［浙江温州方言］
　　　(私はそれを運んで動かすことができない。)
(50) 見得佢到嗎？(＝見得到他嗎？)　　　［広東梅県客家方言］
　　　(彼に会うことができるか？)
(51) 你打佢唔過。(＝你打不過他。)　　　［広東広州方言］
　　　(あなたは彼を打ち負かすことができない。)

　これらの文例を観察すると、現代の南方漢語の分離型には未然の事態を表すものが多い。2つの要素の間に"得"と"不"を伴わない通常の分離型の例が出てくるのは、20ある方言の記述のうち、上海、浙江寧波、広西の3方言のみである。加えて、分離型に出てくる目的語は、単音節代名詞や数量詞付きの名詞句に限られる傾向も見られる（梁銀峰2006：147）。可能補語形式を持つ上例もそのようである。これは偶然であろうか。もしそうではないとすると、このような偏りはなぜ生じたのであろうか。漢語系言語の分離型は、既然の状態変化使役を表す形式としてはあまり好まれないということであろうか。これが方言横断的な現象なのかどうか、筆者には直ちに判断がつかない。
　詳細は今後の調査を俟たなければならないが、現代漢語方言に残る分離型は、種々の文法的制約を受けた特殊な形式なのかもしれない。北京官話における語順とアスペクトの相関については既に第4章4節で言及したが、南方漢語における分離型と複合型の違いも、形式的側面ばかりでなく、語順と未然／既然との関係や生産性の高低など、体系性に係わる諸点から多角的に調査・検討する必要がある。不明な点は多岐にわたる。ここでは、分離型が比較的長い期間存続できた理由の1つとして、

当該形式の持つアスペクト的機能が影響した可能性を示唆するにとどめておくことにしたい。

　私見はさておき話を戻すと、先ほど確認したように、後漢の終わり頃から始まった「使動用法の衰退」による影響を受けて、分離型は使成式とともに個別に発達を遂げた。そして、確固とした体系的位置づけが得られないまま、おおむね10世紀以降、複合化を遂げて次第に使成式に合流していく。なぜ分離型に複合化が生じたのであろうか。その主要な動機は、「使動用法の継承」にあると考える。既述のように、古代使動用法が使成式に取って代わる通時的変化には、古来一貫して動賓構造（つまり、語順）という孤立語的な方略が関与している。従来の研究では、使成式の使役の在りかが分からなかったので、使動用法を紐帯としたこの継承関係を正しく指摘することができなかった。

　古今を通じ、使動用法は状態変化使役の主たる源泉であり続けた。漢民族にとっては語順の利用が最も自然で合理的な、しかも経済的な表現法である。通時的に眺めてみても、この中国語のシンタクスの基本的性格は些かも変化してはいない。その原理によって具体的に現れるものは時代によって変化を受けているけれども、文法的手段を語順にうったえるという根本的な特徴は、中国語にとって非常にぬきがたい性質のものであると言える。私たちは「使動用法」をキーワードにしてはじめて、使成式の歴史的形成過程に一貫性のある合理的な説明を与えることができるのである[14]。

---

14) 言語の根底に潜む原理を探求し続けたアメリカの言語学者エドワード・サピアは、次のように記している：Languages are in constant process of change, but it is only reasonable to suppose that they tend to preserve longest what is most fundamental in their structure.（言語は不断に変化の過程を辿っているが、しかしその構造において最も根本的なものを最も永く保存しようとする傾向があると想定することは、正しいというよりほかはない。）(Sapir 1921：144 [1957：141])

7.5 本章のまとめ

本章では、動詞連続構造の観点から、「使動用法」に関して通説とは異なる見方を提出した。また、近年の研究成果による裏付けのもと、使成式が成立するまでの歴史的解釈についても1つの見解を述べた。本研究の考察によって得られた結論は、次の2点である。

1. 語順を利用すること、それこそ中国語の文法的手段の根本である。古代語と現代語の間に単音節／複音節、文語的／口語的、臨時的／恒常的といった違いは認められるものの、使動用法は複音節構造の使成式に形を変えて、連綿として今日まで受け継がれている。厳密に言えば、衰退・消失したのは単音節の使動用法である。

2. 動賓構造の持つ型の力はVOR語順を複合化させるほど根源的で、芯の強いものであった。だとすると、分離型の出現は、古代使動用法の衰退が始まってから使成式が体系的に確立するまでの移行期に現れた、過渡的な文法現象であったことになる。これは、分離型や使令兼語式が長期にわたり使成式と併存関係にあったという歴史的事実とも符合する。使動用法を持つ並列式こそ、使成式の主要な形成ルートである。

古代語と現代語の接点を探ろうとすると、つまるところ、使役義の問題に行き当たる。伝統文法の「補語（complement）」に関する記述が、この問題の解決を一層難しいものにしてきたのではないであろうか[15]。「中国語ヴォイスの根本はゼロ形式である」という本研究の主張は、古代語と現代語の継承性の問題にも新たな見方を提出している。

---

[15] 劉丹青（2005）は、中国語の「補語」が印欧語の視点によって設けられた特殊な文法概念であり、それが古代漢語の文法体系の記述にも影響していることの問題を詳細に論じている。

もとより筆者は、歴史文法の専門家ではない。非学問的な論述に逸脱することのないよう慎重に議論を行ったつもりではあるが、先行研究の内容を十分把握していなかったり、重要な問題を見過ごしたりしている箇所があるかもしれない。
　大方の御教示を願う次第である。

結　論

　本研究では、VR構造を用いた中国語結果構文について、動詞連続構造とヴォイス体系の角度から検討を行った。本研究によって得られた結論は、以下の通りである。
　まず、〈他動型〉結果構文の形成問題について議論し、次の2点の主張を行った。

1. 中国語結果構文の使役義は、語順を利用した統語的な型の力によってもたらされる。VR構文の統語形式は、目的語に対する使役力を強化する意味合いを持つ。使役の意味を文中の統語成分に還元できない非階層的なVR構造に、統語論な意味での「主要部」を求めることはできない。語順の利用は、中国語の歴史に通底する基本的な方略である。

2. 中国語結果構文は、結果述語を基点にして形成される。上の1に示した使役義獲得の方略は、自動Rと他動VRの交替に関する指摘でもある。第二動詞は1項述語であり、他動詞機能を欠く述語類であるから、原因を表す動詞と接合しなければ、後ろに対象目的語を取ることができない。「結果に原因を継ぎ足す」形成パタンを持つ結果構文は、影山（1996）やWashio（1997）をはじめとするこれまでの結果構文研究にはほとんど記述されてこなかったタイプのものである。

　そして、中国語結果構文には、〈他動型〉に加え、〈受動型〉、〈自動型〉、

〈原因型〉という内部の意味構造が異なる4つのタイプが存在することを論じた。これらの間には2つの語彙的ヴォイス転換、すなわち〈他動型／受動型〉に見られる「他動→自動」の交替パタンと〈自動型／原因型〉に見られる「自動→他動」の交替パタンが認められる。

  Ⅰ.〈他動型〉 ―――――→ 〈受動型〉
       脱使役化
  Ⅱ.〈自動型〉 ―――――→ 〈原因型〉
      原因項の導入

 Ⅰは、〈他動型〉から「脱使役化」によって〈受動型〉が派生するパタンを示している。VR構文は統語的に形成されるが、その文法機能は一語の使役他動詞と同等である。形態論と統語論の境界が不分明な中国語の場合、上のⅠに示した自他交替が文法的ヴォイスと重なる。使役だけでなく受動の意味も、語順によってもたらされるのである。〈受動型〉は自然被動文などと呼ばれ、これまで周辺的な扱いを受けてきたが、この文法形式こそ中国語の典型的な受動文である。有標の"被"構文は、「述語の複雑化」と「機能語の発達」という2つの膠着語的性格によって特徴づけることができる。

 Ⅱは、〈自動型〉から「原因項の導入」によって〈原因型〉が派生するパタンを示している。項整合の条件を満たしていない原因主語の生起は、自他交替を動機とする。このタイプは、いわば二重使役の意味構造を具えている。

 先行研究における重要な研究課題の1つは、第一動詞に非能格動詞を含む自動的結果構文からも〈原因型〉が派生することであった。原因主語の導入には、使役の関与が必要である。本研究の主張に基づけば、基本形となる〈自動型〉は再帰的な使役事象構造を持つので、原因項が主語として統語上に具現する理由を一般言語学的観点から合理的かつ体系的に説明することができる。この分析を使えば、第一動詞の継続相の問

題を同時に処理することができる。

　英語を代表とする印欧語をモデルとして開発された文法理論を用いても、VR 構造の使役義獲得の問題や〈原因型〉が派生する動機や仕組みを解明することはできない。語彙概念構造を使った影山（1996）の分析モデルが示すように、英語結果構文は、上位事象の述語が ACT ON ないし ACT の意味を内在する動詞に限定され、「行為に結果を継ぎ足す」形成パタンを有する。これに対し、中国語結果構文は、「結果に行為を継ぎ足す」形成パタンを特徴とする。事態把握の仕方の違いで言うと、英語は行為者の側から事態の推移を眺めるような言語であり、中国語は変化結果（完了点）からそこに至るプロセス（原因行為）を眺めるような言語である（第 3 章 3.4 節 (20) を再掲）。

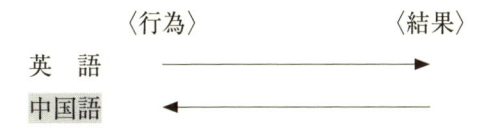

```
                〈行為〉              〈結果〉
    英　語    ─────────────→
    中国語    ←─────────────
```

　英語とは対照的に、中国語の因果関係を捉える視点は、一貫して結果から行為（原因）へと向けられている。〈原因型〉における 2 つ目の CAUSE の継ぎ足しは、事象構造が〈結果〉を基点にして原因を表す〈行為〉方向へと拡張したものである。つまり、第一動詞の先方にさらに原因（CAUSE）を継ぎ足す派生パタンは、第 2 章で論述した「結果に原因を継ぎ足す」形成パタンの延長線上で捉えることができる。行為者中心の発想法で中国語を眺める限り、この自他交替パタンを指摘することは困難である。

　中国語の結果重視は、〈原因型〉にのみ認められるわけではない。第 3 章 3.2 節に例示した"她气得脸都红了"（彼女は怒って顔が真っ赤になった）のような"V 得"構文にも明瞭な形で現れている。構造助詞"得"を用いた結果構文では、複合事象構造の結果部分が句ないし節へと拡張

を遂げている。こうした周辺的な結果構文の形成には、当該言語の志向性に見合った確たる動機が存するのである。

　"善恶"（善悪）、"长短"（長い＋短い→長さ）、"大小"（大きい＋小さい→大きさ）、"青红皂白"（青い＋赤い＋黒い＋白い→事の是非）、"酸甜苦辣"（酸っぱい＋甘い＋苦い＋辛い→この世の辛酸）といった語句にも認められるように、中国語は元来、語と語の非階層的な連結を好む言語である。2つの節からなる中国語結果構文に、主動詞の意味タイプの違いに基づく影山（1996）や Washio（1997）の類型を当てはめると、例外ばかりが目立つようになる。世界諸言語の結果構文について議論する際は、構文形成のメカニズムの質的違いにも十分留意する必要がある。

　印欧語を中心に展開されてきた一般文法理論は、素材を中国語のような類型的特徴の異なる言語に求めて熟慮することによって補正され、さらに高度な一般性が得られるようになるであろう。孤立語タイプの言語は他にも存在する。南方漢語や東南アジア諸言語との比較・対照、北京官話の類型論的位置づけなど、今後の研究の沃野が多々あることは言うまでもない。

参考文献

Aikhenvald, A.Y. and Dixon,R.M.W.（eds.）（2006）*Serial Verb Constructions*. Oxford UP.

秋山淳（1998）「語彙概念構造と動補複合動詞」,『中国語学』第245号, 32-41頁。

荒川清秀（1982）「中国語の語彙」,『講座日本語学12 外国語との対照Ⅲ』, 62-84頁。東京：明治書院。

安藤貞雄（2005）『現代英文法講義』, 東京：開拓社。

Baker, Mark（1988）*Incorporation*：*A Theory of Grammatical Function Changing*. Chicago：The University of Chicago Press.

Baron, Stephan P.（1971）"Some Cases for Case in Mandarin Syntax," *Working Papers in Linguistics* 10, 35-52. Ohio State University.

Carrier, Jill and Randall, Janet H.（1992）"The Argument Structure and Syntactic Structure of Resultatives," *Linguistic Inquiry* 23.2：173-234.

Chang, Claire Hsun-huei（1998）"V-V Compounds in Mandarin Chinese：Argument Structure and Semantics," Jerome L. Packard（ed.）*New Approaches to Chinese Word Formation*, 77-101. Mouton de Gruyter.

Chao, Yuen Ren（1968）*A Grammar of Spoken Chinese*. Berkeley and Los Angeles：University of California Press.

陈昌来（2002）《现代汉语动词的句法语义属性研究》, 上海：学林出版社。

陈承泽（1922）《国文法草创》, 北京：商务印书馆, 1982年。

Cheng, Lisa Lai-shen and Huang, C.-T James（1994）"On the Argument Structure of Resultative Compounds," in Matthew Y. Chen and Ovid J.L.Tzeng（eds.）*In Honor of William S.Y Wang*：*Interdisciplinary Studies on Language and Language Change*, 187-221. Taipei：Pyramid Press.

Chomsky, Noam（1957）*Syntactic Structures*. Mouton.（『文法の構造』勇康雄訳, 東京：研究社出版, 1963年）

――― （1981）*Lectures on Government and Binding*, Dordrecht：Foris.（『統率・束縛理論』安井稔・原口庄輔訳, 東京：研究社出版, 1986年）

――― （1995）*The Minimalist Program*. Cambridge, MA：MIT Press.（『ミニマリスト・プログラム』外池滋生・大石正幸監訳, 東京：翔泳出版,

1998 年）

Chu, Chauncey (1976) "Some Semantic Aspects of Action Verbs," *Lingua* 40：43-54.

Comrie, Bernard (1976) Aspect. Cambridge University Press. (『アスペクト』山田小枝訳, 東京：むぎ書房, 1988 年）

――― (1989) *Languege Universals and Linguistic Typology* (2nd ed.). Oxford：Basil Blackwell.

崔承一 (1991)〈说说述补（结果）宾谓语句的语义结构系列〉,《汉语学习》第 1 期, 27-32 页。

董秀芳 (1998)〈述补带宾句中的韵律制约〉,《语言研究》第 1 期, 55-62 页。

Dowty, David (1979) *Word Meaning and Montague Grammar*. Dordrecht：Reidel.

――― (1991) "Thematic Proto-roles and Argument Selection," *Language* 67：547-619.

范晓 (1985)〈略论 V-R〉,《语法研究和探索（三）》, 60-77 页。

――― (1998)《汉语的句子类型》, 太原：书海出版社。

古屋昭弘 (1985)「宋代の動補構造"V 教（O）C"について」,『中國文學研究』第 11 期, 40-57 頁。早稻田大學中國文學會。

――― (2000)「『齊民要術』に見る使成フレーズ Vt＋令＋Vi」,『日本中國學會報』第 52 集, 1-17 頁。

Goldberg, Adele (1995) *Constructions：A Construction Grammar Approach to Argument Structure*. University of Chicago Press. (『構文文法論――英語構文への認知的アプローチ』河上誓作・早瀬尚子・谷口一美・堀優子訳, 東京：研究社出版, 2001 年）

Goldberg, Adele and Ray Jackendoff (2004) "The English Resultative as a Family of Constructions," *Language* 80.3：532-568.

龚千炎 (1984)〈动补结构与其宾语之间的语义、语法关系〉,《安徽师范大学学报（哲学社会科学版）》第 3 期, 94-102 页。

Grimshaw, Jane (1990) *Argument Structure*. Cambridge, MA：The MIT Press.

Gu, Yang (1992) *The Syntax of Resultative and Causative Compounds in Chinese*. Doctoral dissertation, Cornell University.

Hale, K.L. and S.J.Keyser (1993) "On Argument Structure and the Lexical

Expression of Syntactic Relations," in K.L.Hale and S.J.Keyser (eds.), *The View from Building 20 : Essays in Linguistics in Honor of Sylvain Bromberger*. 53-109. Cambrige, MA : The MIT Press.

Hansell, Mark (1993) "Serial Verbs and Complement Constructions in Mandarin : A Clause Linkage Analysis," in Van Valin, Robert D. (ed.) *Advances in Role and Reference Grammar.* Current Issues in Linguistic Theory 82. 197-233. Netherlands : J. Benjamins.

Hashimoto, Anne Yue (1964) "Resultative Verbs and Other Problems," *POLA* 8 : 36-94. The Ohio State University Research Foundation.

――― (1971) "Mandarin Syntactic Structures," *Unicorn* 8. Chinese Linguistics Projiect, Princeton University.(『中国語の文法構造』中川正之訳,東京：白帝社,1986年)

橋本萬太郎(1981)『現代博言学』,東京：大修館書店。

服部四郎(1950)「付属語と付属形式」,『言語研究』第15号,日本言語学会(『言語学の方法』岩波書店,1960年,461-491頁所収)。

Hawkins, J.A. (1994) *A Performance Theory of Order and Constituency*. Cambridge University Press : Cambridge.

何乐士(1992)〈《史记》语法特点研究――从《左传》与《史记》的比较看《史记》语法的若干特点〉,程湘清(主编)《两汉汉语研究》,山东教育出版社。

Hoekstra, Teun (1988) "Small Clause Results," *Lingua* 74.No.2/3 : 101-139.

Hopper, Paul J.,and Sandra A.Thompson (1980) "Transitivity in Grammar and Discourse," *Language* 56.2 : 251-299.

胡敕瑞(2005)〈动结式的早期形式及其判断标准〉,《中国语文》第3期,214-225页。

Huang, C.T.James (1988) "*Wo pao de kuai* and Chinese Phrase Structure," *Language* 64.2 : 274-311.

―――(1992) "Complex Predicates in Control," in R.K.Larson, S.Iatridou,U. Lahiri and J.Higginbotham (eds.) *Control and Grammar*. 109-147. Kluwer Academic publishers.

―――(2006) "Resultatives and Unaccusatives : A Parametric View," 『中国語学』第253号,1-43頁。

黄晓琴(2006)〈试论动结式的三种宾语〉,《汉语学报》第3期,69-72页。

Hsueh, F.S.Frank (1989) "The Structural Meaning of Ba and Bei Constructions in Mandarin Chinese: Do They Really Mean Disposal and Passive?," in James H-Y.Tai and Frank F.S.Hsueh (eds.) *Functionalism and Chinese Grammar*. Chinese Language Teachers Association Monograph Series No.1: 95-125.

池上嘉彦（1981）『「する」と「なる」の言語学』，東京：大修館書店。

今井敬子（1985）「「結果を表す動補構造」の統辞法」，『中国語学』第232号，23-32頁。

石村広（1999a）「現代中国語の結果構文——日英語との比較を通じて——」，『文化女子大学紀要（人文・社会科学研究）』第7集，141-155頁。

——（1999b）「中国語の使役表現と統語構造」，『Lingua』No.10, 33-44頁。上智大学一般外国語教育センター。

——（2000）「中国語結果構文の意味構造とヴォイス」，『中国語学』第247号，142-157頁。

——（2005）「類型特徴から見た中国語の受動文」，『成城文藝』第192号，1-15頁。

——（2007）「変化主体を表す目的語名詞句の意味役割」，『佐藤進教授還暦記念論文集』，224-234頁。東京：好文出版。

——（2010）「古代使動用法と使成式の継承関係について」，『開篇』Vol.29, 6-21頁。東京：好文出版。

——（2011）「中国語ヴォイス構文の特質——「ゼロ形式」という考え方——」，『二松學舍大学論集』第54号，45-67頁。

Ishimura, Hiroshi (2009) "Chinese Resultatives: From the Viewpoint of Serial Verb Constructions," Makoto Minegishi, Kingkarn Thepkanjana, Wirote Aroonmanakun, Mitsuaki Endo (eds.), *Proceedings of the Chulalongkorn-Japan Linguistics Symposium*. 281-292. Global COE Program, 'Corpus-based Linguistics and Language Education', Tokyo University of Foreign Studies.

Jackendoff, Ray (1972) *Semantic Interpretation in Generative Grammar*. Cambrige, MA: MIT Press.

——（1990）*Semantic Structures*. Cambrige, MA: The MIT Press.

蒋绍愚（1999）〈汉语动结式产生的时代〉，《国学研究》第6卷（《汉语词汇语法史论文集》，240-262頁。北京：商务印书馆，2000年）。

——（2005）《近代汉语研究概要》，北京大学出版社。

影山太郎（1993）『文法と語形成』，東京：ひつじ書房。
―――（1996）『動詞意味論――言語と認知の接点――』，東京：くろしお出版。
―――（2007）『英語結果述語の意味分類と統語構造』，小野尚之（編）『結果構文研究の新視点』，33-65 頁。東京：ひつじ書房。
影山太郎（編）（2001）『動詞の意味と構文』，東京：大修館書店。
菊地朗（1991）「日本語の二次述部」，『現代英語学の歩み』，212-220 頁。安井稔博士古稀記念論文集編集委員会，東京：開拓社。
木村英樹（1981）「被動と『結果』」，『日本語と中国語の対照研究』第 5 号，27-46 頁。日本語と中国語対照研究会。
―――（1992）「BEI 受身文の意味と構造」，『中国語』6 月号，10-15 頁。東京：内山書店。
―――（2000）「中国語ヴォイスの構造化とカテゴリ化」，『中国語学』第 247 号，19-39 頁。
Koizumi, Masatoshi（1994）"Secondary Predicates," *Journal of East Asian Linguistics* 3.1：25-79
Langacker, Ronald W.（1991）*Foundations of Cognitive Grammar*. Vol.2, *Descriptive applications*. Stanford：Stanford University Press.
Larson, Richard K.（1988）"On the Double Object Construction," *Linguistic Inquiry* 19：335-391.
Levin, Beth, and Malka Rappaport Hovav（1995）*Unaccusativity：At the Syntax-Lexical Semantics Interface*. Cambrige, MA：The MIT Press.
Li, Charles N., and Sandra A. Thompson（1981）*Mandarin Chinese：A Functional Reference Grammar*. University of California Press.
李临定（1984）〈究竟哪个"补"哪个？――"动补"格关系再议〉,《汉语学习》第 2 期（北京语言学院语言教学研究所（编）《现代汉语补语研究资料》，495-503 页。北京语言学院出版社，1992 年）。
―――（2011）《现代汉语句型（增订本）》，北京：商务印书馆。
李小荣（1994）〈对述结式带宾语功能的考察〉,《汉语学习》第 5 期, 32-38 页。
Li, Yafei（1990）"On V-V Compounds in Chinese", *Natural Language and Linguistic Theory* 8：177-207.
―――（1993）"Structural Heads and Aspectuality," *Language* 69：480-504.
―――（1995）"The Thematic Hierarcky and Causativity," *Natural Language*

and Linguistic Theory 13：255-282.

李佐丰（1983）〈先秦汉语的自动词及其使动用法〉,《语言学论丛》第 10 辑, 117-144 页。北京：商务印书馆。

―――（1994）〈先秦的不及物动词和及物动词〉,《中国语文》第 4 期, 287-295 页。

梁银峰（2006）《汉语动补结构的产生与演变》, 上海：学林出版社。

Lin, Jimmy（2004）*Event Structure and the Encoding of Arguments: The Syntax of the Mandarin and English Verb Phrase*. Doctoral dissertation, MIT.

林涛（1957）〈现代汉语补足语里的轻音现象所反映出来的语法和语义问题〉,《北京大学学报》第 2 期（北京语言学院语言教学研究所（编）《现代汉语补语研究资料》, 36-55 页。北京语言学院出版社, 1992 年）。

劉丹青（2005）〈從所謂"補語"談古代漢語語法學體系的參照系〉,《漢語史學報》第 5 期, 37-49 頁。

刘东升（2008）〈被动标记词"被"应归入助词〉,《语言研究》第 3 期, 74-76 页。

刘月华・潘文娱・故韡（2001）《实用现代汉语语法（增订本）》, 北京：商务印书馆。

刘子瑜（2010）〈被动式带补语的历史发展――以"被"字句为例〉,《中国语言学》第 4 期, 90-103 页。

Lu, H-T.John（1977）"Resultative Verb Compounds vs. Directional Verb Compounds in Mandarin," *Journal of Chinese Linguistics* 5：276-313.

―――（1984）"A Functional Analysis of Word Order in Mandarin Chinese," *Journal of the Chinese Language Teachers Association* 19.1：23-44.

陆俭明（1994）〈关于词的兼类问题〉,《中国语文》第 1 期, 28-34 页。

―――（2006）〈有关被动句的几个问题〉, 邢福义（主编）《汉语被动表达问题研究新拓展》, 217-229 页。武汉：华中师范大学出版社。

呂叔湘（1942）《中國文法要略》, 北京：商務印書館, 1982 年。

―――（1976）《汉语语法分析问题》, 北京：商务印书馆（《汉语语法论文集（增订本）》, 481-571 页。北京：商务印书馆, 1999 年）。

―――（1986）〈汉语句法的灵活性〉,《中国语文》第 3 期, 1-9 页。

马希文（1987）〈与动结式动词有关的某些句式〉,《中国语文》第 6 期, 424-441 页。

马真・陆俭明（1997）〈形容词作结果补语情况考察（一）～（三）〉,《汉语

学习》第 1 期，5-7 頁；第 4 期，14-18 頁；第 6 期，7-9 頁。

松本曜（1998）「日本語の語彙的複合動詞における動詞の組み合わせ」,『言語研究』第 114 号，37-83 頁。

McCawley, James D.,ed. (1976) *Syntax and Semantics 7 : Notes from the Linguistic Underground.* New York : Academic Press.

梅祖麟（1990）〈唐宋处置式的来源〉,《中国语文》第 3 期，1-9 頁。

───（1991）〈从汉语的"动・杀"、"动・死"来看动补结构的发展──兼论中古时期起词的施受关系的中立化〉,《语言学论丛》第 16 辑，112-136 頁。

三原健一（2000）「結果構文〈総括と展望〉」,『日本語・日本文化研究』第 10 号，9-35 頁。大阪外国語大学日本語講座。

───（2004）『アスペクト解釈と統語現象』,東京：松柏社。

三原健一・平岩健（2006）『新日本語の統語構造──ミニマリストプログラムとその応用──』,東京：松柏社。

三上直光（2002）『タイ語の基礎』,東京：白水社。

峰岸真琴（2006）「動詞連続と言語理論の諸前提」,『東ユーラシア言語研究』第 1 集，191-211 頁。東ユーラシア言語研究会。

宮島達夫（1989）「動詞の意味範囲の日中比較」,『ことばの科学』2，言語学研究会（『語彙論研究』，417-436 頁。東京：むぎ書房，1994 年）。

望月圭子（1990a）「日・中両語の結果を表わす複合動詞」,『東京外国語大学論集』第 40 号，13-27 頁。

───（1990b）「動補動詞の形成」,『中国語学』第 237 号，128-137 頁。

中川裕三（1992a）「使役義を表す動補動詞について─意味構造を中心に─」,『人文学報』第 234 号，119-137 頁。東京都立大学人文学部。

───（1992b）「CR 他動詞文について──認知言語学的観点から──」,『中国語学』第 239 号，76-85 頁。

中村捷（2003）『意味論──動的意味論』,東京：開拓社。

西村義樹（1998）「行為者と使役構文」,中右実（編）『日英語比較選書 5 構文と事象構造』107-214 頁。東京：研究社出版。

Nishiyama, Kunio (1998) "V-V Compounds as Serialization," *Journal of East Asian Linguistics* 7 : 175-217.

小方伴子（1997）「古漢語研究における使動用法の扱いについて」,『開篇』Vol.16，81-98 頁。東京：好文出版。

大河内康憲（1974）「被動が成立する基礎——日本語などとの関連で——」，『中国語学』第220号，1-12頁。

―――（1982）「中国語の受身」，『講座日本語学10 外国語との対照Ⅰ』，319-332頁。東京：明治書院。

―――（1991）「感情表現と使役構文」，『中国語』11月号，32-35頁。12月号，34-37頁。東京：内山書店。

太田辰夫（1958）『中国語歴史文法』，東京：江南書院。

小野尚之（編）（2007）『結果構文研究の新視点』，東京：ひつじ書房。

潘云中（1982）《汉语语法史概要》，河南：中州书画社。

桥本万太郎（1987）〈汉语被动式的历史区域发展〉，《中国语文》第1期，36-49页。

全裕慧（1999）〈"使动"义的"动词＋结果补语"结构的教与学〉，《汉语学习》第5期，54-59页。

Radford, Andrew（1997）*Syntax: A Minimalist Introduction.* Cambridge University Press.（『入門ミニマリスト統語論』外池滋生・泉谷双蔵・森川正博訳，東京：研究社出版，2000年）

Rappaport Hovav, Malka and Beth Levin（2001）"An Event Structure Account of English Resultatives," *Language* 77：4.

任鹰（2001）〈主宾可换位动结式述语结构分析〉，《中国语文》第4期，320-328页。

Ross, Claudia（1998）"Cognate Objects and the Realization of Thematic Structure in Mandarin Chinese," in Jerome L. Packard（ed.）*New Approaches to Chinese Word Formation.* 329-346. Mouton de Gruyter.

Sapir, Edward（1921）*Language: An Introduction to the Study of Speech.* New York：Harcourt Brace.（『言語―ことばの研究―』泉井久之助訳，紀伊國屋書店，1957年）

佐々木勲人（1997）「中国語における使役と受動の曖昧性」，『ヴォイスに関する比較言語学的研究』，132-160頁。筑波大学現代言語学研究会，東京：三修社。

佐藤琢三（2005）『自動詞文と他動詞文の意味論』，東京：笠間書店。

沈家煊（2003）〈现代汉语"动补结构"的类型学考察〉，《世界汉语教学》第3期，17-23页。

沈力（1993）〈关于汉语结果复合动词中参项结构的问题〉，《语文研究》第3

期,12-21頁。

Shibatani, Masayoshi (1976) "The Grammar of Causative Construction: A Conspectus," in Shibatani (ed.) *Syntax and Semantics 6: The Grammar of Causative Constructions*. 1-40. Academic Press.

——— (1985) Passives and Related Constructions: A Prototype Analysis. *Language* 61.4: 821-848.

柴谷方良 (1982)「ヴォイス:日本語・英語」,『講座日本語学 10 外国語との対照Ⅰ』,256-279頁。東京:明治書院。

施春宏 (2004)〈动结式形成过程中配位方式的演变〉,《中国语文》第6期,521-535頁。

——— (2005)〈动结式论元结构的整合过程及相关问题〉,《世界汉语教学》第1期,5-21頁。

——— (2007)〈动结式致使的类型、语义性质及其句法表现〉,《世界汉语教学》第2期,21-39頁。

——— (2008)《汉语动结式的句法语义研究》,北京语言大学出版社。

石村广 (2003)〈表示使动义的趋向性复合动词〉,『現代中国語研究』第5期,19-31頁。京都:朋友書店。

志村良治 (1974)「漢語における使成複合動詞の成立過程の検討」,『東北大学文学部研究年報』第24号,143-168頁。

石毓智 (2000a)〈现代汉语的动补结构:一个类型学的比较研究〉,『現代中国語研究』第1期,62-69頁。京都:朋友書店。

——— (2000b)〈如何看待语法规则的"例外"——从"吃饱饭"、"喝醉酒"现象谈起〉,《汉语学习》第6期,29-30頁。

——— (2001)〈动补结构语法化的句法环境〉,『現代中国語研究』第3期,45-56頁。京都:朋友書店。

——— (2002)〈使用频率、惯用语化和语法化——汉语动补结构语法化的机制〉,『現代中国語研究』第4期,78-90頁。京都:朋友書店。

Shi, Yuzhi (2002) *The Establishment of Modern Chinese Grammar: The Formation of the Resultative Construction and its Effects*. John Benjamins Publishing Company.

石毓智・李讷 (2001)《汉语语法化的历程——形态句法发展的动因和机制》,北京大学出版社。

Simpson, Jane (1983) "Resultatives," in L.Levin et al. (eds) *Papers in*

Lexical-Functional Grammar. 143-157. Indiana University Linguistics Club.

Smith, Carlota S.（1990）"Event Types in Mandarin," *Linguistics* 28：309-336.

――――（1994）"Aspectual Viewpoint and Situation Type in Mandarin Chinese," *Journal of East Asian Linguistics* 3：107-146.

宋绍年（1994）〈汉语结果补语式的起源再探讨〉,《古汉语研究》第 2 期, 42-45 頁。

宋文辉（2006）〈自动动结式的使动化〉,《语法研究和探索（十三）》, 113-127 頁。北京：商务印书馆。

――――（2007）《现代汉语动结式的认知研究》, 北京大学出版社。

宋文辉・罗政静・于景超（2007）〈现代汉语被动句施事隐现的计量分析〉,《中国语文》第 2 期, 113-124 頁。

Sun, Chaofen（2006）*Chinese：A Linguistic Introduction.* Cambridge UP.

Sybesma, Rint（1999）*The Mandarin VP.* Kluwer Academic Publishers.

Tai, James H-Y（1984）"Verbs and Times in Chinese：Vendler's Four Categories," *Papers from the Parasession on Lexical Semantics.* 289-296. Chicago Linguistic Society.

――――（1985）"Temporal Sequence and Chinese Word Order," *Typological Studies in Language* 6：49-72.

――――（2003）"Cognitive Relativism：Resultative Construction in Chinese," *Language and Linguistics* 4.2：301-316.

Talmy, Reonald（1985）"Lexicalization Patterns：Semantic Structure in Lexical Forms," in T.Shopen（ed.）*Language Typology and Syntactic Description,*Vol. Ⅲ：*Grammatical Categories and the Lexicon.* 57-149. Cambridge University Press.

田中寛（2004）『統語構造を中心とした日本語とタイ語の対照研究』, 東京：ひつじ書房。

湯廷池（1992a）〈漢語語法的「併入現象」〉,《漢語詞法句法三集》, 139-242 頁。台灣：學生書局。

――――（1992b）〈漢語述補式複合動詞的結合、功能與起源〉,《漢語詞法句法四集》, 95-164 頁。台灣：學生書局。

――――（2002）〈漢語複合動詞的「使動與起動交替」〉,《語言暨語言學》3.3：

615-644頁。
Teng, Shou-hsin（1989）"The Semantics of Causatives in Chinese," Functionalism and Chinese Grammar, in James H-Y.Tai and Frank F.S.Hsueh（eds.）*Chinese Language Teachers Association Monograph Series* No.1：227-243.
Thompson, Sandra A.（1973）"Resulative Verb Compounds in Mandarin Chinese," *Language* 49.2：361-379.
角田太作（2009）『世界の言語と日本語（改訂版）——言語類型論から見た日本語——』，東京：くろしお出版。
Vendler, Zeno（1967）*Linguistics in Philosophy*. Cornell University Press.
宛新政（2005）《现代汉语致使句研究》，浙江大学出版社。
王灿龙（1998）〈无标记被动句和动词的类〉，《汉语学习》第5期，15-19页。
王红旗（1993）〈谓词充当结果补语的语义限制〉，《汉语学习》第4期，19-21页。
―――（1995）〈动结式述补结构配价研究〉，沈阳・郑定欧（主编）《现代汉语配价语法研究》，144-167页。北京大学出版社。
王力（1943）《中国现代语法》（上册），北京：商务印书馆，1985年。
―――（1944）《中国语法理论》（上册），商务印书馆。北京：中华书局，1955年。
―――（1958）《汉语史稿》（中册），北京：科学出版社。
王玲玲（2001）《漢語動結結構句法與語義研究》，香港理工大學博士論文。
鷲尾龍一（1997）「他動性とヴォイスの体系」，中右実（編）『日英語比較選書7 ヴォイスとアスペクト』，1-106頁。東京：研究社出版。
Washio, Ryuichi（1997）"Resultatives, Compositionality and Language Variation," *Journal of East Asian Linguistics* 6.1：1-49.
Whaley, Lindsay J.（1997）*Introduction to Typology：The Unity and Diversity of Language*. Sage Publications.（『言語類型論入門——言語の普遍性と多様性』大堀壽夫・古賀裕章・山泉実訳，岩波書店，2006年）
Williams, Edwin（1980）"Predication," *Linguistic Inquiry* 11：203-238.
邢欣（2004）《现代汉语兼语式》，北京广播学院出版社。
ヤーホントフ，C.E.（1957）『中国語動詞の研究』（橋本萬太郎訳，東京：白帝社，1987年）
雅洪托夫，謝・葉（1969）〈上古漢語的使動式〉《漢語史論集》，104-114頁。

北京大學出版社，1986年）
山口直人（1991）「動補動詞の類型と形成について」,『中国語学』第238号,115-124頁。
楊柏峻・何樂士（2001）《古漢語語法及其發展（修訂本）》,北京：語文出版社。
杨荣祥（2005）〈语义特征分析在语法史研究中的作用——"V1＋V2＋O"向"V＋C＋O"演变再探讨〉,《北京大学学报（哲学社会科学版）》第42卷,第2期,51-59頁。
楊凱栄（1989）『日本語と中国語の使役表現に関する対照研究』,東京：くろしお出版。
Yong, Shin（1997）"The Grammatical Functions of Verb Complements in Mandarin Chinese," *Linguistics* 35：1-24.
袁毓林（2000）〈述结式的结构和意义的不平衡性——从表达功能和历史来源的角度看〉,『現代中国語研究』第1期, 49-61頁。京都：朋友書店。
———（2001）〈述结式配价的控制——还原分析〉,《中国语文》第5期, 399-410頁。
———（2002）〈论元角色的层级关系和语义特征〉,《世界汉语教学》第3期, 10-22頁。
———（2003）〈一套汉语动词论元角色的语法指标〉,《世界汉语教学》第3期, 24-36頁。
張柏青（1983）〈談"使動用法"〉,《中國語文通訊》第2期, 23-28頁。
張伯江（2000）〈论"把"字句的句式语义〉,《语言研究》第1期, 28-40頁。
———（2001）〈被字句和把字句的对称与不对称〉,《中国语文》第6期, 519-524頁。
张国宪（1995）〈现代汉语的动态形容词〉,《中国语文》第3期, 221-229頁。
趙長才（2001）〈"打破煩惱碎"句式的結構特點及形成機制〉,《漢語史研究集刊》第4輯, 13-22頁。四川：巴蜀書社。
———（2004）〈"打頭破"類隔開式動補結構的產生和發展〉,《漢語史學報》第4輯, 54-60頁。
周红（2005）《现代汉语致使范畴研究》,上海：复旦大学出版社。
朱德熙（1982）《语法讲义》,北京：商务印书馆（『文法講義』杉村博文・木村英樹訳,東京：白帝社,1995年）。
祝敏徹（1963）〈使成式的起源和发展〉,《兰州大学学报》第2期（《祝敏徹汉语史论文集》, 62-87頁。北京：中华书局, 2007年）。

あとがき

　本書は、2008年3月に東北大学大学院文学研究科言語科学専攻において学位認定を受けた博士論文に基づくものである。この度の刊行にあたり、論旨には一切の変更を加えず、一部修正と加筆を施した。一番大きな変更点は、歴史文法の記述を独立させて、新たに第7章として加えたことである。先行研究について述べた第1章を除く、各章のもとになっている論文を下に掲げる。

第2章
　「現代中国語の結果構文——日英語との比較を通じて」
　　『文化女子大学紀要（人文・社会科学研究）』第7集，文化女子大学国際文化学部，1999年1月
　Chinese resultatives : from the viewpoint of serial verb constructions
　　Makoto Minegishi, Kingkarn Thepkanjana, Wirote Aroonmanakun, Mitsuaki Endo (eds.), *Proceedings of the Chulalongkorn-Japan Linguistics Symposium* (*Bangkok, 1-2 May 2008*), Global COE Program, 'Corpus-based Linguistics and Language Education', Tokyo University of Foreign Studies, March 2009
第3章
　「変化主体を表す目的語名詞句の意味役割」
　　『佐藤進教授還暦記念論文集』東京：好文出版，2007年4月
第4章
　「中国語の使役表現と統語構造」
　　『Lingua』No.10，上智大学一般外国語教育センター，1999年11月
第5章
　「類型特徴から見た中国語の受動文」

『成城文藝』第192号，成城大学文芸学部，2005年9月
「中国語ヴォイス構文の特質――「ゼロ形式」という考え方――」
『二松學舍大学論集』第54号，二松学舎大学文学部，2011年3月

第6章
「中国語結果構文の意味構造とヴォイス」
『中国語学』第247号，日本中国語学会，2000年10月
「"把"構文の表現法に関する一考察」
『慶谷壽信教授記念中国語学論集』，東京：好文出版，2002年11月

第7章
「古代使動用法と使成式の継承関係について」
『中國語學研究　開篇』Vol.29，東京：好文出版，2010年9月

　内容について1つだけ付け加えておくと、状態変化使役の問題を扱った本書の分析は、位置変化を表す「動詞＋"在"」構造文と移動使役を表す「動詞＋複合方向補語」構造文にも適用可能であると考える。下掲の論考でも、従来「補語」とされてきた"在"と方向動詞を文構造の基軸に据えた議論を行っている。そして、使役移動構文にだけ分離式の語順が生じるメカニズムを他動性とアスペクトの角度から検討し、伝統文法の「補語」に対して新たな体系的枠組みを提案している。

「表示使动义的趋向性复合动词」
『現代中国語研究』第5期，京都：朋友書店，2003年10月

　本書には十分に盛り込むことができなかったので、関心をお持ちの方はご参照いただければ幸いである。
　「語の羅列」という簡便な現象の背後にある重要な意味を詳らかにする――これが冒頭にも記した本書の眼目であった。この目論見がどこま

で成功しているかは、諸賢のご判断に委ねたいと思う。ご批正を切に望む次第である。

　顧みれば、本書の出発点となったのは、1998 年 1 月に東京都立大学大学院人文科学研究科に提出した修士論文である。筆者はこの中ではじめて、本書の骨子である VR 構造に関する 2 つの見解、すなわち「語順を利用した使役義」と「結果に原因を継ぎ足す形成パタン」を提出した。当時、中国文学研究室でご指導いただいた讚井唯允先生（東京都立大学名誉教授）にはそれの公刊を慫慂していただいたが、就職による博士課程中退やその後の転任など何かと身辺落ち着かぬまま十数年の歳月が流れた。今ようやく本書が成って先生とのお約束を果たすことができたことは、筆者にとって望外の喜びである。本書で披瀝した筆者の文法観は、先生の授業やご指導を通じて形成されたものだと思っている。ここに改めて深甚の謝意を表したい。

　都立大学大学院在学中は、慶谷壽信先生（東京都立大学名誉教授）や佐藤進先生（現二松学舎大学教授）、落合守和先生（現首都大学東京教授）にも親切なご指導を賜わった。勤めていた会社を辞め、大学院に入学してから中国語の研究を始めた筆者を、都立大学の先生方は常に暖かく見守り、励ましてくれた。さもなければ、途中で挫折していてもおかしくなかったと今振り返って思う。先生方から受けたご恩には、いくら感謝しても足りない思いがする。

　修士論文提出後も、学会での口頭発表や上掲の関連論文を通じて、さまざまな人々から数多くの有益な示唆を頂戴した。それによって前言を補訂することができ、いくつかの新たな知見を本書に加えることができた。本書の骨子はもちろん筆者自身の研究を母胎としたものだが、また同時に、そうした方々の貴重な示教や助言に負うところも少なくない。この場を借りて感謝の意を表したい。

　博士論文を執筆する機会を与えてくださった東北大学文学部言語学研究室の先生方にも、心からお礼のことばを述べたい。論文審査を担当し

ていただいた千種眞一先生、後藤斉先生、小泉政利先生、中国文学研究室の花登正宏先生には、筆者のような中国語文法プロパーには気が付きにくい問題点をいくつも指摘していただいた。孤立語の研究、とりわけ動詞連続構文の学問的意義に改めて気付いたことは、ここでの大きな収穫であった。もし本書の内容が中国語文法以外の研究分野の方に些かなりとも資するところがあるとすれば、それは東北大学の先生方のご指導のおかげである。

　本書は、日本学術振興会から平成23年度科学研究費補助金（研究成果公開促進費・課題番号235071）の助成を受けている。刊行までいろいろお世話くださった白帝社の佐藤多賀子さんと岸本詩子さんに記して衷心よりお礼申し上げる。
　最後に、筆者が中国語学の道を志すきっかけをつくってくれた亡き祖父、石村太助の御霊に本書を捧げる。
　小著がことばの研究の進展に寄与することを願いつつ。

　　2011年8月

　　　　　　　　　　　　　　　　　　　　　　　　石村　広

事項索引

本書で使用した重要概念やキーワード、用例に関係することばを中心に抽出した。

[あ]

アスペクト特性　　　　　115・120

[い]

意味上の受身文　　　　148・150・151

[う]

ヴォイス（態）　　4・119・146・150・157
埋め込み　　　　　　　　　5・46

[え]

英語結果構文　　　　　　4・7・11

[お]

温州方言　　　　　　　　　225

[か]

拡張関係　　　　　　　　　113
活動　　　　　　　　　　90・115
活動動詞　　　　　　　　7・13

[き]

擬似受動型　　　　　　　　67
義務的結合価　　　　　　　110
鏡像現象　　　　　　　　　105
虚目的語　　　　114・172・178・179・190
許容使役　　　　　　　　　127

[く]

繰り上げ　　　　　　　　54・69

[け]

軽動詞　　　　　　　　　　62
結果　　　　　　　　　　　117
結果述語　　　3・7・17・82・88・104・105・
　　　　　　　113・116・119・179
結果性　　　　　　　　　　158
結果複合動詞　　　　　　16・27・48
結果補語　　　　　　　　　100
結果を打ち消す表現　98・102・131・142
結合価度　　　　　　　　　110
原因型　　　4・38・63・183・184・189・190・
　　　　　　192・198
原因主語　　　37・62・185・194・197・199
限界性　　　　　　　　　98・117
原型被動者　　　　　　　　109
兼語式　　　　　　121・123・143・216
厳密下位範疇化　　　　　　10

[こ]

語彙化　　　　　　　　　　17
語彙化パラメータ　　　　44・196
語彙概念構造　　　　　9・26・70・117
語彙規則　　　　　　　　　48
語彙的アスペクト　　　　98・110
語彙的使役　　　　　　　　123
行為動詞　　　　　　7・10・100・212
行為連鎖　　　　　　　　84・192
項構造　　　　　　　　　　27
広州方言　　　　　　　　　225
合成　　　　5・10・26・43・94・117・195
項整合の条件　　　20・23・33・63・193
構造的多義性　　　　　　27・161

膠着型言語	157
項の同定	27・28
項の抑制	41・147
構文的イディオム	83
構文文法	82・187
項抑制条件	66
語義指向分析	26
語順	3・78・148・159・203
孤立型言語	157・165
孤立語	1・140

[さ]

再帰的意味構造	145・167・169・178・190・196
最小距離原則	40
削除	34・47

[し]

使役移動	141・142
使役化	68・117・186・205
使役階層	31
使役動詞化	55・204
使役役割	30
指示使役	124
辞書情報	12
使成式	72・201・213・214・221・223
自然被動文	148・151・160・165
四川方言	225
自他交替	4・39・79・183・199
自動型	4・166・178・190
自動詞化	19・214
使動用法	51・81・205・206・208・211・213・226
受影性	109・112・158
主語一致	26・94
受事主語文	150
主題化	150・162
主題階層	27・29

受動化	147・153
受動型	4・147・196
主要動詞	12・57
主要部	2・26・78・95
主要部後続型	164
主要部先行型	164
主要部特性	27・29・51
小節構造分析	55
状態	115
状態変化動詞	6・8・72・82・101・116・120・203
譲渡不可能所有	167・168
使令兼語式	219・220・224
深層能格	41
滲透	29・51
シンプソンの法則	58・60・170

[す]

「スル」型	117

[せ]

生産性	14・120・225
清濁別義	205
接触・打撃動詞	10
ゼロ形式	3・148・204

[そ]

素性分解	68

[た]

タイ語結果構文	155
タイ語受動文	154
脱使役化	145・147
達成	102・115
達成動詞	6・21
他動型	4・39・76・93・198
他動性	98・121・139
他動性調和	11・26・94

事項索引　251

ダミー動詞	81
単一節構造	5

[ち]

致使力	93・191
中間構文	41
直接目的語制約	170

[と]

同一指示的	46
等位的	20・166・178・196
道具主語文	191
統語的な型の力	3・78・86
動作主の脱焦点化	147
「動詞+結果補語」構造	1
動詞の意味範囲	98
「動詞+複合方向補語」構造	141
動詞連続構造	1・84・96
動詞連続構文	3・74・154
到達	115

[な]

内部屈折	205
「ナル」型	117

[に]

二重使役	67・183・190・197
日本語結果構文	7

[の]

能格化	51・54・70・185
能格型	39・67・169

[は]

派生的(強い)結果構文	7・11・85・104
客家方言	225
パラメータ	11
反使役化	166

[ひ]

非階層的	3・78・95・232
非完結的	21
非現実	224
非固有項	34
非指示的	40・172・190
非対格化	43・44・58・190
非対格性の仮説	2・170
非能格型	39・67・169
非能格動詞	10・42・43・84・117・169・194
表層能格	41

[ふ]

複音節化	202
複合事象構造	39・75・77・113
複合述語	4・50・62
複合動詞	8・11・16・25
分析的使役	121
文法化	162・208
分離型	123・209・216・218・221・223

[へ]

併合	43・52・118・186・195
並列式	202・209・213・220
変形文法	25
編入	34・51・57・61・94

[ほ]

包摂関係	11
本来的(弱い)結果構文	6・11・109

[ま]

マディ語	140

[み]

見せかけの結果構文	12

未然の文脈	224
ミニマリスト理論	62

[ゆ]

融合	83・187
誘発使役	129

[よ]

予見可能性	93

[る]

類像性	49・79・91

[れ]

連語	16
連語関係	174
連続動詞	121・207

[B]

"把"構文	83・93・105・191
"被"構文	158・162

[D]

"得"と"不"の挿入	16・25

[G]

GB理論	50・55
隔開式	202・214・221

[H]

活用	204

[S]

使令动词	124

[V]

"V得"構文	1・113・231
VP殻	62

[X]

新兼語式	216

著者略歴

石村　広（いしむら・ひろし）

1968年東京都生まれ。慶応義塾大学文学部中国文学専攻卒業、東京都立大学大学院人文科学研究科中国文学専攻修士課程、東北大学大学院文学研究科言語科学専攻博士課程修了。博士（文学）。成城大学、二松学舎大学を経て、現在、中央大学文学部人文社会学科中国言語文化専攻教授。専門分野は、現代中国語文法論。
主要論文：「中国語結果構文の意味構造とヴォイス」（『中国語学』第247号, 2000年, 日本中国語学会）／「表示使動義的趨向性复合动词」（『現代中国語研究』第5期, 2003年, 朋友書店）／『中国語の結果構文に関する研究──VR構文の意味構造とヴォイス──』（東北大学大学院文学研究科博士学位論文, 2008年）／「古代使動用法と使成式の継承関係について」（『中國語學研究 開篇』Vol.29, 2010年, 好文出版）等。

中国語結果構文の研究
──動詞連続構造の観点から──

2011年10月20日　初版印刷
2011年10月25日　初版発行

　　　　　　　　　　　著　者　　石村　広
　　　　　　　　　　　発行者　　佐藤康夫
　　　　　　　　　　　発行所　　白　帝　社
　　　　　　　〒171-0014　東京都豊島区池袋2-65-1
　　　　　　　電話 03-3986-3271　FAX 03-3986-3272
　　　　　　　　　　http://www.hakuteisha.co.jp/

　　　　　印刷　倉敷印刷㈱　　製本　カナメブックス

©Ishimura Hiroshi 2011 Printed in Japan　6914　ISBN978-4-86398-088-4
造本には十分注意しておりますが落丁乱丁の際はおとりかえいたします。